本教材获华侨大学教材建设基金立项资助

广告符号学原理

黄文虎 著

厦门大学出版社
XIAMEN UNIVERSITY PRESS

国家一级出版社
全国百佳图书出版单位

图书在版编目（CIP）数据

广告符号学原理 / 黄文虎著. -- 厦门 ：厦门大学
出版社，2025. 2. -- ISBN 978-7-5615-9709-5

Ⅰ. F713.8

中国国家版本馆 CIP 数据核字第 2025U1B921 号

责任编辑　刘　璐
美术编辑　张雨秋
技术编辑　朱　楷

出版发行　厦门大学出版社
社　　址　厦门市软件园二期望海路 39 号
邮政编码　361008
总　　机　0592-2181111　0592-2181406(传真)
营销中心　0592-2184458　0592-2181365
网　　址　http://www.xmupress.com
邮　　箱　xmup@xmupress.com
印　　刷　厦门市金凯龙包装科技有限公司

开本　720 mm×1 020 mm　1/16
印张　16.5
字数　240 千字
版次　2025 年 2 月第 1 版
印次　2025 年 2 月第 1 次印刷
定价　66.00 元

厦门大学出版社
微信二维码

厦门大学出版社
微博二维码

引　言

　　广告符号学聚焦于探究广告文本的表意规则与广告符号的传播规律。该领域在国内外已经取得不少值得关注的成果。法国符号学家罗兰·巴尔特较早运用符号学方法来分析广告话语的"神话化"特征。法国哲学家让·鲍德里亚采用符号学视角对消费主义展开了批判,并讨论到广告文本的符号建构功能。美国社会学家欧文·戈夫曼则从互动仪式的角度探讨了广告中性别符号的呈现问题。英国学者乔纳森·比格内尔在《传媒符号学》一书中也专门分析了广告与符号学之间的内在关联。此外,一些西方学者虽然没有直接用到广告符号学这一说法,但不少对于广告学的研究都已经涉及这一领域的内容。可以说,在欧美符号学研究领域,广告这种跨体裁符号文本并没有被边缘化,而是得到了主流学界的共同关注。

　　与此同时,国内在广告符号学领域也取得了不少研究成果。早在1997年,吴文虎就出版了《广告的符号世界》一书,该书是中国最早的一部系统性地阐发广告符号学的理论著作,书中尝试用索绪尔的语言符号学原理来分析广告文本的特点。2004年,李思屈出版了《广告符号学》一书,并尝试运用"言—象—意—道"这四位一体的话语体系来分析广告活动,可谓是中国本土学术话语理论在广告符号学领域的创新。饶广祥作为四川大学符号学研究中心的核心团队成员,在2014年出版了《广告符号学》与《广告符号学教程》两本书。这两本书对传统的广告活动论进行了反思,并尝试从广告文本形式的角度对广告的意义生产机制进行符号学分析,并结合了大量生动鲜活的案例,体现出了符号学方法在广告领域的理论价值和应用价值。

前辈学人的研究奠定了本书的基础。没有前人的辛勤耕耘,就不可能形成本书现有的理论体系。《广告符号学原理》一书总共分为十二章,其所构建的理论框架深受中国著名符号学家赵毅衡先生的《符号学:原理与推演》《广义叙述学》《哲学符号学:意义世界的形成》等符号学著述的启发。与此同时,本书还借鉴了李思屈、饶广祥、蒋诗萍、张丰年等学者在品牌符号学方面的相关学术成果。由于广告具有很强的时代特征,所以广告符号学也必须与时俱进,紧随时代的步伐。在智能营销技术快速迭代的当今,我们既要完善已有的广告符号学理论话语体系,又要敢于开拓新的研究疆界,唯有如此,才能够使广告符号学这门学科焕发出新的活力,吸引更多的后辈学人加入这个学术共同体之中,将其发扬光大。

本书尝试将广告符号学理论与广告传播实践相互结合,适合大学本科、研究生以及对广告符号学感兴趣的学界同人阅读和参考。书中内容没有仅仅停留在对于时下广告传播现象的简单描述,而是试图透过现象来深入剖析广告话语的表现形式与内在结构,进而寻求广告这种多模态文本的普遍性表意规律。与此同时,在每一种貌似抽象的符号学理论背后,书中都会添加生动鲜活的案例来帮助读者理解,不至于显得晦涩难懂。在笔者看来,广告学与符号学的联姻有助于打破"广告无学"这一紧箍咒,进一步促成广告这一学科的学术价值与实践价值之间的有机融合。

最后,本书的顺利出版要特别感谢华侨大学的经费资助!感谢我的亲朋好友和学界同人的支持与鼓励!感谢厦门大学出版社编辑部的细心审阅!感谢我的研究生蓝柳晨曦、刘佳、张艺雯、李思杰等同学在全书校对工作中的辛勤付出!因个人水平所限,书中内容难免挂一漏万,不足之处,还望符号学界各位同人批评和斧正!

目　录

广告文本的基本特点

通过本章学习,我们将了解到广告文本的基本概念、特点以及广告文本表意过程的生成机制。主要知识点包括:第一,广义上的文本不仅指文字文本,而且包括任何能够被解读出意义的符号载体。第二,广告文本是一种携带强烈"意动性"的符号文本系统。广告的"意动性"表现为通过"说服"来实现广告发送者的预期目标。不过,艺术化的加工使广告的"强意动性"可能会转化为"弱意动性"。相对于"硬广",不少"软广"的意动性就会显得弱很多。第三,广告文本的意义是由传播者、广告载体、语境、受众共同决定的。第四,从广告符号表意的全过程来看,它可分为六种不同的偏向,分别为广告的"情绪性"、广告的"意动性"、广告的"交际性"、广告的"指称性"、广告的"元语言倾向"与广告的"诗性",这六种偏向体现出了广告在不同表意环节中的特定功能。

第一节　文本与广告文本

一、文本的基本概念

何谓"文本"? 要理解这一概念,需结合中西语境来看。中文中的

"文本"对应的是英文中的"text"。在英文中,该词有"编织物"之义,而作为动词则有"编织"的意思。在西方,有一个关于"编织"的古老隐喻,它将思想比作"线团"(thread),普通讲述者如同纺纱工人,而真正的作家或诗人才是"编织者"。

从这个隐喻可以发现,信息的传播过程其实犹如编织活动,而思想所形成的"编织物"即"文本"。由此看来,"文本"并未局限于字面意义上的"文字文本"或"语言文本",而是指涉一切能够承载和传达意义的符号载体。实际上,这种将"文本"比作"编织物"的观念反映出广义上的"文本"观。

不少现代西方符号学家都倾向于广义上的"文本"观念。从最宽泛的文本观念来看,人类世界的任何意义活动都可视为某种文本,广告也不例外,这正是广告与生俱来和无法摆脱的"文本性"。在中国符号学者赵毅衡看来,"文本"一词容易被窄化为"文字文本",所以他建议用"符号文本"这一术语来代替,因为"符号文本却可以是由任何符号编织而成"。[①] 换言之,符号文本所编织的是一张"意义之网"。

那么,符号、意义与文本之间是什么关系呢?有必要先来梳理符号与意义这一对概念。按照赵毅衡的说法,"符号是被认为携带意义的感知",而"意义"是"一个符号可以被另外的符号解释的潜力,解释就是意义的实现"。[②] 在此,赵毅衡强调的是信息传播的接受者这一端。符号实际上是被接受者认为携带意义的感知活动。而意义的实现是接受者对符号进行解释与反馈的结果。在符号与意义这两者貌似循环的定义之中,其实涉及传播活动的三个关键要素:信息、载体和转化。也就是说,符号是承载信息的基本载体,但信息本身不等于"意义"。符号传达意义必须满足两个基本条件:第一,信息必须通过符号作为载体来传达;第二,符号传达意味着符号之间的转化(一个符号可以被另一个符

---

① 赵毅衡.符号学:原理与推演(修订本)[M].南京:南京大学出版社,2016:41.

② 赵毅衡.符号学:原理与推演(修订本)[M].南京:南京大学出版社,2016:1-2.

号解释的潜力)，这一转化过程同时就是信息接受者的解释过程。

　　根据对"符号"与"意义"概念的推演，赵毅衡进一步从符号学的角度界定了一个符号文本所需要满足的两个必要条件："(1)一些符号被组织进一个符号组合中。(2)此符号组合可以被接收者理解为具有合一的时间和意义向度。"①在第一个必要条件中，符号文本强调意义的生成需要体现出不同对象之间的组合或关系，此处的对象可能表现为特定媒介所承载的可被解码的信息。在第二个必要条件中，赵毅衡特别重视接收者的"解释"，因为如果没有"解释"，这条"意义之链"就不完整。任何解释过程均可视为符号的转化过程。因此，"此符号组合可以被接收者理解为合一的时间和意义向度"的意思是说：符号文本的生成必须同时包含"编码"(发送)到"解码"(解释)两大要素，它是动态的、渐进的意义传达过程。从这种动态的符号传播观念来看，文本必然与时间的变化高度相关，这是"接收者的时间向度"。与此同时，在传播过程中，"意义"并不停留或执掌在传播者或接收者这二者中的某一端，而是贯穿于由他们共同构建的意义链条之中。但最终的"意义闭环"是由接收者的解释所决定，因而这是"接收者的意义向度"。只有当这双重向度同时契合之时，"意义之链"才能顺利延伸，形成有效而完整的意义传达。

　　综上来看，文本其实不是一个静态的概念，它不是已生成或已存在于信息载体中的"制成品"。从现代符号学视角来看，任何符号文本都是编码者与解码者相互耦合过程中所生成的"意义之网"。文本的意义涉及整个传播活动中的所有环节，它处在不断变动之中。换言之，文本强调的是意义编织的过程，而非结果。以赵毅衡的这种"动态符号文本观"为基础，我们可以将广告也视为一种由符号组合编织而成的特定文本，并由此区分出静态的广告文本观念与动态的广告文本观念，这正是下一节将要讨论的问题。

---

① 赵毅衡.符号学:原理与推演(修订本)[M].南京:南京大学出版社,2016:42.

二、广告文本的内涵

广告（advertisement）一词的原义为引发公众关注的书面声明或公告。到了 18 世纪后期，其动词"做广告"（advertise）特指为了销售商品或悬赏之类而引发的关注，其商业特性日趋明显，逐渐贴近现代商业广告的内涵。对于现代广告的界定，自 20 世纪开始，不少西方学者都倾向于将广告视为一种有偿的、非人际的大众传播活动。早在 1948 年，美国市场营销协会就对广告做出了一个具有代表性的界定："由明示的广告主针对观念、商品或者服务进行的一种使用付费形式、非人际传播的提示或促进活动。"①该定义主要是将"广告"视为特定的商业性传播活动，其"付费"特质逐渐凸显。此类说法被称为"广告活动论"，对后世影响深远。

中国著名广告学者陈培爱在《广告学原理》一书中对广告的基本概念进行了总结，在他看来："广告是把由广告主付出某种代价的信息，经过艺术加工通过不同媒介向大众传播，达到改变或强化人们观念和行为的目的。"②该定义同样强调广告劝服效果这一传播特性，它与西方通行的"广告活动论"不同之处有两点：第一，将狭义的付费特性扩展到"某种代价"，这就兼容了非商业性的公益广告；第二，强调广告的"艺术性"，这一判断符合当今广告的"艺术化"转向。从本质上来看，该定义也属于"广告活动论"。

与"广告活动论"相反的是"广告文本论"。饶广祥在《广告符号学》一书中认为广告活动论过于侧重广告传播活动过程，无法有效揭示广告的表意规律，由此，他提出广告的"文本观"，并总结了广告文本的三个必要条件：

---

① 清水公一.广告理论与战略［M］.胡晓云，朱磊，张姮，译.北京：北京大学出版社，2005：3.
② 陈培爱.广告学原理［M］.上海：复旦大学出版社，2003：5.

第一,此文本必须包含商品或服务信息,且商品或服务信息以不可忽视的"尾题"方式出现;

第二,此文本旨在说服受众购买商品(服务)或接受某种观点的意动性文本;

第三,此文本以"非人对人"的方式传播。[①]

饶广祥的广告"文本观"实际上倾向于将"广告文本"视为承载特定广告内容的"程式化"体裁,这一程式化的内涵表现在突出广告"尾题"、强烈的意动性、非人际传播这三个核心特质。这一概念的优势在于揭示了广告这种特殊体裁本身的基本表意原则。但不足之处在于它有意淡化了广告作为传播活动的其他环节(如发送者、传播语境、解释者)。因此,和"广告活动论"注重广告传播过程的动态性相比,它是一种静态的广告文本观。

我们可以引入符号学中的"动态文本观",再结合"广告活动论"与"广告文本观"的代表性观点来进一步梳理广告文本的基本特点。从广义文本观念来看,广告是由符号组合构成的符号文本,具体来看,广告文本至少包括以下三个层面的特点:

第一,广告文本是一套以意动性(说服)为导向的符号表意系统。

第二,广告文本的意义由广告传播者、广告载体、广告语境、广告受众在传播活动中共同生成。

第三,"超接触性"媒介(即非人际传播媒介)所构成的符号组合是广告文本的主要传播方式。

结合一则案例来说明这一"动态的广告文本观"。朦胧诗派代表诗人海子有一首著名诗歌名为《面朝大海,春暖花开》,该诗的标题曾被用作房地产宣传广告的标语。在房地产广告中,"面朝大海,春暖花开"这句广告词的目的是劝服消费者购买海景房,这是其以意动性为导向的表现。而整幅广告牌所承载的内容正是一套独立完整的符号表意系

---

① 饶广祥.广告符号学[M].成都:四川大学出版社,2014:9-10.

统。无论是广告语还是广告尾题,都是该广告表意系统的一部分。

该广告牌的意义并不是由这一载体本身所决定,而是涉及四个环节。第一个环节是广告传播者。从广义叙述学来看,广告传播者是由广告策划、设计、后期制作、宣传等团队协作共同构成的一个"抽象人格体",而不是指某一个真实的个体或某一类群体。因此,广告传者所建构的"抽象人格体"所表现出的价值观即广告主题。在该房地产广告中,其主题显然是宣传"海景房"。

第二个环节是广告载体。相同的广告主题通过不同的载体来表现,会显示出完全不同的传播效果。在该房地产广告中,"面朝大海,春暖花开"这一广告词可通过电视台视频广告、电台听觉广告、互联网贴片广告或传统的户外广告牌等不同媒介来呈现。虽然都是宣传海景房,但不同符号载体所调动和激发的感官渠道完全不同,消费者所获得的广告体验也会迥然不同,因而广告传达的效果也不一样,这无疑会影响到广告文本的意义接收。

第三个环节是广告语境。所谓广告语境,指的是直接或间接影响到广告文本接收的背景因素,如广告投放的特定场景。就该房地产广告而言,通过电视播放的语境可能是"家庭沙发场景"。通过电台播放的语境或许是"开车场景"。而互联网贴片广告播放的语境则多半是"碎片化"的时段,它既可能是"等车场景",也可能是"电梯场景",抑或"厕所场景"。通过高端杂志投放的语境很可能是"飞机场景"。不同广告语境的设定,针对的目标受众群体也不同,这同样会影响广告文本意义的呈现。同一句广告词"面朝大海,春暖花开",当它出现在飞机场景中的高端杂志上和用户在蹲马桶时的手机上,所引发的联想关系显然完全不可等同,这就好比在五星级酒店的高雅音乐背景之下喝红酒和在大排档的嘈杂环境之下喝红酒,消费者对产品的体验感完全不同,因而"文本"所生发的意义也不一样。

第四个环节是广告受众。不同类型的广告受众对相同的广告文本会产生难以避免的"认知偏差",甚至"认知鸿沟"。对于原本就有购房需求的消费者而言,"面朝大海,春暖花开"的广告词或许可以满足其对豪宅海景的美好想象。而对于钟爱海子诗词的文艺爱好者而言,看到"面朝大海,春暖花开"这句被商业化包装的经典诗句很可能会十分反感,甚至会觉得这是一种反讽。

回到海子这首诗的写作背景来看,《面朝大海,春暖花开》创作于1989 年,正是海子卧轨自杀的那一年。在诗中,诗人反复运用类似"从明天起,做一个幸福的人"这样的句式。不过,全诗给人的感觉并不是在抒写幸福,正相反,这种"明天式的承诺"充满着对现实的焦虑甚至绝望。因而,诗中末尾的"我只愿面朝大海,春暖花开",给人感觉是一个有关生命终极归宿的隐喻——坟墓。这个"坟幕"不仅是"我"肉身的归宿,更是"我"灵魂的永恒居所。这个终极归宿或许是美与爱的象征,但它充满着乌托邦色彩。如此一来,"面朝大海,春暖花开"的终极归宿意象与充满消费主义色彩的海景房意象就发生了明显的表意冲突。尽管房地产"尾题"强调的是这句广告语的"促销"功能,然而,广告主却无法阻止熟知海子诗词的受众可能对广告词本身形成负面消极的印象。因此,广告尾题也并不能保证广告文本就按照广告传者预期的目标得到正向反馈。由"面朝大海,春暖花开"这则房地产广告词的分析可见,广告文本的意义并不是由四个环节中的某一个环节所决定,而是由广告传播者、广告语境、广告载体、广告受众之间所构成的互文关系共同生成的产物。

最后,我们有必要对广告文本的"超接触性"进行说明。陆正兰和赵毅衡在《"超接触性"时代到来:文本主导更替与文化变迁》一文中指出,当代人类最重要的表意方式表现为"超接触性"。"超接触性"是指"人类传媒节节变化,形成一个符号接触性增长的陡升曲线,而且陡升的速度越来越快。人类用新突变形成的无远弗届的接触性,使得传播有了全新的范畴、全新的规则"①。也就是说,"超接触性"是人类媒介技术不断更新换代的必然结果。传统的人际传播无法超越时空的局限,为了满足日益增长的信息传播需求,人类社会逐渐演化出了文字媒介、声音媒介、影像媒介、基于互联网的多媒体乃至虚拟现实技术等越来越强大的"超接触性"媒介,它触及人类表意系统的方方面面。在当今"超接触时代",广告文本的"超接触性"大幅提升了现代广告的传播功能。农业社会中依靠人际传播为基础的"口头叫卖广告"逐渐被数字化时代的"超接触性"媒介所替代,其无所不在的"反复传播的广告模式"显示出巨大的影响力。如陆正兰等所说:同一个广告反复播出,不管说的是某种贷款的方便,或是某种化妆品的神奇,我们已经看过数百遍,早知道其内容。哪怕只隔了一分钟又重新播放,是因为解释不再重要,反复接触能够使我们记住这个牌子。不厌重复地重复,起初让人厌烦,甚至愤怒反感;渐渐让人熟视无睹,无可奈何听之任之;最后则是接触性潜移默化地起了作用。我们到了超市里,货架上琳琅满目难以挑选,手却自然而然地伸向那个听熟了的牌子。接触性成为解决选择自由悖论难题的钥匙。所以,当代文化的确可以称为"超接触性文化"。②

可见,超接触性文化实际上是利用一切符号和媒介的力量来模仿和放大人类的触觉能力,其好处是能够跨越时空的屏障,大幅度提升传播速度并极大地降低人际沟通的交流成本。因此,当代广告文本的基本特点体现在它对符号的依赖性越来越强,而符号表意是对人类肉身和灵魂的延伸和再现。通过文字符号、声音符号、影像符号、"虚拟现实"符号等多媒介符号的混搭和组合,广告文本的"超接触性"将变得日趋明显,这正是现代广告形态演变的必然逻辑。

---

① 陆正兰,赵毅衡."超接触性"时代到来:文本主导更替与文化变迁[J].文艺研究,2017(5):23.

② 陆正兰,赵毅衡."超接触性"时代到来:文本主导更替与文化变迁[J].文艺研究,2017(5):24.

第二节　广告文本的"意动性"

一、广告文本的"强意动性"与"普遍意动性"

"意动"(conation)有"意欲去做某事"之义。它暗示行为主体通过特定行为(如劝服)而达到预期目的。要达到主体所预期的意向性目的,往往需要通过与其他对象发生交际(communication)关系来实现。在符号文本中,符号传者即主体,而符号受众即其所针对的特定对象。传者与受众之间的"意动关系"即一种影响与被影响的交际关系。在这一交际关系中,被影响的受众是主体意向性所指向的对象。在这一过程中,所实现的正是交际行为中的"意动功能"。所谓"意动功能"(conative function),是指"构建并主导任何(言语)交际行为的交际功能(function of communication)之一。交际行为聚焦于听者(addressee)(而不是聚焦于其他构成性交际因素)时,它(主要)具有意动功能"[①]。因此,符号文本的"意动功能"体现在它在何种程度上能够影响其所针对的特定受众。

对于广告文本而言,其"交际功能"在于改变和影响受众的态度、认知和行为,使其符合广告传播者所预期的目的,如促成消费或认同广告所传达的品牌形象,这种针对受众的劝服效果即广告"意动性"(intentionality)的体现。根据雅各布森符号意指过程来看,在发送者(addresser)、接收者(addressee)、语境(context)、信息(message)、媒介(contact)、符码(code)这六因素中,广告、宣传、预言等体裁往往被视为侧重于接受者这一端的"意动性"文本,因为此类文本注重受众的及时

---

① 杰拉德·普林斯.叙述学词典(修订版)[M].乔国强,李孝弟,译.上海:上海译文出版社,1988:35.

反馈，并试图"操控"其观念和行为，具有直接而强烈的劝服效果。

在《广告符号学》一书中，饶广祥则明确将广告视为一种意动性文本。他认为"意动性是广告最为本质的属性"。[①] 这种"意动性"包括口头广告、实物广告、图像广告、影像广告、互联网广告、人工智能广告等各种媒介形态的广告类型，具有普遍意义。然而，必须承认，虽然广告文本具有较为强烈而直接的"意动性"，但"意动性"显然并非广告这一特殊文本体裁所独有的品质。因为"意动性"普遍存在于各类符号文本之中。正如陆正兰等所指出："任何符号文本都有劝导解释者采取行为的功能，可以称之为'普遍意动性'。"[②]

从"普遍意动性"这一概念来看，任何携带传者"主体意识"的符号文本，都会在不同程度上试图影响受众的观念和行为，这种影响或许不同于广告文本对受众的直接影响，而可能以一种更为隐蔽的方式对受众产生间接影响。这就如同文学文本"潜移默化"的效果，比如受《红楼梦》影响的读者"模仿"林黛玉的"病态美"，受《少年维特之烦恼》影响的读者"模仿"主角维特做出"轻生"的举动，这都是一种"普遍意动性"的表现。

那么，问题在于，广告文本的"意动性"与其他符号文本的"普遍意动性"的基本区别在哪？概而言之，二者的基本区别体现在"意动性"效果的强弱程度不同。从受众的角度来看，广告文本属于"强意动性文本"，而"非广告体裁"属于"弱意动性文本"。那么，"意动性"强弱的标准在哪？如何证明广告是一种比非广告类文本更为强烈的"意动性文本"呢？显然，不同体裁和不同类型的文本都会在不同程度上影响或改变受众的态度、认知和行为，所以缺乏一个明晰、统一、客观的比较标准。海子的《面朝大海，春暖花开》作为一首诗歌，它甚至影响了"80后"整整一代的文艺青年。凭什么认为"面朝大海，春暖花开"作为房地

---

① 饶广祥.广告符号学[M].成都：四川大学出版社，2014：48.
② 陆正兰，赵毅衡."超接触性"时代到来：文本主导更替与文化变迁[J].文艺研究，2017（5）：18-25.

产广告词的"意动性"就比作为诗句的"面朝大海，春暖花开"的"意动性"更为强烈呢？

由此来看，与非广告文本相比较，广告文本的"强意动性"并不适宜通过量化的传播效果来评判，而是需要聚焦广告文本内部的表意规则。从广告文本的生成机制来看，"强意动性"是广告成为广告的本质特征，广告存在的目的就是直接影响或改变受众。反过来看，"意动性"只是非广告文本的附属特征，而非必要属性。海子的"面朝大海，春暖花开"作为诗歌语言，它或许能够让一个对恋爱绝望的青年重新燃起对爱情的渴望，但它同时也可能让一个为爱痴狂的青年丧失理智。

文学文本不同于广告，它的根本目的并非"取悦"受众。无疑，好的文学作品能够对读者形成正向引导的作用。但这种"文以载道"的传统仅仅是文学的功能之一。文学就像艺术一样，其本身具有超功利性，它可以是创作者毫无目的性的随性创作，因而文学文本是一种"自洽"的存在，无须通过影响或改变受众来证明其存在的价值。

从本质上来看，广告文本必须以实现某个实用性目的作为其预期目标，这是广告体裁所强制规约的文本特质，否则就只能被视为不完整的广告文本（如广告艺术作品）。因此，广告文本以"实用性目的"的表意规则决定了其强烈的"意动性"色彩。不过，这种"实用性目的"并不一定体现在广告所呈现的内容之中。比如，当代短视频广告越来越趋向于通过剧情片的叙述方式来隐晦地表达其广告实用目的，而不是像传统的陈述式广告那种直接展示商品的方式。那么，广告的"实用性目的"如何在文本中体现呢？从体裁形式的角度来看，其关键点其实不在于广告呈现什么内容，而是如何呈现内容。

广告作为一套特殊的符号表意组合，不管讲述何种内容，它呈现内容的方式其实可以被归纳为"内容＋尾题"的表意模式。广告内容与附属在内容之外的广告尾题共同构成一套完整的广告文本，两者互相指涉，在符号系统内部构成一种共生关系。如饶广祥所指出，广告尾题是区分广告与其他符号文本的根本区别所在，它的功能在于连接文本与受众,"尾题的功能是指明广告所传播的商品(服务或机构)信息,引导接收者正确解读"[①]。也就是说,广告之所以被视为"强意动性"文本,是因为这一特殊符号文本的尾题标明了它是一种以劝服受众为目的的实用性表意文本。与此同时,广告受众在尾题的引导下也会与广告文本之间形成一种传播闭环。这一传播闭环正是建构在接收者对广告实用性表意规则认同的默契之上。

二、广告文本"意动性"的两种形式:"显性意动"与"隐性意动"

广告是一种特别注重"意动性"的体裁。广告的意动色彩存在表现上的差异,具体可分为"显性意动"与"隐性意动"。所谓"显性意动",是指广告内容直接呈现或指涉其所推广的产品、服务或品牌,与之对应的是"硬广告"。"显性意动"越强的广告文本,其阐释空间越封闭,广告内容必须体现出明确而清晰的"意图定点"。所谓"隐性意动",是指广告以间接或隐晦的方式来暗示其广告目标或宗旨,与之对应的是"软广告"。"意动性"越隐蔽的广告文本,其阐释空间越开放,但最终落点必须折射出广告的真实意图。

"显性意动"的好处是直奔主题,一针见血,让消费者一眼就明白广告的真实意图。但其缺点是劝服目的过于明显,有时候可能会招致消费者的反感和抵触。在当代广告活动中,创意对于广告内容的呈现越来越重要。所谓创意,就是要用更为间接或委婉的方式来达到广告的劝服效果。要实现这一目的,就要善于运用广告的"隐性意动"功能。微信公众号中存在大量故事性较强的"软文",其对商品、服务或品牌宣传都极为隐蔽,甚至不直接体现广告尾题,与传统的"硬广告"相比较,此类"软广告"都属于"隐性意动"文本。

以一则发布在小猪美宿微信公众号上的软广告为例。该软文标题

---

① 饶广祥.广告符号学[M].成都:四川大学出版社,2014:7.

为《她在厦门开了间面朝大海的书房，只为 200 人而开，却吸引了大批摄影师和文艺青年打卡！》。[①]　整篇文章图文并茂，讲述了一个叫孙晴的女子开办书房民宿的点滴经历，故事剧情并不曲折起伏，舒缓的笔调之中显得温情而充满诗意，符合文艺青年对海边书房的想象和期待。只是到了软文结尾，才打出一行小字："戳文末'阅读原文'预订孙晴的书房民宿吧，一直在等你"。若不是这一条不显眼的广告尾题，该软文完全可以被视为一则抒写"浪漫情怀"的文艺类散文。类似的民宿软文十分常见，基本也采用了"突出故事内涵＋弱化广告尾题"的叙述模式。相对于直接推销民宿的"硬广告"，民宿软文属于"隐性意动"广告文本。这种软文将商业逻辑隐藏在诗意的故事背后，其好处是能够大大减少消费者对广告的抵触感。

　　不同的民宿公众号平台往往会运用不同的广告推送策略。有的倾向于采用故事性较强的"软文"，有的则更偏向于采用直接推送民宿信息的"硬广告"形式。在同一民宿公众号中，针对不同的潜在客户群体，平台也会同时运用"硬广告"与"软广告"两种完全不同的广告类型。这说明相同或相似的广告主题可以根据受众需求来灵活选择使用"显性意动"广告抑或"隐性意动"广告。从传播效果来看，"显性意动"广告未必比"隐性意动"广告的"变现率"更高，反之亦然。二者在效果层面的好坏主要取决于广告投放的产品类型、传播语境和受众群体。

　　从产品类型来看，"显性意动"与"隐性意动"的广告形式都可适用于大众化的消费品。但就高端化的商品来说，"隐性意动"广告更有传播优势，原因在于非大众化的商品更注重超越物质层面之上的符号溢价，所以品牌方必须通过各种软性广告内容来提升其文化价值。从传播语境来说，用户停留时间较长的传播语境可采用"隐性意动"广告，用户停留较短的传播语境适合采用"显性意动"广告。"隐性意动"广告往

---

① 她在厦门开了间面朝大海的书房，只为 200 人而开，却吸引了大批摄影师和文艺青年打卡！［EB/OL］.（2017-10-13）［2023-03-12］. http：//mt. sohu. com/20171013/n517674245.shtml.

往往具有一定的情节性,需要占据用户较多的时间。如传统的电视广告一般时长可达到一分钟左右,其时间长度足以讲述一个微型故事。换言之,基于一定时长的广告才有条件采用"隐性意动"的文本形式,否则很难支撑此种形态的广告。相对来说,对于用户停留较短的传播语境(如电梯间、公交站、地铁口等户外公共空间),更适合采用直接明了的传播方式,而不适合采用过于隐晦的广告形式。

从受众群体来看,目标受众的受教育程度越高,越适合采用较为复杂的"隐性意动"广告来实现劝服效果。对于普通消费者而言,产品的性价比往往是摆在第一位的。但对于有消费能力和消费意愿的中高端消费者而言,产品所承载的文化内涵和它的使用价值同等重要。对于这部分消费者而言,采用"隐性意动"广告有助于增强产品的符号价值,满足他们在精神层面的需求。

对于广告传播者来说,无论采用"显性意动"是"隐性意动",传播效果自然是第一位的。不过,作为企业方,成本亦是需要考虑的重要因素。一般而言,"显性意动"广告比"隐性意动"广告成本更低,形式更为简单,更适合大范围传播。然而,如果"隐性意动"广告运用得当,往往能形成热点话题,并大幅度提升品牌的知名度。在真实的传播实践活动中,品牌方需要因势利导,充分结合"显性意动"与"隐性意动"两种广告形态的不同特点,最大限度地提升自身的影响力。

第三节　广告文本表意过程的六种偏向

20 世纪 50 年代末,罗曼·雅各布森曾提出符号意指过程的六大因素,分别为发送者(addresser)、语境/对象(context)、信息/文本

（message）、接触（contact）、信码/符码（code）与接收者（addressee）。[①]
其中每一个环节都是符号表意与传播过程中不可或缺的一环。以雅各
布森这一理论作为基础，我们同样可以归纳出广告表意过程的六个关
键环节，分别为广告的"情绪性"、广告的"意动性"、广告的"交际性"、广
告的"指称性"、广告的"元语言倾向"与广告的"诗性"。如上一节所分
析的，广告鲜明的"意动性"是区别于其他文本体裁的重要特质之一。
不过，"意动性"并非广告的唯一特质，尤其从整个符号表意链条来看，
"意动性"所聚焦的仅仅是受众群体。当广告文本聚焦于其他环节之
时，则会突显出不同的特质。无论从理论层面抑或实践层面来看，影响
广告意义生成的要素不大可能均匀地分布在表意过程的每一个环节，
而往往是聚焦于某一个环节，由此形成广告文本表意过程的六种偏向。
以下将结合具体广告案例加以阐明。

　　第一，广告的"情绪性"侧重于凸显广告发送者的情绪、态度和行为
方式，它对应的是符号表意过程的发送者环节。其典型代表是反映艺
术家或设计者个人风格的"个性化广告"。如无印良品艺术总监原研哉
被誉为"日本平面设计界教父"。他极其看重平面设计背后所传达的情
感特质，貌似简单的线条和色彩背后往往都蕴含着特殊的情绪。很多
人误以为无印良品就是极简主义，但实际上，简约化的设计风格不一定
等同于极简主义。极简主义倾向于将复杂的东西简单化，即有意剔除
过于繁杂的元素。而原研哉提倡的"简约"是一种贴近自然和本真的质
感。例如，在平面设计中若要呈现出鱼的形态，简约风只是勾勒出鱼的
形状，而原研哉会呈现出立体而真实的鱼，后者会给人一种触手可及的
质感，这种质感正是一种自然情绪的表达，它无法通过冷冰冰的工业流
水线来批量生产。原研哉的创作理念贯穿在他的不少广告设计作品之
中，他将其总结为"虚空观"。所谓"虚空观"，并非一切皆虚，而是强调

---

① 　罗曼·雅各布森.语言学与诗学[C]//赵毅衡.符号学文学论文集.滕守尧,译.天津:百
　　花文艺出版社,2004:175.

如何无中生有以及如何把握虚实相生的原理。他曾用"容器思维"来作比喻,容器本身是空的,它里面装什么东西,如何装,装多少,这些问题就涉及虚与实之间的微妙关系了。[①]

此外,对于想要保持自我个性的内容创意人,如何表达广告的"情绪性"也尤为重要。在互联网时代,保持创作者的自我个性还是迁就受众的"口味"有时候是一对难以回避的矛盾。著名网红 papi 酱在一次访谈中曾说:"我们其实知道观众喜欢什么,我们有时候会故意避开。我觉得创作者和你的观众之间不应该是一个谄媚的关系,如果你一味地谄媚,到最后你自己的东西会消失的。"[②]也就是说,一般内容创意者也应当不断凸显出自我的独特价值,而不要为了眼前的流量一味跟风,否则可能很快就被淹没在信息的海洋之中。这正是广告的"情绪性"对普通内容创意者的启示。

第二,广告的"意动性"侧重于对广告接收者行为和态度的直接影响,它对应的是符号表意过程的接收者环节。例如,2018 年,美国一家公益组织曾做过一个反对滥用药物的公益广告。该广告在纽约最繁华的闹市区用一个立方体形状的大屏幕全面展示了一名使用镇痛药物成瘾者"排毒"前三天的全过程。这位药物成瘾者只是因为跳舞不慎扭伤脚踝所以服用了镇痛药物,但很快对药物产生了强烈的依赖性。她希望将自己的排毒过程公之于众,以此来"唤醒"公众对于药物成瘾问题的关注。[③] 该公益宣传片中的女主角"现身说法",通过自己痛苦的"排毒"经历打动了不少观众,得到了舆论的广泛热议。这正是该公益广告"意动性"的表现。

---

① 原研哉演讲及 PPT 分享:如何深度理解日本的审美理念?[EB/OL].(2015-10-23)
 [2023-03-12].https://www.digitaling.com/articles/19078.html.
② 张洁.B 站 2 天涨粉百万,《二舅》给内容从业者的几点启示[EB/OL].(2022-07-29)
 [2023-03-13].https://www.digitaling.com/articles/813007.html.
③ 美国 The Truth 公益组织宣传活动:阿片类排毒直播[EB/OL].(2018-11-02)[2023-
 03-13].http://iwebad.com/case/7664.html.

受众反馈是绝大多数广告主首要考虑的因素,甚至在很大程度上成为衡量广告好坏的标准。不过,假如将受众对广告的评价好坏当作广告投放最重要的影响因素,就很容易陷入"接受者决定论"。而"接受者决定论"将直接导向一种传播学层面的功利主义。用通俗的话说,"顾客就是上帝","消费者就是老板"。显然,这种不对等的心态并非真正以用户为中心,反而显得有几分虚伪。进一步来看,广告传播者一味"媚俗"的结果往往是丧失底线,触犯广告伦理和相关法律法规。这是广告主不得不审慎对待的问题。

第三,广告的"交际性"侧重于"曝光率"和"聚焦度",但不一定直接传达事实性的信息,它对应的是符号表意过程的"接触"环节。从功能上说,广告的"交际性"只求引发热度,这种热度可能使品牌或产品瞬间成为普罗大众关注的话题焦点。如三星公司曾经拍摄过一部长达66分钟的"无聊"电影,名叫《洗衣机》(*Washing Machine*)。全片的镜头仅仅只是在展示洗衣机洗衣的过程。一般观众很难耐下性子将整部片子看完。不过,这种看似无聊的创意往往能够引发社交媒体上的话题讨论。[①]

类似的广告创意其实并不少。如粽子品牌五芳斋曾做一个"数米实验",一名叫小芳的角色在镜头面前一粒一粒地数着粽子中的米粒数。[②] 当然,该广告片并未真的将数米的全过程呈现出来,而是采用了快进模式和剪辑手法。但从创意点来说,该片与三星洗衣机的纪录片有异曲同工之妙,二者都是通过貌似"无聊"的操作来引发话题热度。这类以"无聊"作为创意点的广告并未向受众直接传达有关产品的信息,而是试图吸引大众的目光,提升品牌的知名度和影响力。

第四,广告的"指称性"侧重于广告对其所要表现的对象(商品、服

---

① 三星拍了一部长达 66 分钟的电影 Washing Machine[EB/OL].(2017-12-05)[2023-06-15].http://iwebad.com/video/3147.html.

② 一个粽子有几粒米?五芳斋女博士用了一天一夜去数米[EB/OL].(2018-01-14)[2023-03-15].https://www.digitaling.com/projects/25258.html.

务、品牌形象或公益理念)的事实性陈述,它对应的是符号表意过程的"语境"(对象)环节。所谓"指称性",是指广告所呈现的内容必须与经验世界相符合,而不能"作伪"。著名物理学家史蒂芬·霍金在生前曾经代言过瑞典的一则公益广告,该公益广告呼吁人们不要长期久坐,否则容易引发肥胖等健康风险。霍金在短片中所言的"久坐成疾"是有医学数据作为支撑的,属于"指称性"内容。

无疑,广告宣传势必带有夸张成分,不过,涉及产品本身的"指称性"内容必须真实客观。如意大利的一个创意活动推出一款具有驱蚊功效的汽水饮料。该汽水含有奎宁水,摇身一变就可成为驱蚊剂。该品牌方还特意设计了适用于玻璃瓶的喷嘴,而且宣称涂在身体上不会造成黏糊糊的感觉。① 在这一案例中,汽水的驱蚊效果直接指涉的是产品的特质,不能作假,属于"指称性"的事实性内容。

综合来看,广告文本是由"指称性"元素与"非指称性"元素构成的复合体。"指称性"强调的是广告内容需符合"真实性原则","非指称性"则允许广告内容进行虚构。不过,凡是涉及产品或品牌信息的内容都必须符合"真实性原则"。因此,广告文本的"非指称性"元素往往只是"外壳",其核心内容是广告尾题的"指称性"元素。不过,为了使广告文本更具表现力,"非指称性"元素也不能忽略,否则会大大降低广告的感染力和传播力。"指称性"元素与"非指称性"元素的功能和属性不同,但缺一不可,二者共同构成了当代广告文本的两个重要支撑点。

第五,广告的"元语言倾向"侧重于对广告符号表意规则的揭示,它对应的是符号表意过程的"符码"(信码)环节。不少具有反讽特质的广告会对广告的"元语言"进行自我暴露。所谓广告的"元语言"指的是广告的表意规则。用最通俗的话来说,广告就是为了"广而告之",即追求最大限度的曝光率,这正是其最底层的表意规则。

---

① 意大利托马斯亨利饮料创意活动:饮料变驱蚊剂[EB/OL].(2018-11-09)[2023-03-16].https://iwebad.com/case/7680.html♯31429.

例如,加拿大的一家广告公司曾经就"点击率"作为主题做了一个极具讽刺意味的创意广告。该广告片虚构了一个专门提升点击率服务的广告公司,该公司能够将互联网的一切内容都转化成超高点击率的"热点"。普通人想要实现"病毒式传播"不再是遥不可及的梦想。他们可以培养专业的"点击员",或者培养业余的"点击员",包括老人和小孩组团来提供点击服务。当然,"点击员"在现实世界中不可能真的存在。该广告片的主旨其实是讽刺"点击率至上主义"。[①] 追求点击率可被视为广告元语言发挥作用的体现。点击率的确能够在很大程度上反映出某一信息的影响力和广告价值。不过,点击率显然无法成为衡量广告的最终标准,它也不能等同于广告的真实传播效果。随着智能技术不断迭代,智能营销能够更为精准地定位广告对受众的最终触达率和变现率,而不是表面上的"流量为王"。

当广告人仅仅只是关注曝光率,有可能使广告产业陷入"流量陷阱"。高流量的东西不一定是好内容,也不一定能够产生真正好的广告效应。流量并非一切。该则加拿大广告既揭示了广告的"元语言倾向",但同时又对过度迷信点击率的观念进行了解构。这种叙述策略所揭示的正是广告的"元语言倾向"。

第六,广告的"诗性"侧重于表现广告文本自身所携带的"艺术性"元素,它对应的是符号表意过程的"文本"(信息)环节。不少偏重剧情的微电影广告都会着重突出广告的"诗性"色彩。例如,环保组织"野生救援"(WildAid)旗下的可持续生活项目"GOblue 向蓝"曾拍摄过一则以"鼻毛"作为创意点的公益广告。在该广告片中,每一个人都留着如同长头发一样的长鼻毛,需要精心打理和修饰,没有人觉察到有任何不自然,即便连户外视频广告中的靓丽模特也是以长鼻毛为"美"。人类之所以进化出了夸张的长鼻毛,是因为城市空气污染实在太严重,唯有

---

① 没有点击率? 没关系,可以买[EB/OL].(2017-11-23)[2023-03-16].http://iwebad.com/case/6981.html.

通过长鼻毛的过滤才能够使人们在一个空气污浊的世界生存下来。然而,该片中男主角却最终狠下心来剪掉长鼻毛。在最后一幕,他似乎重新回到大自然的怀抱,骑着自行车在一片蓝天白云下自由呼吸。①

显然,这则广告剧情中的"长鼻毛"属于"虚构性"元素,并不直接对应客观现实,它是超越现实的诗性表达。广告的"诗性"往往试图通过故事来吸引和改变受众的认知和行为。没有人愿意因空气污浊而进化出"长鼻毛"。因此,为了正常呼吸,每一个人都应当树立低碳环保的生活和出行方式,为保护地球生态尽到自己的一份力量,这正是该广告片尝试通过"长鼻毛"这一貌似离谱的虚构情节所要传达的真实意图。

综上所述,广告文本表意过程的六种偏向揭示出广告的六种基本功能。广告的"情绪性"倾向于发送者的态度和情绪表达。大师级设计师或追求自我个性的内容创意者往往偏向于此类。广告的"意动性"强调的是以受众为本位的传播策略。但以受众为第一考虑因素不等于不择手段地讨好受众,而是要恪守广告人的职业伦理底线。广告的"交际性"注重的是"曝光率",它不一定传达实质性的内容,而是仅仅聚焦于广告的"触达"功能。广告的"指称性"要求广告内容需要直接指称经验世界,符合"真实性原则"。不管广告内容讲得如何天花乱坠,广告尾题必须符合事实,不能作假。广告的"元语言倾向"是对广告底层规则的"有意暴露",并以此作为引发舆论关注的创意点。广告的"诗性"突出的是广告中的虚构性元素,即"非指称性"元素。大多数注重以情节打动人的广告类型都具有鲜明的"诗性"色彩。

说到底,广告文本在不同表意环节所呈现的功能差异,都是在特定传播场景下采用的不同叙述策略,其根本目的均是实现最佳的广告传播效果。理解以上六种偏向对于广告人从事传播实践活动具有十分重要的参考价值。其中每一种都有特定的应用场景,需要广告人根据广

① 公益广告:鼻毛将统治中国[EB/OL].(2016-03-09)[2023-03-16].http://iwebad.com/case/5010.html.

告投放的目标来审慎选择。若是运用不当,则无法实现广告的预期目标。如果用得恰如其分,则能做到事半功倍,充分实现广告的感染力和影响力。

思考题

1. 何谓文本?　广告文本具有哪三个基本特点?
2. 如何理解广告的意动性?
3. 广告的意动性分为哪两种形式?
4. 广告表意过程存在哪六种偏向?

第二章

广告与符号表意原理

本章的内容要点主要包括以下四点:第一,从"符号二分法"来看,广告文本是所指与能指的结合。第二,从"符号三分法"来看,广告文本的意义由再现体、对象、解释项共同构成。第三,广告作为一种特殊的符号表意活动,遵循任意性和理据性两大基本原则。所谓广告创意,是指试图将任意性的符号元素重构成为具有理据性的符号系统。第四,从广告的符号类型来看,可分为像似符号、指示符号与规约符号。在广告实践中,若能善用这三种符号,将有效增强品牌的传播力。

第一节 符号学中的"二分法"与"三分法"

在符号学领域,瑞士语言学家索绪尔(Ferdinand de Saussure)与美国哲学家皮尔斯(Charles Sanders Peirce)被认为是现代符号学的两大重要奠基人物。关于符号表意,索绪尔最负盛名的理论是"符号二分法",即"能指"与"所指"这一对概念。能指又称为符征,即符号的表现形式。所指又称为符旨,即符号所承载的内容及意义。能指与所指共同构成符号,二者缺一不可,相辅相成。与索绪尔不同,皮尔斯强调符号表意的三要素,即再现体(representamen)、对象(object)、解释项(interpretant)，这一说法又称为"符号三分法"。其中，再现体是符号形式，对象即所指代的事物，解释项是对符号所承载意义的阐释。实际上，符号化的过程就是特定对象通过符号载体得以再现的过程。之所以说是再现，是因为任何被符号化的对象都必须区别于对象本身，二者是从 A1 到 A2 的关系，而不可能完全画上等号，所以这是一种区别于客观世界的符号再现。

索绪尔的"符号二分法"与皮尔斯的"符号三分法"可谓是广告符号表意的理论基础，对于广告符号学的理论架构极为重要。广告的能指就是广告的表意形式，如用口语表达的口头广告，用视听媒介表达的电视广告，用虚拟现实、混合现实来表意的元宇宙广告等，这些运用不同媒介所呈现的符号形式可视为广告的能指。广告的所指即能指所呈现的内容及意义。无论是传统的语言文字，抑或是元宇宙时代的混合现实，这些媒介形式都是为了承载特定内容和特殊意义。从原则上说，没有意义的媒介形式是不存在的。这意味着，没有所指的能指也是难以想象的，只有广告能指与所指相结合，才能构成完整的符号表意结构。

此外，索绪尔的二分法还涉及两类符号表意模式，分别是能指优势符号与所指优势符号。能指优势符号强调形式先于内容，它以艺术、游戏等非实用型表意为代表。所指优势符号强调内容先于形式，它以新闻、纪录片等实用型表意为典型。广告这一特殊体裁跨越了这两种模式，可据此分为能指优势广告与所指优势广告。能指优势广告倾向于通过虚构性元素和叙述性元素来包装广告内容。不少注重通过具有感染力的故事来打动消费者的叙述类广告属于此种类型。所指优势广告偏向于采用纪实性元素和陈述性元素来打造广告内容。大多数直接呈现广告主旨的陈述类广告可算作该类型。二者并不存在好坏优劣之分，而需要根据特定产品、传播场景以及受众群体来决定采用哪种类型。

与索绪尔的"符号二分法"不同，皮尔斯提出再现体、对象、解释项三种元素的"符号三分法"。在这一分类中，皮尔斯特别强调符号解释活动,即解释项。在索绪尔的二分法中,符号相当于是一个静态的意义载体,符号意义似乎是一个"已完成时态",而皮尔斯的三分法则强调符号朝向的是一种开放的"未完成时态"。所谓解释项,指向的正是对于符号的解释过程。因此,解释项必然牵涉到传播过程和受众群体。从皮尔斯的三分法来看,符号接收环节是符号意义生成的落脚点。

举例来看,油条品牌打出"今日油条""一滴不是金龙鱼油,本店赔您十万元"这类招牌和标语。其中,对象是指代的客观世界中的油条或金龙鱼油,再现体是平面广告这一媒介形式所呈现的油条或金龙鱼油,而解释项则是由发送者和接受者共同构建的意义链条。从正面传播效果来说,发送者期望受众相信他们品牌的油条是新鲜健康的,但是否能形成这一解释最终取决于消费者。如果消费者对广告语深信不疑,那么解释项就会朝向广告传者的预期目标发展。假若消费者发现广告宣传与实际销售的油条品质不符,那么消费者就会将上述广告语视为"虚假广告",即解释项会与广告语所承载的文本意义相悖。当然,解释活动也可能出现各种有意或无意的"误读"。如同行业竞争者可能对今日油条进行诋毁或污蔑,使消费者"冤枉"该油条品牌。但不管出于何种原因,今日油条广告语的意义是否能够实现最终由解释群体所决定。

对比"符号二分法"与"符号三分法"可以发现,前者更注重符号文本本身所携带的意义,而后者则更强调符号"接收"这一环节。符号三分法对于广告传播活动的理论意义在于它强调以一种动态的视角来看待意义的生成过程。意义既非发送者所决定,也非解释群体所能决定,而是由发送者与接收者通过符号载体相互耦合的过程。由此来看,真正经得起市场检验的广告营销活动既不能仅凭创意团队的"一鼓作气",也不能一味俯就消费者,而是需要在深刻洞察消费者痛点的基础之上充分发挥出广告人的创意思维能力。

第二节　广告符号的任意性与理据性

一、任意性与理据性

符号学表意原理对于解释广告实践活动具有重要意义。根据所指与能指这一对概念，索绪尔进而提出了符号的"任意性"(arbitrariness)原则与"理据性"(motivation)原则。"任意性"原则是"任意武断性"的简称，意思是符号与其所指涉的对象之间并无逻辑关联。索绪尔认为"任意性"是支配表音文字体系的最根本性原则，如英语、法语、德语等印欧语系都属于表音文字。表音文字的特点是用有限的字母组合来表达意义。例如，英文中"pig"一词指代的是"猪"的意思。但作为语言符号的单词"pig"与现实世界中的"猪"，这二者之间并不是基于必然的逻辑关系。语言的发展可能是社群规约的产物，也可能是偶然因素导致的结果。按照"任意性"原则，"pig"这一符号可以指代其他任何一个对象，如人、狗、鸟等。只要使用社群都认可"pig"背后代表的含义即可。从这个角度来看，索绪尔并没有完全忽略解释社群的作用，因为任意性原则的贯彻必须依托符号使用的社会群体。

"任意性"原则的对立面是"理据性"原则。"理据性"强调符号与指涉的对象之间存在内在的逻辑关系。对于汉字这种表意文字而言，语言符号与意义之间并非完全任意武断的关系，而是有逻辑可循。汉字中的"象"在甲骨文中所呈现的就是大象横躺在地上的模样。之所以是横躺，是因为这是一头死去的大象，而不是活的大象。那么为什么古人根据死去的大象画出其轮廓呢？《韩非子·解老》中解释说："人希见生象也，而得死象之骨，案其图以想其生也。故诸人之所以意想者皆谓之象也。"①用白话文来表达,意思是说,我们的祖先很少有机会见到活生生的大象,所以都是根据死去大象的遗骸来想象"活象"的模样。这说明文字符号与对象之间存在内在的逻辑关联,而非随意搭配。不过,即便如此,"象"字的起源同时也说明了符号表意的过程是一个"抽象化"的过程。

无论是表音文字抑或表意文字,符号本身都是对其指代对象的概念化,而不可能原原本本地呈现对象本来的样子,区别只是程度上的差异。相比较而言,表意文字中的一些文字符号"图画色彩"更强,即符号与对象之间的"理据性"更为明显。而表音文字中的多数文字符号没有十分突出的"图画色彩",无法从直观感受上给人视觉上的联想,所以"理据性"显得比较弱。

不过,从表意文字(如汉语)的发展趋势来看,文字符号愈来愈趋向于抽象化和概念化。从繁体字到简体字的演变就是这样一种"去理据化"的过程。尽管文字符号的"图像化"降低了传播门槛,但使得传播效率十分低下。中国少数民族纳西族的纳西文中对于"衣"的表述形式就是直接画出衣服的图形,而甲骨文中表达"衣"的文字则进行了高度简化,即抽象化。孟华对这二者进行了对比,并指出:"纳西文的写法是写实性的,甲骨文的写法是写意性或意象性的。"②所谓写意性或意象性,就是通过想象来实现文字符号的抽象化和概念化,从而达到提高传播效率的目的。这一过程必然会削弱符号与对象之间视觉层面的"理据性"。

在当代诸多形式的传播活动中,任意性与理据性可谓是理解符号系统表意规律的最为基本的原则。下面我们将结合案例来分析这两种表意原则在广告活动中的具体表现及重要功能。

---

① 王先慎.韩非子集解[M].钟哲,点校.北京:中华书局,2013:148.
② 孟华.文字论[M].济南:山东教育出版社,2008:7.

二、任意性与理据性在广告活动中的功能

在"符号二分法"看来,广告可被视为能指与所指构成的符号"游戏"。之所以称为符号游戏,是因为广告符号与其所构建的意义之间并非存在必然的逻辑关联,而是受到任意武断性的支配。可以说,品牌传播就是要发挥能指和所指的任意武断关系来重构品牌符号的内涵,从而实现品牌价值的最大化。

在广告活动中,符号的任意性表现为将一个原本普通的产品赋予其特殊意义。2012 年诞生于重庆的江小白作为一款针对一般消费者的平价酒,近 10 年来发展迅猛,甚至在 2022 年迈入中国品牌 500 强的行列。从产品品质来说,江小白所主打的清香型白酒在市场中的定位偏中低端,远远比不上汾酒这类老字号白酒品牌。

不过,面对产品口感上的短板,江小白一开始就尝试通过广告营销来加以弥补。值得肯定的是,江小白这一品牌在发展初期就特别注重通过一套独特的广告文案体系来吸引年轻消费群体。江小白的瓶身上往往会贴有各种具有情感渲染力的广告标语。例如,"重要的/不是什么都拥有/而是你想要的/恰好在身边";"两座城的距离/不过数小时/当年说好的再聚/却用了十年";"明天有明天的烦恼/今天有今天的刚好"。[①] 此类广告文案都在极力打造产品背后的"情怀"。喝酒喝的不是酒,而是背后的情怀。喝酒需要特定的氛围、特定的人、特定的情绪,而不是酒本身。江小白的广告文案尝试呈现饮酒的各种复杂心态,感伤、惆怅、轻松、甜美、温暖、感动……各种情绪的交织,不一而足。

江小白主打的系列产品原本十分普通,但一旦嫁接上这一系列特殊意义,瞬间就让消费者感受到酒背后的情感冲击力。作为产品的酒

---

① 江小白为什么总能撩动用户?[EB/OL].(2022-04-10)[2023-03-19].https://www.digitaling.com/articles/748992.html.

原本并不携带这些意义，它们是江小白通过大量广告宣传所强加给受众的符号意义。作为产品的酒与酒所代表的特殊情怀之间的关联揭示出的是广告符号的任意性原则。显而易见，江小白可以通过各种广告文案将不同的情绪都与产品"粘贴"在一起。因此，很难说喝江小白的酒就一定是某种情绪的表达。由此来看，对于江小白的目标消费群体而言，他们买的不仅是酒，而且是酒背后的意义。

"跨界联名"也是广告符号任意性的典型表现。"跨界联名"需要特别注意跨界的对象与自身品牌之间是否能够有效嫁接。如果广告设计者仅仅是将任意性原则当作"随意性"的拼接，很可能会偏离初始目标。网红雪糕品牌"钟薛高"曾和不同行业的品牌进行联名，其中包括五芳斋（粽子）、娃哈哈（高钙奶）、ELLE（法国服饰品牌）、小米手机、三只松鼠（零食品牌）、电动智能汽车、小仙炖、泸州老窖等。[①] 实际上，钟薛高与这些品牌之间的跨界联名，只不过是把不同产品以"拼贴"的方式集中在同一张海报上面。坦白地说，作为一家生产雪糕的企业，"钟薛高"与以上所合作的多数品牌之间并没有必然的逻辑关联，更多的是一种为了联名而联名的"神操作"。

无疑，这类跨界联名的目的是取得"1+1＞2"的传播效果。不过，如果只是盲目、片面地引入一些具有影响力的品牌作为合作对象，恐怕未必能够给消费者心中留下深刻的印象。例如，泸州老窖的目标群体和钟薛高的目标群体完全不同，很难想象有人一边吃雪糕，一边喝白酒的场景，这显然不太协调。因此，不同行业的品牌要成功跨界，必须找到不同产品之间的"共感点"。

奶茶品牌 Manner 曾与休闲鞋类品牌 Allbirds 进行跨界联名。那么，奶茶与休闲鞋这二者之间存在什么关联呢？从表面上来看，二者似乎没有直接关联。不过，跨界的目的就是要将貌似无关联的品牌之间

---

① 品牌抢着联名的网红雪糕钟薛高，究竟厉害在哪里？［EB/OL］.（2020-07-29）［2023-03-19］.https://www.digitaling.com/articles/324323.html.

制造出"火花"。Manner 与 Allbirds 的"共感点"源于"环保"理念。Manner 倡导"自带杯"活动,并宣传尽量减少使用一次性用品。而 Allbirds 的鞋带由回收的塑料瓶制成。在 Manner 消费一定额度的用户可获得 Manner 的玻璃吸管杯和 Allbirds 环保鞋带礼袋。[①] 在这一案例中,品牌联名更强调不同品牌之间价值观的一致性,并着力突出企业的社会责任感和正向的价值引导,因而更容易让社会大众普遍接受。尽管这种跨界仍然是以广告的任意性原则作为基础,但这种任意性不会轻易被消费者"看穿"。作为广告设计者,应通过巧妙的修辞技巧将任意性包装成"理据性",将原本"不自然"的跨界升华成一种"自然化"的跨界。

　　由此来看,广告符号表意的根本规则依托于任意性原则。但在广告传播实践活动中,任意性不能表现为随心所欲,而是要在受众心中制造出一种"理据性"的错觉。换言之,广告的目的其实就是让原本没有关联的事物或对象之间形成内在的逻辑关联,并深深"印刻"在目标受众的心目中,使他们逐渐将这种关联视为"天经地义的真谛",就好比运动鞋代表挑战自我,香水代表性感,豪华汽车代表成功人士。实际上,产品与符号内涵之间的关联并非自然生成的产物,而是通过广告反复灌输给受众的结果。

　　在公益广告中,这种符号的任意性原则往往也可以成为创意的来源。以一则新西兰的预防酒驾的公益广告为例。在该视频广告的开头,一个醉醺醺的男子走向自己的汽车,接着画面转向他的两个同伴。同伴们的脑海中浮现出一连串在海滩冲浪的画面。要去海滩冲浪必须经过一道"关卡"——米奇的围栏。米奇是一个长胡子的"怪人",一拨一拨的冲浪爱好者试图经过他的围栏去海边冲浪,结果都被拦了下来。唯独一个叫乔诺的男子与这位难缠的米奇关系很"铁",只有他带队,朋

---

① Manner 的品牌联名,出一个爆一个[EB/OL].(2022-08-08)[2023-03-19].https://www.digitaling.com/articles/816206.html.

友们才有机会尽情享受到冲浪的快乐。假如乔诺因意外去世了，那么这帮朋友可能再也没有机会去海边冲浪了。画面忽然又闪回到片头的场景。原来开头出现的醉酒男子就是乔诺，两个同伴赶紧走向前，拦住了想要开车离开的乔诺，避免了一场意外。广告片尾，出现一行字："阻止醉酒的弟兄驾车"（Stop a mate driving drunk）。[①]

在这一则公益广告中，故事的创意点是将冲浪与醉酒嫁接起来。显然，这二者原本并无联系。但在故事中，假如乔诺因醉酒驾车出现事故，那么他的朋友们可能就会失去了带领他们冲浪的"领队"。这种貌似有点牵强的理由却也颇有几分人情味，比直接说教更具戏剧色彩，也更容易给观众留下深刻的印象。广告要传达的目的很清晰，不管用什么理由，作为同伴，都必须阻止朋友醉酒驾车。通过这一案例可以发现，任何貌似无关的事物之间都可以通过各种广告创意获得某种程度的"理据性"。在初始阶段，广告文本的意义或许是依托于任意性原则，但随着文本意义的传播和流转，这种任意性会逐渐被当作"理据性"。如此一来，广告的预期效果就顺利实现了。

所谓广告创意，其实就是试图将任意性的符号元素重构成为具有理据性的符号系统。要打造这套理据性的符号系统，必须运用到"系统观念"。从任意性原则来看，任何单个符号都无法赋予自身意义，而需要借助符号体系才能构建一张"意义之网"，从而实现产品价值的最大化。盲盒经济所利用的正是系统思维。对于盲盒粉丝圈而言，要搜集一整套盲盒才能够满足其"收集癖"，哪怕少一件盲盒，都无法拼接出"完整的意义"。不过，这套"完整的意义"显然不是消费者自身给定的，而是由盲盒出品方所划定的标准。

盲盒界的虚拟红人泡泡玛特 Molly 拥有多个经典系列，每个系列都是一套独特的 IP 符号系统。不少铁粉为了搜集齐一整套盲盒不惜

---

① 新西兰交通局创意广告：疯米奇的围栏［EB/OL］.（2018-11-07）［2023-03-19］.http://iwebad.com/video/3396.html.

花费重金去二手市场购买，一度使潮玩盲盒产品携带上了金融属性。从设计者的角度来看，一套盲盒可以由 10 个角色组成，也可以由 100 个角色组成，不同角色之间的搭配多半是基于"天马行空"的创意设计，其根本规则是基于任意性原则。但盲盒出品方不能让消费者感觉盲盒"小人"这套符号体系能够随意添加或减少，而要让广大受众觉得这一套 IP 系列"多一个不行，少一个不行"，每一个盲盒所提供的虚拟形象都是盲盒组合中不可或缺的一部分。对于盲盒销售者而言，只有将任意搭配原则包装成"一个都不能缺"的盲盒套装，使其具备"理据性"，才能够最大限度地激发消费者的收藏欲，形成"总体大于部分之和"的推广效果。

总之，广告表意同样受制于任意性和理据性这两种基本原则的支配。任意性是一切广告活动的深层规则。然而，任意性并不等于随意性。在广告实践中，任意性往往以高度"理据性"的面目出现。从广告符号学角度来看，品牌就是利用符号任意性原则将"不自然"的符号加以"自然化"的过程。此处的"不自然"，就是指原本无关联的事物，而"自然化"，即通过符号修辞在不同对象之间嫁接起特殊的意义内涵。唯有如此，才能让品牌的符号价值与产品本身完美结合，使物质消费升华为基于精神层面的符号消费，从而实现企业利益的最大化。

第三节 广告符号的像似性、指示性与规约性

符号学家皮尔斯将符号分为像似符号（icon）、指示符号（index）与规约符号（convention）三种基本类型。[①] 像似符号主要依靠基于符号与对象之间的像似关系。繁体字的"馬（马）"就如同一匹正在奔跑的马。也就是说，文字符号"马"与现实世界中的马之间形成了一种最为

---

① 皮尔斯.皮尔斯：论符号［M］.赵星植，译.成都：四川大学出版社，2014：72-73.

直观的像似关系。指示符号依靠的是符号与对象之间的特殊关系,如联想关系、借代关系等。汉字用"牛头"指代整头牛。由牛头这一部位代指整头牛,这正是一种指示性的表达方式。规约符号依靠的是社会群体所达成的共识,即"约定俗成"。大量的品牌符号都是人为规约的产物,如麦当劳的"金拱门",给人的感觉是"兴旺""吉利"等内涵,这都是广告不断建构所生成的意义。像似符号、指示符号与规约符号这三种符号类型对于广告营销活动具有重要意义,以下我们将结合具体案例来进行分析。

第一,像似符号的基本类型及特点。按照皮尔斯的区分,像似符号可以进一步划分为三个基本类别,赵毅衡将这三类分别翻译为形象式像似(imaginal icon)、图表式像似(diagrammic icon)与比喻式像似(metaphorical icon)。[①] 形象式像似强调符号与对象之间在视觉层面所构建的"肖似"关系。香水瓶设计成苗条女子的身材形状,所呈现的就是此类像似关系。图表式像似强调的是结构上的像似关系。品牌排名榜讲究的正是一种结构层面的"同类"。亚马逊、苹果、谷歌、微软、Meta、腾讯、阿里巴巴等全球型的跨国企业会出现在同一张排名表中,这些公司可能生产不同产品,分属不同领域,具有不同的运营特点,但去除掉种种外在差异之后,它们都可视为某一个具有广泛影响力的"超级品牌符号"。因此从类别上它们属于同一种类,完全可以通过一张图表来揭示这些超级品牌在结构上的类似关系。比喻式像似注重的是符号与对象之间的象征关系。如某安全套广告利用马斯洛需求理论,将产品分为避孕功能、性的体验、爱的升华等多个需求层次,并通过金字塔的形状加以呈现,其所利用的正是比喻式像似。在广告实践过程中,这三种像似类型各自有自身的优势,需要根据产品特性和目标受众来决定采用何种类型。

必须强调,像似符号的像似性不一定基于形象,而可以是一种跨越

[①]　赵毅衡.符号学:原理与推演[M].南京:南京大学出版社,2014:79.

特定感官渠道的像似。如某品牌奶茶强调其口感如同丝袜一般的"滑顺",消费者很容易理解该广告宣传的"滑顺"这一感觉的类比含义。虽然味觉和触觉属于不同的感知渠道,但触觉的"滑顺"过渡到味觉的"滑顺"却可以通过"联觉"实现跨渠道像似。进一步来看,像似性既可以表现为具体的再现关系(形象式像似),也可以是一种抽象的关系(图表式像似或比喻式像似)。在广告活动中,若能善于利用像似符号的特点,势必能够大幅提升广告的传播效果。

第二,指示符号的基本类型及特点。指示符号可分为转喻式指示符号与提喻式指示符号。前者依靠的是邻接关系相互提示,后者依靠的是部分与整体之间的指代关系。著名的库里肖夫心理学实验证明了不同事物的邻接关系对于人们理解同一事物所具有的特殊功能。在这一实验中,同一张表情的人脸分别与一碗汤、一具棺材和一个性感的女子并置在一起,结果受众分别解读出"饥饿""悲伤""欲望"三种不同的含义。实际上,这张人脸所有的表情都是一模一样的,并没有任何改变,那么为什么受众却会解读出完全不同的意义呢?原因就在于邻接关系会形成不同的联想,从而使受众对同一副表情形成完全不同的印象。在广告中,这种依靠邻接关系而构成的转喻式指示符号十分常见。在汽车广告中,豪车往往搭配美女出现,这种邻接关系显然暗示驾驶该品牌的男性消费者是一位成功人士,而"香车美女"正是成功人士的重要标志。提喻式指示符号则依靠部分对整体的替代。在广告海报中,印有品牌 logo 的方向盘可以指代某款车,而无须展示出整辆车的外形。显然,方向盘属于汽车的一部分,因而这是通过部分指代整体,属于提喻式指示符号。

需要注意的是,转喻式指示符号与提喻式指示符号极为容易混淆。如果用数字符号来表示,二者最基本的区别在于,前者是"A+B"的组合,A 与 B 之间是一种极为紧密的相邻关系,但仍然是两个不同的对象。后者是"A+A1"的组合,A1 是 A 这一对象中的某一部分,二者相互提示。在平面广告中,高跟鞋可以指代性感的女子,但这不是部分与整体的关系,而是邻接关系。高跟鞋并非女子身体的一部分,而是与她的身体形成了一种外在的"链接",因而属于转喻式指示符号。瑜伽广告海报中仅仅出现女性的腿,并以此指代苗条的女子,这就属于提喻式指示符号。在广告实践活动中,若能合理运用指示符号,将能够使广告的呈现方式更为含蓄委婉,并极大增强广告创意的表现力和感染力。

第三,规约符号的基本类型及特点。规约符号依靠的是约定俗成所形成的意义。《荀子》中说:"名无固宜,约之以命。约定俗成谓之宜,异于约则谓之不宜。名无固实,约之以命实。"[①]也就是说,名(符号)的意义并不是固定的,而是由特定社群取得共识的结果。从规模上来看,规约符号可分为大众型规约符号与小众型规约符号。大众型规约符号是一个规模较大的社会群体对某种符号系统所形成的"认知共同体"。一般而言,英语、法语、德语等表音文字都可视为规约符号。一门语言往往在某个地区、某个族群或某个国家大范围流行,因而属于大众型规约符号。小众型规约符号是一个规模相对较小的团体或特定组织中所使用的符号体系。小偷的暗号、间谍的密语、江湖人士使用的行话和互联网粉丝圈的"黑话"等都属于小众型规约符号。

在大众传媒时代,广告往往需要将小众型规约符号升华为大众型规约符号。这种通过广告来打造品牌规约符号的意义构建过程既具有隐蔽性,也具有强制性。各种品牌符号背后往往蕴含着特定的含义,这种符号与意义之间的构建过程必须通过社会特定群体的共同参与才能形成。在 Dior 女士香水广告中,品牌方往往会通过时尚明星或靓丽模特打造产品背后所蕴含的"魅惑力"。香水被塑造成为女性追求完美、展示性感、表达个性自我的象征物。这些意义内涵并非 Dior 香水这一产品天然就具有的,而是通过广告反复"灌输"给大众,并反过来又让逐渐接受该品牌价值的目标受众进一步向社会推广的结果。任何品牌在一开始可能都仅仅只是影响一个小众化的群体,但随着品牌知名度和

---

① 王先谦.荀子集解[M].北京:中华书局,1988:420.

影响力的扩大,它就可能慢慢升级为被大众所共同接受的规约符号。但无论是大众化抑或小众化的规约符号,都离不开广告这一媒介宣传形式。

在香奈儿的一则 Gabrielle 包包的经典视频广告中,广告通过一对闺密之间的"爱恨纠葛"呈现了香奈儿包包的规约性特点。在广告开头,一位金发女子在浴缸中大声哭泣,观众显然不清楚她痛哭的原因。接着故事转向她为闺密过生日的场景。为了庆祝闺密的生日,她送上一份珍贵的礼物——香奈儿包包。闺密喜笑颜开,非常喜欢。在平日一起出行的时候,闺密时刻带着她送给自己的包包。金发女子的眼神中透露出几分羡慕的意味。在洗手间,趁着闺密离开的间隙,她甚至也忍不住想去摸一下闺密的包包。在和朋友一同吃饭的时候,有人不小心将酒杯打翻,她反应神速,迅速将包包从桌上拿走,抱在了自己的怀中,避免了包包被酒水溅湿的"命运"。这一举动使闺密看穿了一切,她眼中露出不快的神色。在结尾,闺密来到她的家中,将包包扔给了她,然后扬长而去。而她却不以为然,双手紧紧抱住包包,露出幸福的笑容。[①] 从结局来看,金发女子"反悔"送给了闺密如此贵重的礼物,她甚至把包包看得比友谊更为重要。

在广告开头,香奈儿包包原本是指代"友谊地久天长"的象征。但在片尾,金发女子将包包"据为己有",不一定说明她小气,也不能证明她看重的是包包的物质属性。实际上,她如此痴迷于包包,甚至将其视为快乐的源泉,这说明包包对她而言携带着特殊的精神意义。从广告结尾来看,香奈儿包包其实已经演变成为一个"悦己"的象征。购买包包不一定是为了炫耀,也不是为了送人,而只要自己喜欢就足够了。显然,这一则香奈儿广告正是以一种幽默的方式表达了"悦己"对于女性消费者的重要性。不过,包包背后的符号意义并非这一物品原本就携

---

① 香奈儿广告:送给闺密包包之后[EB/OL].(2017-04-26)[2023-03-21].https://iwebad.com/video/2908.html.

带的,而是通过广告将产品与意义"捆绑"在一起,并试图让消费者接受广告中所宣传的符号消费观念。

当然,广告中所植入的各种符号意义也并不完全是由品牌方自身来操控的,而可能是迎合主流意识形态的产物。个体的"原子化"可谓是现代社会的重要特征,个体价值的凸显使"悦己"成为符号消费的重要趋势之一。香奈儿显然也注意到这一点,因而在广告中对"悦己"这一消费观念进行了放大和渲染。品牌方试图让女性消费者相信,购买包包就等同于"悦己",或者反过来说,"悦己"就是购买包包。如果越来越多的目标受众都认同了这一点,那么香奈儿包包作为一种"悦己"的规约符号就形成了。

在互联网时代以及所谓的元宇宙时代,小众型规约符号将可能比大众型规约符号更为盛行,甚至成为主流传播形态。所谓的消费升级,在很大程度上讲究的是一种高度个性化或私人定制化的符号消费模式。传统的消费市场是基于工业流水线这种标准化的生产方式,产品同质化严重,无法满足多元化的市场需求。在未来,特定产品的分众化与小众化趋势将越来越明显。当前网络直播所追求的"爆款"往往追求的是薄利多销,主要是以性价比取胜。从用户端来说,他们所使用的产品"千人一面",缺乏个性特质。这种大规模的"线上团购"仍然是基于传统的"中心化"销售模式。

元宇宙的网络生态将趋于"去中心化",每一个用户就是一个独一无二的"节点",每一个"节点"都有着完全不同的符号消费需求。即便对于大品牌而言,也应具备新的"节点思维",不应盲目追求数量,而要优化品质,努力通过智能技术来打造多元化的商业生态,满足受众的个性化需求。在元宇宙时代,数字化商品更适合打造成为小众化的规约符号。在区块链技术加持之下,不少数字藏品都是在某一小众化群体范围之中来回流转。对于数字藏品而言,将其打造成为独具特色的小众化规约符号更能凸显出其稀缺性,从而有效提升其符号价值。基于这一点,不少数字藏品都会通过数字确权来发行"限量版",使其在一个极为小众化的特殊群体传播。例如,某些高校会以校庆之名发布能够凸显本校特色的数字藏品(如数字校徽),其潜在目标受众主要是校友会成员。此类数字藏品仅仅在有限的传播场景中流转,因而属于小众化规约符号。

总体来看,像似符号、指示符号、规约符号三者各有特点,不能简单地评判哪种符号类型传播力更强。在真实的传播场景中,三者可能会被同时使用。一般而言,基于形象的像似符号会使广告更为直观明了。指示符号会让广告更为含蓄委婉。规约符号则使广告更为精准有效。对于广告设计者而言,若能善加利用这三种符号类型,将能够大幅提升广告的表现力和影响力。

思考题

1. 能指优势广告与所指优势广告有何区别?

2. 尝试用皮尔斯的符号三分法对广告活动进行阐述。

3. 如何理解广告的任意性与理据性?

4. 如何理解广告中的像似符号、指示符号与规约符号? 试举例说明。

第三章

广告与符号类型

根据赵毅衡在《符号学：原理与推演》中对于符号类型的分类标准，可将符号分为信号、无发送符号、潜在符号、自我符号、绝似符号、同一符号、镜像符号七大类型。这一分类标准对于广告学也有重要意义。以往的讨论往往是从文化符号学的角度来分析符号类型的特点，而本章将聚焦于广告符号学的视角来逐一探讨这七种符号类型在广告活动中的具体体现。作为广告人，若能深入理解不同符号类型的功能，将有助于显著提升广告文本的感染力和传播力。

第一节 广告与信号

信号属于典型的不完整符号，它是一种被动的反应。关于信号的特点，赵毅衡指出两点："(1)它是一个有符号载体的意义发送；(2)它不要求解释，却要求接收者以行动反应。"①生物界中存在大量信号，如蝙蝠对超声波的反应，含羞草对触摸的反应等。诸如此类的信息传播都是一种基于生物本能的固定反馈，类似于条件反射，因此不能算作符号

---

① 赵毅衡.符号学:原理与推演[M].南京:南京大学出版社,2014:53.

学意义上的"解释"。这些生物符号并不是我们关注的重点,而如何利用信号机制传播广告符号,或者说如何将信号转变为有意义的广告符号活动,才是我们想要探讨的重心。

实际上,在广告实践中,也存在不少类似于信号的广告表意机制。"洗脑广告"也可视为利用信号机制来进行广告营销的典型案例。所谓"洗脑广告",就是试图使目标受众对所接收的信息形成条件反射,而无须对其做出解释。如此一来,广告就蜕变成了能够反复刺激和重塑受众本能的"信号"。关于洗脑广告,大体上存在两种相反的态度:一种是完全反对的态度,原因是洗脑广告给受众的体验感极差,很容易招致消费者的反感,对品牌本身可能造成负面印象。另一种是支持的态度。尽管洗脑广告的体验感并不佳,但这种反复循环的灌输式传播却有助于品牌在极短时间内将产品特质"嵌入"到消费者的脑海之中。从认知心理学的角度来看,当人们在做出选择的时候,下意识会选择自己较为熟悉的那个选项,尽管这一选项可能并非最佳选项。洗脑广告正力图达到这种效果。

在特定的传播场景之中,"高大上"的广告创意故事并不一定行之有效。例如,在电梯场景中,受众可能观看广告的时间只有 15～20 秒,在如此短的时间之内,要想快速吸引消费者的注意力,洗脑广告或许是一个颇有成效的传播策略。如果能恰当借用信号的运作机制,洗脑广告的确能够产生超乎寻常的传播效果。洗脑广告的实质是将复杂的符号活动降格为无须解释的信号活动。从接收端来看,当消费者做出"理性抉择"的时候,他们需要深思熟虑,对商品的性能、自我的购物需求以及亲朋好友的看法等多种因素进行考量。当各种解释活动过多,其实可能对商家反而不利。尤其是对于一些快消品而言,商家更希望通过洗脑广告达到"冲动消费"的效果,即无须接收者解释,直接凭借消费者的直觉下单。

不过,这种直觉并不是天然生成的,而是广告受众受到"洗脑广告"的反复轰炸而形成的一种"条件反射"。尽管这种"条件反射"不是基于生物本能，而是文化建构的产物。但从效果来说，二者具有类似点——无须接收者解释，只需形成固定的反馈即可。像铂爵旅拍、BOSS 直聘、沈腾版美团广告等红极一时的洗脑广告，都利用了相似的认知原理，即反复刺激和重塑受众的本能，最大限度地取消受众的解释权，让消费者误以为最熟悉的就是自己最想要的。实际上，这只是洗脑广告利用信号反馈机制所营造出的"认知错觉"，因为最熟悉的并不一定是最适合的，也并不一定是消费者最需要的，它或许仅仅是洗脑广告反复给受众灌输的产物。

不过，信号与符号并非绝对对立的关系，而是存在相互转化的可能。曾经在互联网上盛行的"吃播"就可以视为将信号升级为符号活动的典型案例。"吃"原本是一种生理信号的反应。所谓饥饿的感觉是由于人体缺乏维持身体运转的特定元素，于是通过神经介质传递给大脑"饿"的信号。当主播为了博眼球将"吃播"当作一种怪诞式的表演，通过各种匪夷所思的"吃法"来吸引流量的时候，这就将原本作为信号的"进食"转化成了一种更具阐释空间的符号活动。

当然，从符号伦理角度来看，不少"吃播"主播缺乏道德底线，出现大肆浪费粮食，利用剪辑效果制造虚假的"大胃王"，甚至出现暴饮暴食导致主播死亡的悲剧。诸如此类涉嫌违反法律或违背基本道德准则的"吃播"式营销最终被"叫停"，逐渐淡出公众视野。此外，还有另外一种动物"吃播"。动物饿了吃东西，这是身体信号的反应。动物在人类（发送者意图）的引导之下"暴饮暴食"，并成为吃播主角，被吃播受众围观并发表评论，这就构成了一种解释性的符号活动。[①] 当然，这种通过炒作动物界的"大胃王"博取流量的行为带有虐待动物的嫌疑，违反了基本的道德底线。无论是人类"吃播"还是动物"吃播"，都可视为利用信号与符号之间的转化机制来进行营销活动的反面案例。

---

① 吃播凉了，"大胃王宠物"还在被逼着捞钱［EB/OL］.（2020-09-08）［2023-03-28］. https://www.digitaling.com/articles/344203.html.

第二节　广告与无发送符号

　　无发送符号是一种特殊的不完整符号，指的是在缺乏明确的发送者（发送意图）的情况之下，其意义需要接收者进行反向构筑。在自然界中，存在大量无发送符号。各种"天象"原本都没有清晰的发送意图，只是自然界中所发生的客观现象。不过，在农业社会，决定王朝兴衰荣枯的重大抉择（如君王决定战或不战）往往会倚靠"天象"，甚至把各种不幸的灾难理解为"天意"。无疑，对于无发送符号的解读，在各种神话传说中都十分常见。

　　在互联网社会，出现了所谓的"传播者将死"的说法，这是否也意味着社交媒体上不知名的新闻信息也是一种无发送符号呢？其实这二者还是有显著区别的。"传播者将死"是指传播主体变得越来越边缘化，甚至可能存在消亡的危险。如有媒体提出"人人都是记者"的口号，强调的是新闻把关人机制正在趋于解体。不可否认，"传受合一"已成为一种常态，但这不意味着新闻发送者缺乏清晰的意图。在手机时代，尽管任何人（哪怕匿名）都有便利的技术条件在互联网上传播新闻信息。不过，匿名并不是没有意图意义，而是指发送者身份不确定。匿名的新闻发送者可能造假，但这也算是特定的"意图意义"，所以"传播者将死"并不意味着互联网时代的新闻属于无发送者符号。

　　真正具有争议的是人工智能所主导的传播活动能否视为无发送符号。在人工智能时代，新闻界涌现出越来越多的 AI 主持人，广告界出现越来越多的 AI 广告、AI 虚拟主播带货等智能交互传播方式。汉堡王就曾制作过一则 AI 广告。在这则智能广告中，AI 通过对汉堡王相关的商业信息进行了长达上千小时的学习之后，制作出了一系列所谓的创意广告。在由 AI 所生成的汉堡王广告语中，我们会发现存在一些难以理解的旁白。例如，AI 广告中用到一个奇怪的比喻："汉堡王的鸡肉三明治，像是在吃小鸟一样。"①诸如此类缺乏逻辑性的语句很难让消费者理解其中的内涵，这可能是机器学习中所产生的"小故障"。从 AI 广告语的漏洞来看，其实很难认定 AI 本身具有某种意图，它只是根据算法规则所生成的结果，就像风雨雷电的出现并没有表明出大自然的特定意图，而只是自然界运行规律的表征。那么缺乏主体性和发送意图的 AI 广告是否属于无发送符号呢？

一般而言，关于 AI 广告是否属于无发送符号主要有两种看法。一种看法是支持 AI 广告属于无发送符号。机器学习更多的是对人类符号活动的模仿，它们依靠的是大数据和智能算法来模拟自然语言的基本规则，但这并不代表 AI 真正像人类一样是一个具有主体意识的符号发送者。尽管 AI 是人所创造的产物，但 AI 本身是中立的，它并无是非善恶观念，不能将其视为具有意图意义的发送主体。这意味着 AI 是一套缺乏道德评判能力的编码系统。它既不是发送主体，也没有任何意图可言。其意图意义是由解释者反向构筑的。

另一种看法是不赞成将 AI 广告视为无发送符号。AI 虽然不具备主体意识，但它折射出的的确是 AI 设计者的意图。尽管 AI 背后的主体貌似缺场，但实际上他们是将 AI 算法作为自己的"代理人"。显然，当前的 AI 技术不可能完全脱离人的意图而存在，它们总是直接或间接地表现出某个主体的特定意图，因此不能将 AI 广告视为无发送符号。因此，AI 广告的制作或开发团队仍然需要为智能广告的推送担负伦理责任。

从 AI 广告的传播实践来看，我们更赞同不将 AI 广告视为无发送符号。因为发送主体涉及传播伦理这一现实问题。如果我们无法定位 AI 广告的发送主体和意图意义，那么就无法进行伦理层面的问责，这很可能导致道德法律层面的失序。

---

① 汉堡王恶搞"AI"：人工智能不能代替创意［EB/OL］.（2018-09-30）［2023-03-28］. https://www.digitaling.com/projects/80044.html.

事实上，现在互联网上流行的不少智能文案生成器都面临"发送主体"不清晰这一亟待解决的问题。尽管 AI 程序员设计了一套文案生成的符号表意模式，但实际上机器所生成的广告文案仍然取决于用户所设置的相关参数和所提供的数据。若从极端的文本中心论的观点来看，文本生成之后，就已经脱离作者意图（发送者意图），具有相当的自足性，那么是谁（人或机器）生成的文案内容似乎就不那么重要了。然而，问题在于，一旦出现法律纠纷或道德争议，AI 广告的发送者主体就必须承担相应的责任。如果找不到一个明晰的发送者，那么就无法追究法律责任。与此相对应，这一缺乏发送主体的 AI 文本也就难以保障其合法权益。换言之，只有确定清晰的发送主体，才能使 AI 广告文本在法律框架之下构建出一套完整的符号意义链条。

就目前的 AI 发展水准来说，智能算法显然不是一个具有主体意识的发送者，但也不能视为缺乏意图意义的无发送符号。算法的设计者就必须为之承担最主要的法律责任。然而，由于智能算法的结果可能并不是设计者所能掌控的，所以用户也需要承担一部分主体责任。例如，对话机器人可能被某些不怀好意的用户"调教"，甚至"学会"如何讲脏话。为了防止出现法律或道德风险，设计团队作为第一责任人应当充分考虑可能由算法"黑箱效应"所导致的不可控局面。与此同时，用户作为第二责任人，同样需要约束自己的言行举止。此外，政府出台和完善相应的法律法规来规范和保障 AI 广告行业的健康发展也是迫在眉睫的任务。

第三节　广告与潜在符号

潜在符号是具有实现意义的潜力，但因种种原因没有进入传播环节，且尚未被接收者所接收的符号。绝对意义的潜在符号指的是其潜在意义丧失了实现的可能性。符号创作者将自己刚刚创作出来的符号文本给"销毁",这一潜在符号瞬间就丧失了意义实现的可能。例如,画家对于自己的绘画作品不满意,刚刚完成就将其撕掉,那么该作品就无法被公众所欣赏。与此同理,广告人对于自己在电脑上刚设计好的作品不满意,于是将其"永久删除",那么它就无法进入传播过程。

绝对化的潜在符号对于传播实践的意义不大,我们所讨论的其实是相对化的潜在符号。相对化的潜在符号指的是在特定条件之下其潜在意义有可能被挖掘出来并进入传播环节的"不完整符号"。尚未公开的广告创意、素材、设计作品都属于潜在符号,必须真正进入到广告传播活动之中才能实现意义,成为有价值的符号。大广赛、学院奖每年都会收到大量的广告参赛作品,但绝大多数广告作品无法获奖,也无法进入公众视野。大部分平庸的广告作品可能只有指导老师和几名评委看过,对于他们而言,广告作品当然也实现了一部分意义,不能说完全没有接收者。但由于没有获奖,多数学生的广告作品可能就此以后便"沦落"为故纸堆中的"潜在符号"。不过,也可能有一天,广告设计者得到某位高人的点拨,重新将其修改完善,使尘封已久的被淘汰的作品重新焕发出"生命力",这就又使原有的潜在符号进入传播链条,成为意义完整的符号。这说明潜在符号实际上是条件不成熟状态下的"符号雏形",一旦条件到位,那么它就可以转变为完整的符号形态。

除了条件不充分,潜在符号也包括由于文化禁忌、伦理约束、法律限制等特定原因被禁止的各类传播活动。不少广告片为了引发舆论关注,将"大尺度"作为创意手段,却有意无意触及特定的伦理禁忌,遭到禁播,"下沉"为潜在符号,这是广告人应当力图回避的风险。2008年,美国著名女演员伊娃·门德斯拍摄的一则 Calvin Klein 女士香水广告片就曾因过于赤裸而被禁播。[①] 与此类似,Gucci、Tom Ford、SISLEY等国际著名品牌,也都曾经因广告模特过于裸露而遭到投诉和禁播。

---

① CK 最具争议的 10 个禁播广告[EB/OL].(2015-04-20)[2023-04-13].https://www.digitaling.com/articles/15826.html? from＝timeline&isappinstalled＝1.

除了伦理禁忌，涉嫌虚假宣传的广告自然也会因违反法律被禁播或责令整改，成为潜在符号。

当然，当外在传播环境发生变化，曾经被禁播的广告也可能被解禁，重新进入大众视野。2005 年，Nike 为了宣传詹姆斯的第二代签名鞋款 LeBron 2，特别拍摄了一部叫《恐惧斗室》的广告片，片中的主角詹姆斯如闯关打怪，一共闯过了"夸张失实""诱惑""仇敌""自鸣得意""自我怀疑"五大关卡。该款球鞋也成为 Nike 的一款经典球鞋。然而，由于詹姆斯在该片中"击败"了白胡子功夫大师、身着古典服饰的女子和极具中国传统特质的龙，被相关部门认定为"涉嫌辱华"，所以在当年被禁播。Nike 也对中国消费者表达了歉意，并表示广告创意源自流行于 20 世纪 70 年代的中国功夫片，其本意是希望通过这部广告片鼓励喜爱打篮球的年轻人不要害怕，要敢于克服内心的恐惧。由于禁播，对于当时的中国普通消费者而言，Nike 广告片《恐惧斗室》成为潜在符号。时过境迁，随着该广告片的商业意味和敏感色彩慢慢被淡化，它才终于被解禁，重新出现在互联网上，并再次成为 Nike 粉丝圈中热议的"经典广告"。

由此来看，相对化的潜在符号随着时空条件的变化完全能够重新转化为有意义的符号活动。如何避免广告堕入"潜在符号"，或将潜在的广告符号升华为有传播价值的广告活动，这正是广告人需要思考的问题。

第四节　广告与自我符号

自我符号指的是发送者与接收者是同一主体，这是一种极为特殊的符号表意模式。一般而言，符号传播的发送者和接收者应该是不同的主体，因为符号传递的目的是在自我与"他者"之间架起一座沟通的桥梁。假如发送主体只是与自我交流，那么这种封闭式的循环将因缺乏外界的反馈而无法评判其传播效果。在精神病理学领域中,长时间的"自说自话"甚至会被认为是精神不正常的表征。不过,在特殊场景中,对自我的私密表达也可能被视为一种具有传播意义的符号活动。

在广告领域,私密化的自我符号经常能引发公众的好奇心。如某品牌打出:"自己写的广告(文案)给自己看。"从理论上来看,这是一种自相矛盾的说法。假如广告人所撰写的文案接收者真的只有自己一人,那么这一广告文案就是自我符号。与此同时,它也是尚未被"他者"所接收的潜在符号。事实上,这不符合"广而告之"的传播原则,所以这类宣传更多的只是一种引发公众关注的"噱头"。从"写给自己的诗"到"写给品牌的诗",私密化的自我符号自然就演变成了具有营销意味的公共符号了。

自我符号也经常被当作一种广告创意手段。2016 年,可口可乐公司曾推出被潮人一族所热捧的自拍瓶,即带自拍功能的可乐瓶。[①] 该广告营销的目的是将可口可乐品牌植入到喜爱自拍一族的相册之中。那么,当他们在社交媒体上传播照片之时,顺带就为可口可乐打广告了。实际上,这一案例也是对自我符号的"借用"。

从符号学的角度看,自拍照的传播需要区分两种情况:第一种,有些年轻人热衷于自拍是为了"取悦自己",或者带有几分自恋的色彩。他们对于拍出的照片可能会保存在私密相册,仅仅作为一种青春记忆,这种情况符合我们所说的自我符号。第二种,很多年轻人拍的自拍照其实并不是给自己看的,而是为了放在社交媒体上展示给自己的亲朋好友或"粉丝团"来围观的,这种自拍就带有较强的表演色彩。由于这种自拍已经进入公共传播领域,就不属于自我符号了。广告商更看重的显然是第二种,而非绝对化的自我符号。

---

① SCIASCIA@TOPYS.可口可乐推出超酷炫自拍瓶,大家一起 Say Coke! [EB/OL].
（2016-11-24）[2023-04-13].https://www.digitaling.com/articles/32495.html.

　　一款手机品牌曾制作了一则名为《蒙娜丽莎》的创意广告片，也是以"自拍上瘾"作为主题。广告片的场景设定在博物馆，开头所呈现的画面是一幅女士的画像（蒙娜丽莎的现代版），等保安走过之后，画像中的女士突然活过来了。她从画像中"走"了出来，在博物馆中以各种古典名画以及米开朗琪罗的雕像《大卫》作为拍摄背景开始尽情地自拍，直到不小心碰倒一根栏杆，引发保安的注意，她才识趣地跑回画框中，恢复蒙娜丽莎的姿态。[①] 该广告片中的现代版蒙娜丽莎是一位"自拍发烧友"。她的自拍照带有很强的自恋色彩，其目的就是自我欣赏，不可能给别人看，所以对于她自己而言，自拍照就是一种自我符号。

　　全球著名护理品牌多芬也善于利用自我符号进行广告创意。多芬历来强调多元化、个性化和本真化的女性美，反对单一化、标准化和工业化的审美标准，深受女性受众的认可。对于每一位女性个体来说，如果真正能够做到不受外界干扰，相信自己的审美标准——自己学会欣赏自己，坦然接受真实自我，而无须别人来教你什么叫美，那么这就构成了纯粹的自我符号。

　　2021年，多芬还专门拍摄了一则《反向自拍》的公益短片来主张女性要学会认识自己的美。广告片以一种"倒叙"的方式呈现了一个女孩从"浓妆艳抹"到还原自我本色的过程。在片头，镜头呈现的是手机屏幕中的一个化着浓妆、长着"网红脸"的女性画像。接着，画面对社交媒体的评论区做了一个特写，有人评论道："天哪！你真美！"然后，画面切换到拿着手机的女孩。她开始"反向"操作手机。开头屏幕上那个标准美女的脸原来是被软件严重"修饰"的脸，脸型、眼睛、鼻子、嘴型、皮肤等各方面都被过度美化渲染过。广告片将美化过程以加速倒放的方式还原给观众看，直到屏幕中的照片逐渐接近真实世界中女孩原本的模样。在现实世界中，女孩也开始卸妆，褪去指甲油，最终还原出她的本来

---

① 　vivo S9 极夜柔光自拍创意片《蒙娜丽莎》[EB/OL].(2021-04-27)[2023-04-16].https://creative.adquan.com/show/304292.

面目。没有化妆的女孩显得十分单纯,且缺乏自信。末尾,画面中打出一行英文字幕,写道:"社交媒体的压力正在损害女性的自信心。"①

这一广告创意的主旨是反思大众媒体对于女性美的严重误导。一些年轻女孩深受社交媒体的影响,将广告或舆论所定义的单一审美标准作为模仿对象,缺乏自己对于美本身的理解。人云亦云的结果是使这些年轻女孩丧失自信甚至丧失自我。有媒体曾报道有女孩因受不了社交媒体对于自己外貌的评价而自寻短见的新闻,而这类极端事件都从反面证明了自我符号在符号伦理层面的意义。当一名女子过度注重他人对于自我容貌的评判之时,其实就忽略了自我符号的重要性。拍自拍照的意义不是迎合他人,而可以完全只是取悦自己。生活中的装扮同样如此,一个自信的女子往往也会有不同程度的"小自恋",即自己的装扮仅仅只是给自己欣赏,而不在乎别人的眼光。从心理学的角度来看,善于运用自我符号能够赋予主体自信心和对自我的认同感,而这一点正是多芬广告试图想要传达的意义。

自我符号的基本原理同样能够成为公益宣传的创意点。在一则腾讯公司参与制作的《反家暴自拍》公益宣传片中,广告片以中国当代的"家暴"现象作为主题展开叙述。相关数据显示,仅有极少数家暴受害者敢于公开自己被家暴的事实,绝大多数人都会选择"沉默"。QQ开发了一款特殊的自拍程序,该程序能够根据用户的真实面貌十分写实地呈现脸部的"瘀伤"。广告片号召家暴受害者勇敢地将"布满伤痕的自拍照"发布在网络上,并以此来获得舆论和相关机构的声援。该公益广告试图改变"家丑勿外扬"(Don't wash your dirty linen in public)的陈旧观念,并希望受害者"不再沉默"(No more slicence)。②

在现实生活中,不少被家暴受害人可能会拍下"伤痕累累"的身体

---

① 多芬"反向自拍":自信即是美丽[EB/OL].(2021-05-28)[2023-04-16].https://creative.adquan.com/show/305003.

② 家暴并不可怕,重要的是说出来:"反家暴自拍"公益行动[EB/OL].(2020-03-17)[2023-04-16].https://creative.adquan.com/show/292790.

和面容给自己看,但极少敢于将其拿出来作为证据去"控诉"施暴者。这种自我符号显然呈现的是负面意义,它所反映的是弱势群体面对不公和暴力之时的无助和脆弱。公益广告片则大声呼吁家暴受害者不要自我封闭,不要把自己遭受的痛苦封存在私密领域。相反,作为受害方,应该大胆跳出自我符号的设限,将家庭暴力暴露在公众领域,让社会来审判施暴者。

对比多芬的《反向自拍》和腾讯的《反家暴自拍》这两则广告可以发现,前者所突出的是自我符号的正向价值,后者揭示的是自我符号的消极影响。在不同的传播语境中,自我符号可能突显出完全相反的功能。作为广告人或品牌商,若能够善于利用自我符号的原理,往往可以事半功倍,取得良好的传播效果。

第五节　广告与绝似符号

绝似符号是符号与所指对象高度相似的符号类型。赵毅衡指出:"'绝似符号'包括非常肖似的绘画、照片、录音、摄影、电影、高清电视等。部分'绝似'符号与对象外形非常接近(例如 3D 电影),几乎可以完全误认为合一。但是符号与对象并非同时在场,因此它们明显是代替对象的符号。"[①]可以说,绝似符号的本质仍然是用符号模仿对象,只是在程度上高度趋近于对象本身。智能时代的 VR、AR、MR 等虚拟影像技术在游戏、电影、新闻、广告等领域创造了大量绝似符号,但这也带来了一些伦理争议。

2020 年,阿里巴巴人工智能实验室完成了国内"AI 复活"的首个案例。人工智能实验室是受一位失独母亲的委托。这位母亲叫李杨(化名),其女儿陈瑾因患"T 淋巴母细胞性淋巴瘤"在 14 岁那年不幸去

---

① 赵毅衡.符号学:原理与推演[M].南京:南京大学出版社,2014:63.

世。作为母亲,李杨一直无法摆脱对女儿的深切思念,她想通过 AI 技术最大限度地还原女儿的"音容笑貌"。根据陈瑾的生前资料,阿里巴巴团队合成了一条陈瑾的音频,内容是她生前曾写过的一篇作文。李杨感觉 AI 和女儿的口吻一模一样。在李杨看来,AI 复活正是她自我治愈的方式。[①] 相关数据显示,中国有上百万个失独家庭,如果 AI 复活能够达到一定的心理治愈效果,那么对于失独父母也是精神上的慰藉。但也有人担心,AI 复活只是一种虚假的安慰,要走出心理阴影,最终还得当事人自己解开"心结"。随着 AIGC 技术的日渐成熟,AI 复活这类绝似符号生成的成本和门槛变得越来越低。不少企业甚至瞄准 AI 复活市场,专门提供把逝者数字化信息加工成为 AI 化身的服务。可见,"AI 复活"作为一种特殊的绝似符号,在未来可能会有非常广阔的应用前景。

此外,利用 AI 复活作为广告创意的案例也越来越多。Johnnie Walker 酒水广告片《变革者》还原了一个 AI 版的李小龙。片中的广告词借高仿版的李小龙口中说出:

> 龙,是不死的。因为龙,从不离开水。水,就像直觉。没有形状,无法把握,却有足以改变世界的力量。我相信直觉,那是每个人拥有的无限潜能。它告诉我,不要遵守规则,而要创造规则。不仅用脑思考,更要用心感受,这是我改变一切的秘密,这是我被你们永远记得的原因。只走直觉告诉你的路,那才是超越成功的路。你是否有勇气,追随内心的勇敢?你是否有勇气,只做你自己的你?让心如水,兄弟!也许有一天,你不需要用成功来定义。因

---

① 一个失独妈妈决定把女儿做成 AI[EB/OL]. (2020-01-15)[2023-04-18]. https://baijiahao.baidu.com/s? id=1655781941394774584&wfr=spider&for=pc.

为,你已是变革者。①

AI 版的李小龙在外貌和形体上酷似李小龙,而这一段广告语则尝试在精神层面重现他关于武道和人生的体悟与哲思。李小龙生前曾在电视采访中谈论到水的哲学,其中有一段讲道:

> 放空头脑,心无杂念,无形无状,随方就圆,如水一般。注水入杯,而呈杯形。注水入瓶,即呈瓶形。注水入壶,则成壶形。水能因势流动,亦能无坚不摧。人当如水,朋友!②

显然,广告片特别融入了李小龙关于水之哲学的论述。所谓"水利万物而不争",水概括了李小龙的武道精神和人生哲学。对于高仿版的李小龙而言,仅仅模仿外观远远不够,广告片必须在精神上能够凸显李小龙的精神魅力才能被多数受众所认同。在李小龙生活的 20 世纪六七十年代,大部分西方受众对于水之哲学既感到陌生又觉得新奇。水之柔韧,水之灵动,水之自由,水的诸多独特品性如同生命本身之多姿多彩,它很难被定义,永远处于流动之中,生生不息,没有开始,也没有终点。

水之哲学让李小龙重视直觉和内心的感受。面对强敌的攻击,如果思考就会变慢,只有凭借直觉,才能做出最快的反击。所谓"天下武学,无坚不摧,唯快不破",李小龙的哲学对于普通人的启示在于:面对生活中的挑战,我们必须全力以赴,迎难而上,要敢于挑战自我的边界,

---

① Johnnie Walker 酒水广告片:"李小龙——变革者"[EB/OL].(2017-03-03)[2023-04-20]. https://www.bilibili.com/video/BV1rx411k7g5/? spm_id_from = 333.337.search-card.all.click.

② 李小龙谈 Be Water 哲学观|Bruce Lee 遗失的采访 1971[EB/OL].(2022-06-17)[2023-04-20]. https://www.bilibili.com/video/BV1mL4y1N7Ge/? spm_id_from = 333.337.search-card.all.click.

敢于创造不可能,敢于变革一切!由此来看,广告片所传达的理念正是对于李小龙武道精神的阐释,而不仅仅是再现了一个酷似李小龙的绝似符号。在打造绝似符号的时候,不仅要讲究外在的"形似",更要追求内在的"神似"。唯有形神兼备,才能促使受众将对偶像的崇拜与对品牌本身的认可相互"链接"。这是广告人特别需要注意之处。

2020 年,网络游戏《王者荣耀》以李小龙为原型制作了一部宣传片,在"形体"与"气韵"两方面做足了功夫。该广告片的目的是宣传《王者荣耀》游戏中李小龙版的"皮肤"。广告词由酷似李小龙的动画角色口中说出:

> 不要思考,要去感受,我无法教你,只能帮助你,去研究你自己。人最大的无知,就是对自己的无知。我相信自己,勇于自信,敢于那样想,这是我改变一切的秘密。这个就是我不朽的原因。你想成为什么样的人,就真的会成为那样的人。清除杂念,兄弟!在这个世界你只有一个对手,只有你自己!你,已经是王者!承荣耀,传武道![①]

在片中,动画版的李小龙延续了李小龙"敢于超越自我"的人生哲学。所谓"天助自助者",只有敢于不断突破自我,才能使自己成为掌控自己命运的那个"王者"。广告片巧妙地将李小龙自我突破的哲学态度与游戏为玩家建构的"传奇世界"结合起来。广告片似乎向玩家暗示:在游戏世界中,玩家在打怪升级的过程中所获得的"成就感"正如同李小龙所倡导的不断突破自我的超越感。与此类似,网络游戏《永劫无间》也以李小龙作为主角制作了一则以"突破自我"为主旨的广告片,得到了不少网友的肯定。这些案例中的李小龙都是典型的绝似符号,外

---

① 裴擒虎"李小龙"皮肤宣传 CG,说粤语很有感觉![EB/OL].(2020-10-16)[2023-04-20].https://www.bilibili.com/video/BV1J54y1C7Ch/? spm_id_from＝333.788.recommend_more_video.1.

貌相似的程度会有所差异,但熟悉李小龙的观众一眼就能认出自己崇拜的偶像。不过,若要最大限度地发挥绝似符号的传播力,不仅要在外形上模仿得栩栩如生,更要在思想层面从正面引导受众的价值观,做到"内外兼修",才能够真正将绝似符号的影响力与品牌理念有机融合在一起。

　　随着未来 AI 技术的演进,绝似符号在广告领域的运用将变得十分普遍。但在运用以真人为原型的绝似符号时,也要特别注意可能涉及的法律风险。如著名餐饮连锁品牌"真功夫"因使用了一系列与"李小龙"极为相仿的标志被李小龙的女儿李香凝告上法庭,可能面临巨额赔偿的法律后果。这无疑使得该品牌的声誉和经营活动都受到了不小的负面影响。因此,在借用绝似符号的同时,务必要注意不要侵犯相关权益人的权利,避免不必要的法律纠纷。

第六节　广告与同一符号

　　同一符号指的是符号所替代的对象与符号同时"在场",强调符号与对象之间的同步性和即时性。同一符号最为典型的广告活动是直播营销。直播不同于录播,它能够给观众带来身临其境的"现场感",有利于主播与受众进行即时性的互动。而且直播过程中充满着各种不确定性因素,这就更能引发受众的好奇心,如明星和网红在直播中都可能"翻车",正如观赏直播体育赛事一样,充满"悬念感"。

　　同一符号最大的特点是营造"即时发生"的氛围。直播带货正是利用了同一符号的特点,在互联网上掀起一股新的消费风潮。如李佳琦等就是靠个人魅力成为网红的典型代表。这类网红往往具有非常出色的临场发挥的表演天赋和口才,其随机应变的能力和与受众的互动能力甚至远远超过很多明星。不过,早期的网红直播似乎也走到了一个拐点,面临所谓的"生理层面的瓶颈"。由于同一符号需要主播全程在场,这实际上决定了主播在有限的时间内所能主播场次的上限。当主播不顾身体所能承受的极限,就可能累倒,进而影响到后续的营销活动。某著名网红就曾因"过于敬业",身体过度消耗而不得不停播。淘宝主播曾因熬夜过度而住进重症监护室,甚至有新闻爆出游戏主播因为长期熬夜做直播引发猝死。此类新闻事件一方面折射出直播圈的"内卷化",另一方面也提出一个直播伦理的议题——如何在工作与生活之间找到一个合理的平衡点。

从当前的互联网直播产业来看,要解决或缓解这一问题,必须改变直播生态,将早期的"个人化网红直播"转变为"集团化网红直播"。直播达人罗永浩"交个朋友"直播号通过孵化"助播矩阵"大获成功,甚至被称为实现了"去主播化"。换言之,直播网红作为核心人物,它更多的是充当了一个人格化的品牌符号,他/她完全可以隐身于幕后进行运作,而非时刻在场的"同一符号"。对于网红个人来说,也能够在很大程度上减轻在前台出场的工作量。对直播平台或机构而言,也可以避免因网红个人翻车导致直播间被迫停播。例如,薇娅因 2021 年偷税漏税导致直播账号被封,后来她以"蜜蜂惊喜社"复出,但粉丝量已从九千多万下降到了两百多万。不过,这种"助播矩阵"也面临不少亟待解决的问题。很多粉丝喜欢的是"灵魂主播",助播因主持风格的差异不一定能够得到粉丝群的充分认可。如果助播得到大批粉丝的"喜爱",也可能威胁到核心主播的地位。而新晋的网红助播也可能被其他网红孵化机构挖走。但这也从侧面揭示了"同一符号"所具有的不可替代的吸引力。

从未来技术发展趋势来看,"虚拟化身"可能会成为元宇宙时代的"同一符号",这有可能颠覆现有的直播产业生态。宝洁旗下卫生纸品牌 Charmin 制作了一个疫情时期的创意短片,其创意点瞄准的正是未来可能出现的虚拟化身。在片中,一群人正在通过电脑进行视频会议,会议中间,一位女士起身如厕,却忘记关摄像头了,不免引发了"小尴尬"。紧接着,画面转向一个身着白衣的科学家,他开始向观众介绍一款叫作 BRB 的智能虚拟化身的程序。据称,该程序的功能完全可以在短时间替代电脑前的真人。

> (BRB)帮助创建了一个数字分身来代替用户进行视频通话,当用户需要去上厕所的时候,该机器人可以对谈话内容做出反应。比如当老板讲了一个糟糕的笑话时,它会回应一个假笑;或是当谈话中时,它会回应一个"若有所思地望着远方"的表情;甚至在被告知整个周末都要工作时,它会举双手赞成。[①]

当然,视频中表情自然的虚拟分身只是 Charmin 卫生纸品牌的"噱头"。该广告的目的是希望用户能够"享受轻松自如的如厕过程",而不必担心被人打扰。不过,从技术上来看,虚拟分身的确是当前 AI 技术正在突破的重点之一。相关技术已经具备,只是成本仍然偏高,要大规模普及可能还尚待时日。可见,一旦虚拟分身普及开来,那么网红明星完全能够授权自己的若干个"虚拟分身"与受众进行实时互动。从理论上来说,每个人都能拥有虚拟分身。如此一来,同一符号和绝似符号的区别就可能越来越模糊,所有的符号活动似乎都能够以一种即时性的"同一符号"来呈现,这使得真实世界与虚拟世界的界限进一步被打破。从符号学角度来看,从非即时性的绝似符号到即时性的同一符号将是未来技术发展的必然趋势。

第七节　广告与镜像符号

狭义上的镜像符号指涉的是符号与其所指代之物完全相等。从逻

---

① 卫生纸品牌 Charmin 疫情创意:机器人应答[EB/OL].(2022-03-22)[2023-04-25].ht-tps://iwebad.com/video/4561.html.

辑上说,符号与符号所指代的对象需要有所差别才能够表达意义,如果二者完全合一,毫无区别,就相当于"A＝A",这显然无法呈现意义。因此,狭义上的镜像符号是一种绝对化的镜像。在传播实践中,镜像与符号对象之间总会呈现出不同程度的差异,如绝似符号和同一符号都属于镜像的一种类型。从符号发送的角度来看,镜像与符号对象似乎一样,然而,解释者的参与却能够使镜像符号意义变得更为多元化。例如,房东想要让狭小的一居室显得更宽敞,以便赚到更多的租金,于是特意装了一面大镜子,这便会让前来看房的租客感觉到原本拥挤的房间显得大了很多。这种解释意义说明,即便看似符号与对象一模一样,它仍然能够产生特殊意义。

广义上的镜像符号并非指符号等同于对象本身,而是一种"变形"之后的镜像。在当代广告实践活动中,这种变形的镜像诚如哈哈镜,它是指经过各种现代媒介技术修饰之后所呈现的镜像符号,它与所代替的符号对象本身已然发生了有意无意的偏离或扭曲。在广告符号学领域,广告镜像往往被视为消费主义所建构的符号神话。这种符号神话的形塑是通过打造所谓的"广告图腾崇拜"来实现商品的意义消费,它的实质就是一种被包装的"变形镜像"。在诸如香水、内衣、首饰、美妆等广告之中,苗条、性感、时尚成为一种强制性的美学标准。这种单一化、工业化的完美女人成为普通女性消费者"审视"自身的一种"镜像符号"。与此同时,这种不真实的、充满幻想的完美女人也成为父权视角下的"被凝视客体"。广告中被扭曲和过度渲染的"欲望之镜"是当代消费社会审美趋向于感官主义与拜物教的表征。

在美颜、换脸等人脸技术的赋能之下,镜像符号从传统广告产业渗透到了整个社交媒体,每一个个体同时成为镜像符号的生产者和镜像符号的消费者。随着直播产业的兴盛,长相普通的主播通过美颜过滤技术瞬间可以拥有一张"甜美可人"的网红脸,引来大量粉丝围观和打赏,为平台和主播自身都能够带来可观的经济收益。一般来说,女性普通妆容不会引发道德争议。不过,过度美颜则可能导致面容"失真",一且被暴露,则会使观众产生被"欺骗"的感觉。通过对比主播的真实面容与"美颜装扮",粉丝无疑会产生强烈的落差感,甚至会对主播本人做出道德上的谴责和极端的行为。实际上,美颜妆容可被视为一种被过度渲染的镜像符号,它不一定是主体的真实呈现,而很可能是一种扭曲或夸大。如果粉丝能够意识到这一点,就不至于会产生过分的"不适感"。假如受众只是沉浸在被虚饰的镜像符号之中不可自拔,则可视为是一种不太健康的"镜像迷恋症"。

2019 年曾引发"众怒"的"乔碧萝殿下事件"就是一个典型的变形镜像符号所引发的伦理争议。名为"乔碧萝殿下"的真实身份是一名年近 60 岁的大妈,但在直播平台上,借助变脸软件的改头换面,她摇身一变,成为"迷倒一片"的小萝莉,在短时间之内聚集了上百万的粉丝。但不久她的真实身份被拆穿,遭到舆论的"声讨"。相关平台也封停了该账号,表示对该主播造成的不良社会影响致以歉意。在该案例中,大妈的变形镜像符号小萝莉与真人简直判若两人,观众认为这是一种不守诚信的"欺诈"行为。有一些粉丝出于对小萝莉的喜爱打赏了不少礼物,当得知"真相"之后,会有种上当受骗的感觉。

随着美颜、变脸等人脸智能技术的普及,对象与符号之间的镜像关系变得越来越难以溯源,这似乎已然成为一种常态。在某社交平台,一名叫"俄罗斯娜娜"的博主以俄罗斯人的身份唱中文歌曲,很快博得近两百万粉丝的青睐,并开始做直播带货。但粉丝逐渐发现这名"俄罗斯美女"似乎存在一些不真实之处。有网友让她说几句俄语来听听,她却总是顾左右而言他。后来才发现,原来这是一名中国大妈换上了俄罗斯美女的头像。对于此类"仿冒虚假人设"的不良行为,一些直播平台也做出了永久封号的处罚。不过,此类现象屡禁不止,这充分表明"高仿真的虚拟镜像符号"已经逐步发展成一个不得不引发民众关注与思考的社会热点。

此外,变形的镜像符号也可用于政治性的戏仿。2020 年,一位名叫麦尔斯·费舍尔(Miles Fisher)的美国演员模仿著名影星汤姆·克鲁斯拍摄了一支美国总统竞选广告。在这部"伪广告"中,模仿版的汤姆·克鲁斯不仅外貌神态相似,而且其人设也与其十分契合。片中的广告台词都与汤姆·克鲁斯曾经饰演的电影角色密切相关,并将这些角色身份与政治竞选巧妙联系在了一起。

为什么说你应该选我做总统呢?

因为我不是普通人,我可以成为各种人。

我做过海军飞行员、做过律师。

有人说我在高中时是个小流氓,我承认。

但是之后的经历令我飞速成长。

我从一个微不足道的体育经纪人白手起家。

我的外交手腕灵活,曾和日本武士协作。

我曾为国尽忠,两次,不,三次抵御外星人的攻击。

灯塔国的里里外外,上上下下我都门清。

因为作为吸血鬼,我经历了古往今来的美国历史。

我感受到了领导你们的激情。

作为你们的最高指挥官,没有不可能完成的任务。

我是天生的爱国者,生于 7 月 4 日,我的绰号是汤国庆。

So,选我吧,help me,help you。2020,选我没错。

美国就靠我了![1]

借助汤姆·克鲁斯的知名度和影响力,该视频在网上迅速得到了病毒式的传播。很多不知就里的网友还真以为汤姆·克鲁斯要放弃影视生涯,准备转战政界。为了表明竞选广告的"真实性",麦尔斯·费舍尔还设立了一个所谓的竞选网站。作为一个模仿秀视频,它无疑是成

---

[1] 阿汤哥竞选总统之谜,我们差一点就被这个哈佛小哥骗了[EB/OL].(2019-09-03)[2023-04-29].https://www.163.com/dy/article/EO54RJLF05289 THS.html.

功的,其尺度把握得比较到位。该视频的"炒作"事后并没有引发汤姆·克鲁斯与模仿者本人之间的法律纠纷,也没有招致舆论界的道德声讨。从广告片的主旨来看,该模仿秀更多的是用娱乐的方式对美国的政治环境做了一个"无关痛痒"的讽刺。模仿者巧妙地借用了超级明星汤姆·克鲁斯的巨大影响力,一方面使自己获得了"巨额流量",得到了众多粉丝的吹捧,另一方面在客观上也"炒作"了汤姆·克鲁斯,所以没有引发不必要的纠纷。该模仿秀可以算是模仿者合理利用变形的镜像符号为自己赋能的成功案例。

总的来看,镜像符号已经成为当代传播活动一种重要的表意形态。正如科幻剧标题《黑镜》所预示的,电子屏幕所构筑的镜面是一面折射人性幽微的镜子。从宏观角度来说,镜像符号是"高度符号化"的时代隐喻,所有的"非人际"符号活动都可视为对特定对象的模仿。从微观角度来看,镜像符号的运用已经涉及我们每一个试图适应"数字化生存"的个体。凡是出现在电子屏幕中的绝似符号、同一符号或自我符号,其实都可以视为某种类型的镜像符号,区别只在于程度上的差异。

随着智能技术的飞速发展,一方面,数字化镜像符号的"拟真度"正在趋近于对象本身。我们能够身临其境地感受到屏幕背后那个电子世界所营造的"在场感"。在新冠疫情冲击下,在线会议、在线课堂甚至在线演唱会等超距离的数字化拟象活动已经成为大众日常生活的重要组成部分,给我们提供了跨越时空的便利和效率上的极大提升。但另一方面,镜像符号的变形和扭曲也带来了一系列复杂的伦理争议和法律难题。若要构建一个更为和谐健康、生态多元的数字化社会,必须从网络教育、平台规制、舆论监督、法律监管、政策导向等多方面共同发力。在智能化时代,完全依靠人工手段显然无法管理日益增长的海量数据,因此,打造更为完善的 AI 智能监测系统成为当前的可行性方案之一。对于虚假人设、侵权人设等利用镜像符号来实施的各类违规违法行为,必须依法依规进行妥善处置,进而真正实现"科技向善"的宗旨。

思考题

1. 洗脑广告是否属于一种信号？

2. 人工智能广告是否属于无发送符号？

3. 什么样的广告属于潜在符号？

4. 自我符号对于广告活动有何启示？

5. 广告活动中的绝似符号需要做到形神兼备，你如何理解这一观点？

6. 直播营销是否属于同一符号？

7. 镜像符号与广告符号神话有什么关联？

广告与物的关系

本章主要讨论的问题包括符号与物的"二联体"、广告符号化与物化以及品牌与物的关系。第一,所有的符号都来源于特定的"物"。符号与物之间存在相互转换的关系,随着传播语境的变化,任何东西都可能是仅具有使用性的物,也可能是超越使用性之上的符号,这是符号与物"二联体"的理论基础。这一基础性原理具有普遍适用性,对于分析广告活动同样具有重要意义。第二,广告符号化的过程就是为商品实现意义增值的过程,而广告物化则是有意消解产品的符号内涵,让消费者聚焦于产品性能本身。在广告实践中,广告符号化与广告物化是两种相辅相成的营销策略,都有可能形成良好的传播效果。第三,品牌与物之间是一种演化关系。从物到品牌实际上经历了四个阶段:第一个阶段为裸物,第二个阶段为牌子,第三个阶段为名牌,第四个阶段为奢侈品。这四个阶段的演变,反映出商品从纯粹物到纯粹符号的滑动过程,揭示了品牌构建的符号学表意机制。

第一节　符号与物的"二联体"

法国著名符号学家罗兰·巴尔特在 1964 年的《符号学原理》中提

出"符号—功能体"（sign-function）的说法，赵毅衡据此进一步提出了"符号—使用体"的概念。"符号—使用体"强调符号与物之间的转换关系。当符号成为符号之时，它就不再被视为物；而当一个东西被视为纯然物的时候，它就不是符号。随着传播语境的变化，任何东西其实都在符号与物之间不断游移。"其使用部分与表达意义部分的'成分分配'，取决于在特定解释语境中，接收者如何解释这个载体所携带的意义。"①

符号总来源于某种特定的"物"。符号的物源一般可分为三种，分别是自然物、人工制造物和人工制造的纯符号。自然物包括自然界中存在的各种天然事物，如石头、闪电、树木等。人工制造物是被人加工的诸多事物，如各种人造的工具。人工制造的纯符号是非自然的表意之物，如语言、货币、国旗、广告海报等符号标志或符号表意系统。根据符号来源的不同及功能的差别，赵毅衡建构了一个符号与物的"二联体"（如表4-1）。

表 4-1　符号与物的"二联体"

物的来源	物的基本功能	物的符号功能	
自然物	使用性	实用意义符号	
人造物	使用性	人工制造实用意义符号	艺术意义符号

资料来源：赵毅衡.符号学：原理与推演（修订版）[M].南京：南京大学出版社，2016：29.

在表4-1中，自然物和人工制造物的基本工具属性都表现为使用性。生活在3万～25万年前的早期智人，已经有能力制造骨针、薄石片等精巧的石器制品，并能够用兽皮制作衣服，还学会了钻木取火和保存火种。② 这意味着，对于早期的人类社会而言，无论是自然物抑或人工制造物，它们首先要实现某种特殊的功能。当二者所满足的仅仅是人的物质需求之时，它们体现的是物的使用价值。不过，人类区别于一般动物之处在于其丰富多彩的精神世界。当一个东西超越人的物质需

---

① 赵毅衡.符号学：原理与推演[M].南京：南京大学出版社，2014：28.
② 任露泉，梁云虹.仿生学导论[M].北京：科学出版社，2016：89.

求层面之后,就可能升华为具有特殊意义的符号。所谓"意义世界",满足的正是人类多元化的精神需求。

在表 4-1 中,人的"意义世界"对应两种特殊符号,分别是实用意义符号与艺术意义(非实用意义)符号。实用意义符号具有功利性导向,而艺术意义符号则倾向于非功利性或超功利性导向。例如,福建泉州晋江有钱人的女儿出嫁讲究"排场","豪车"免不了就成为撑门面的象征物。汽车作为人工制造物,它的"代步"功能实现的是使用性。而豪华配置的汽车满足的不仅是作为物的使用价值,而且代表了"权势""富贵""地位"等特殊意义。不过,这类带有虚荣色彩的意义需求仍然是基于功利性的,因而豪车在出嫁场景中属于实用意义符号。假如有一个大富豪平生最大的嗜好就是收集豪车,并把豪车当作展览品放置在私人汽车博物馆之中,那么在展览馆中的豪车既不承担物的使用功能,也不是表达虚荣的实用意义符号,而演变成了一个超越一般功利性的艺术意义符号。

与此相反,近年来,"自行车骑行婚礼"经常见诸新闻报道。自行车的使用性同样是"代步"。而在骑行婚礼这一特殊场景中,自行车可以当作"裸婚"的宣言,可以象征返璞归真的生活理念,也可以作为"低碳环保"的宣示,而这些意义都属于实用意义符号所承载的内容。如果一对恋人结婚之后,将骑行婚礼中的自行车放在家中当作具有特殊纪念价值的"爱情展品"。当朋友看到这一物件之时,可能解读出的是一种超功利的艺术意义,因而自行车也可被视为艺术意义符号。

表 4-1 表明自然物同样可以超越其使用价值,成为具有实用意义的符号。山川河流、日月星辰等自然万物经过摄影师的加工,完全可以成为极具美感的宣传片或广告片。不过,在赵毅衡看来,自然物显然不能直接表达艺术意义,也无法直接上升为艺术意义符号。一旦自然景观被拍摄成片,它就不再是自然物,而成为人工符号。根据不同的体裁规约,它既可以表达实用意义,也可表达艺术意义。如果将自然景物作为商业广告背景,那么它就是实用意义符号。如果将自然景物作为纯粹的艺术品,那么它就可以实现艺术意义。但需要强调的是,自然万物

本身无法传达艺术意义,它必须被发送者加工,并被接收者阐释,才能突显其艺术性。

因此,表 4-1 中的第一栏只列出了自然物的使用性和实用符号意义这两个功能;如果自然物要实现艺术意义,它就必须先成为人工制造物,即进入第二栏。第二栏中的人工制造物可以在物的使用性、实用意义符号和艺术意义符号三者之间切换。而人工制造的纯符号则由于原本不具有物的使用性,所以仅仅被当作实用意义符号或艺术意义符号,以此满足人的精神需求。

符号与物的"二联体"这一原理揭示了物、符号、意义三者之间的内在关联,这对于广告传播活动也具有非常重要的启发意义。在消费主义时代,物质生产与物质消费在很大程度上不仅是基于某一产品的使用性,而且依靠的是其背后所承载的符号价值。符号价值能够为品牌赋能,使产品的利润实现最大化。如何才能超越物的使用性,让消费者为产品的符号价值买单?要了解这一点,就必须理解符号与物的"二联体",以下将结合相关广告案例来分析这一原理。

第二节　广告符号化与物化

一、广告符号化

符号与物的"二联体"对于广告活动具有不可忽视的重要功能,这主要体现在"广告符号化"与"广告物化"上。按照赵毅衡的说法,符号化实际上分为两个层面:第一个层面的符号化是"一定数量的符号被组织进一个组合中";第二个层面的符号化是"接收者能够把这个(符号)组合理解成有合一的时态和意义向度"。① 所谓意义向度,指的就是潜

---

① 赵毅衡.符号学:原理与推演[M].南京:南京大学出版社,2014:28.

在的、可能实现的意义。

第一个符号化的功能是形成符号系统。任何复杂的表意活动都必然要依靠符号系统,而非某个单一的符号。第二个符号化将符号系统带到"发送者—符号信息—接收者"这一传播链条之中,并最终生成完整的意义。一般的广告活动可以视为人工制造物或人工制造的纯符号,给这二者赋予意义的过程就是广告符号化。与之相反,物化是使原本具有特定意义的符号丧失意义,回归"物"本身,即物的使用性。广告物化是消解广告原有的实用/艺术符号意义,凸显商品本身的使用价值,它往往被当作一种特殊的营销策略。

在广告实践活动中,广告符号化是最常见的意义增值手段。广告的符号化意味着赋予广告文本这套符号系统特殊的文化意义。"意义增值"的过程即"符号资本"积累的过程。因此,广告符号化意味着广告商品的价值增值。品牌命名就是一种符号化。命名的好坏可能会决定传播效果的优劣。如果取名不慎,就可能对企业造成不必要的损失。2022年,兴起于湖南长沙的著名奶茶品牌"茶颜悦色"在南京开设分店,英文译名翻译成"Sexy Tea",不久便遭到消费者投诉。公司不得不撤下其"英译名",并发表道歉声明。按照品牌方的解释,"Sexy Tea"的意思是"有魅力的奶茶",而不是"性感的奶茶"。但由于品牌标识"Sexy Tea"所搭配的是一个有几分妖娆的古典女子,容易引发不良的联想,所以遭到了公众的质疑。由此来看,品牌命名或设计应尽量避免歧义,否则非但不能实现意义增值,反而会造成不可控的负面效应。

通过广告文案强化商品的特殊意义可视为广告符号化。例如,红星二锅头曾经发布过一系列"情怀体"海报。海报文案以北漂族作为目标群体,其中一则广告文案写道:"待在北京的不开心,也许只是一阵子,离开北京的不甘心,却是一辈子。"[①]北漂一族被设定成敢于迎难而

---

① 红星二锅头走心文案:没有酒,说不好故事[EB/OL].(2017-09-30)[2023-04-29].ht-tps://www.digitaling.com/projects/23485.html.

上,不甘心被命运左右的奋斗者形象。通过此类广告文案的设计,红星二锅头试图塑造出北漂一族"屡败屡战"的务实者形象。对于消费者而言,他们喝下的其实不是酒,而是一种情怀(如激情、梦想、奋斗),而喝酒则可被视为一种对抗世俗眼光的符号抗争行为。

红星二锅头的不少海报都采用了类似的叙述策略,这些广告文案都着重从喝酒者的内心情感入手,不断凸显出喝酒这一行为所携带的丰富内涵,如"将所有一言难尽,一饮而尽""没有痛苦,不算痛快""把激情燃烧的岁月,灌进喉咙""用子弹放倒敌人,用二锅头放倒兄弟"。[①]诸如此类的广告词都将重心放在了喝酒者的"情怀"本身,而没有从口感、原料、酿造工艺等酒的品质入手。原因很简单,在白酒市场中,红星二锅头本来属于中低端产品,单纯从酒品来看,它并不具有显著优势,而通过这种"情怀体",既契合产品目标群体的心态,又能够为产品增添更多的符号价值,可谓一举两得。

茅台酒作为享誉世界的名酒,同样需要借助符号化来打造自身品牌的独特意义。从更广阔的历史背景和社会变迁的视角来看,茅台酒在不同时代往往蕴含着不同的符号内涵。在古代,茅台酒的前身"枸酱"就曾是宫廷贡酒。到了清代,出现了"茅台春""茅台烧春"等名酒。新中国成立之后,茅台酒成为接见重要外宾的"国酒"。1972 年,周恩来总理会见美国总统尼克松时,便是用茅台酒。在 20 世纪 60—70 年代,茅台酒成为特定政治身份的象征。20 世纪 90 年代,随着改革开放的不断深化,茅台酒厂曾承诺要做"老百姓喝得起的国酒"。不过,在 2000 年前后,茅台酒的价格开始一路飙升。在 2011 年,一瓶"汉帝茅台酒"居然以 890 多万元的天价成交。然而,到了 2012 年,随着反腐倡廉的全面展开,在不少反腐新闻报道中,茅台酒往往与"公款吃喝"联系在一起,甚至成为"腐败"的象征。2012—2015 年,茅台酒的价格不断

① 红星二锅头走心文案:没有酒,说不好故事[EB/OL].(2017-09-30)[2023-04-29].https://www.digitaling.com/projects/23485.html.

下跌,从 2000 元降到 800 多元,似乎从奢侈品回归到平民都能消费得起的"平价酒"。

2016—2018 年,茅台酒经历了两次商标风波。茅台酒厂为了进一步打造"国酒"形象,在品牌命名上下足了功夫,分别向有关部门申请注册"茅台国宴"和"国酒茅台",但均被驳回。① 可见,茅台酒作为中国著名的酒品牌之一,不再是一种政治身份的象征,更多的是充满地域特色的名酒。但不管怎样,茅台酒的品牌价值仍然被市场看好,相关数据显示,在 2022 年,茅台酒品牌的市值高达 2 万多亿元,在白酒市场排名第一,排名第二的五粮液的市值仅为其 1/3。② 近年来,随着白酒市场竞争的白热化和分众化,茅台酒改变了传统的品牌策略,放下身段,不再以奢侈品出现,而是试图打造所谓的"轻奢品",同时瞄准了中高端市场。在贵州茅台镇,与茅台酒相似的酱香酒品牌也如雨后春笋般不断推出各类新品,而且在口感、酿造工艺和性价比等方面均体现出了不可忽视的竞争力,这同样给茅台酒品牌造成了不同程度的压力。

综合百年来茅台酒品牌的发展史,可以发现该品牌的符号内涵也随着时代的变迁而不断改变。从中华人民共和国成立初期象征政治身份的"国酒"到改革开放之后代表贪污腐败的"奢侈品",再到回归理性消费之后的"轻奢品",茅台酒品牌必须随着社会环境的改变而不断调整营销策略,进而构建出符合时代需求的品牌符号形象。

二、广告物化

与广告符号化相反,广告物化是一种较为特殊的营销策略。在寒冬,如果有人将打印出来的广告海报用来烤火取暖,那么它就被"物化"

---

① 马云飞.放弃"国酒"后,又丢了"国宴",茅台商标申请再失利[EB/OL].(2019-09-17)[2023-04-29].https://m.thepaper.cn/baijiahao_4451975.
② 中商产业研究院.2022 年中国白酒行业上市企业市值排行榜[EB/OL].(2023-01-03)[2023-05-06].https://top.askci.com/news/20230103/1137352087191.shtml.

了。海报原本是表意符号,当使用者只是将其当作取暖材料,那么它就降格为物,实现的是作为物的使用价值。当然,这种物化行为并非我们所强调的重点。我们所说的物化是一种通过消解符号价值来推广产品的营销策略。针对特殊的商品,物化可谓反其道而行之,它并不刻意去推销品牌的符号价值,而是将卖点放在商品本身,这一方面可以大幅降低企业的宣传成本,另一方面也能够让消费者享受到物美价廉的产品。

国潮雪糕品牌钟薛高作为"天价雪糕"的代表之一,在品牌初创阶段曾得到市场的热捧,但很快也遭到了质疑。不少消费者认为其价格过高,甚至讽刺其为"雪糕刺客"。与此同时,一些网友还质疑钟薛高的雪糕之所以"常温不化冻",是因为卡拉胶等食品添加剂过度添加的结果。尽管经过质检部门检验并未发现钟薛糕的品质问题,但各种负面评价仍然对钟薛高造成极大压力,并迫使其改变产品定位和营销策略。2022 年底,钟薛高申请了注册商标"钟不高",并推出了售价仅为 3.5 元的子品牌"钟薛不高"。[①] 从"钟薛高"到"钟薛不高",该品牌经历了"过度符号化"转向"物化"的销售路线。这种转变是对消费者反馈所做出的及时调整。一些消费者反对"天价雪糕"的目的是希望雪糕回归"物的使用性",而"钟薛不高"这类产品呼应了市场需求,不再走所谓的高端路线,也不再过度突显其符号价值,而是回归到雪糕作为物的使用价值。

更多情况之下,符号化与物化两种策略可以并用,相互补充,形成更强大的传播效果。在中国市场,无印良品向来以"去品牌化"作为其宣传策略。这种所谓的"去品牌化"的基础在于其严格的品控机制。无印良品的产品素来以"回归本真"著称。所谓"回归本真",既是一种"去繁就简、去伪存真"的生活美学理念,也融合了在特定场景下最大化发挥物的效能这一功能主义的观念。美与功能的完美结合,构成了无印良品独特的品牌价值所在。尽管无印良品的产品价格不菲,却广受中

---

① 钟薛高新包装印零售价,推低价雪糕,曾因"雪糕刺客"引争议[EB/OL].(2023-01-05)[2023-05-06].https://www.sohu.com/a/625368131_161795.

产消费群体的钟爱。

不过,无印良品也曾遭到各种"山寨版"和模仿者的围攻。例如,京东优选、网易严选、米家有品等新晋国内品牌在产品设计、宣传口号、品牌价值等方面都带有模仿无印良品的痕迹。网易严选打出"好的生活,没那么贵"的品牌标语。其相关广告海报写道:"采用同样的材质,来自同样的制造商。"此类宣传的实质是广告物化策略。后起的模仿者试图将消费者的眼光引向产品的使用价值,而有意淡化其符号价值。对于网易严选这类新兴品牌而言,其品牌价值显然无法与无印良品直接抗衡。不过,它有意反其道而行之,通过性价比来吸引既讲究生活品位又对价格敏感的消费群体,获得了不少好评。

名创优品(MINISO)是 2016 年创办的日用生活百货品牌。截至 2022 年底,其全球店面已超过 2000 家。该品牌同样善于运用符号化与物化这一套"组合拳"。

一方面,名创优品强调"性价比为王",号称是"中国最大的 10 元店",这种销售策略是吸引消费者关注其产品的使用价值。另一方面,早期的名创优品在 logo 设计上带有鲜明的日本风格,甚至有模仿无印良品的嫌疑。这显然属于符号化策略。不过,作为一个名副其实的国产品牌,名创优品的"过度日本化"反而遭到国内消费者的质疑。2023 年伊始,名创优品开始采用"去日化"的品牌策略,其 logo 彻底去除了此前的日文,改为更为通俗易懂的"MINISO"。对于国产品牌名创优品而言,其在产品推广方面强调的是产品的功能,所以适用于物化传播策略。而在品牌宣传方面它仍然试图打造一种类似于"日系风"的精致风格,希望消费者能够在物的使用性之外找到符号层面的"满足感"。

对于广告文本内容而言,广告物化的概念还有另外一层含义,即它指涉的是对人这一主体本身的物化。例如,2008 年,一则宝马二手车广告海报中,女性就被比喻成"二手车",广告语说道:"你知道这不是她的第一次,但你真的介意吗?"2017 年,奥迪视频广告中,媳妇被婆婆进行全方位的身体检查,以防她整过容,不是"原装货",广告语最后说道:

"官方认证才放心。"显然,广告主将未整过容的女人比喻为原装车,这也是对女性身体的物化。[①] 在一些广告中,不仅针对女性人物,男性也是被物化的对象。如在一则俏比洗衣凝珠广告中,广告开头出现一名黑人男子,然后一名面色白皙的女子夸张地将其塞进洗衣机,不一会,里头冒出一个长相白净的帅哥。该广告将男性比喻为可以被洗干净的产品,不仅涉嫌种族歧视,也是对男性身体的物化。

广告文本内容的物化当然也是物化策略的另一种表现。但如果是对人的物化,往往可能违反道德伦理、文化禁忌甚至法律法规,并招致消费者的抵制,给企业形象造成负面影响。因此,在传播实践中,不能仅仅为了"博眼球"或追求所谓的广告创意刻意对人本身进行物化,以免对品牌方造成不必要的损失。综上所述,广告中的符号化策略与物化策略都源自符号与物的"二联体"这一基础理论。作为广告方或品牌主,若能根据产品特性和品牌调性来综合运用这两种策略,往往能够收到事半功倍的效果。

第三节　品牌与物的关系

从符号与物的"二联体"来看,品牌并非天然形成的超级符号,而是裸物不断升华的结果。和普通牌子一样,品牌创始的初期原本也只是一个纯符号,但通过不断"进化",最终成为具有高附加值、高传播力、高变现力的超级符号。蒋诗萍等认为,从物到品牌实际上经历了四个阶段:第一个阶段为裸物。第二个阶段为牌子。第三个阶段为名牌。第四个阶段为奢侈品,即品牌演化的最高段位。[②] 品牌演化的四个分期

---

① 那些物化、性化女性的恶俗广告,可能要成为历史了[EB/OL].(2021-02-19)[2023-05-08]https://m.jiemian.com/article/5696959.html.

② 蒋诗萍,饶广祥.品牌神话:符号意义的否定性生成[J].国际新闻界,2015,37(3):83-84.

比较准确地概括了从物到品牌的演化历程,以下我们将结合具体广告案例来加以说明。

从物到品牌的第一个阶段为裸物,即某个东西仅仅具有使用价值。这类产品往往只是为了满足人类的基本生存和生活需求,几乎不携带任何符号意义。对于一些批发类的粉、面来说,这些商品几乎没有任何符号修饰,仅仅只是在纸箱表面注明基本的生产信息。相对于康师傅、统一等方便面牌子,这类产品可视为裸物。不少所谓的"裸物"(产品)往往是走厂家直销的销售渠道,去掉中间商,没有进行大肆宣传,其好处是能够大幅压缩营销成本。淘宝网的"淘工厂"就声称"工厂直销,源头品质"。当然,绝对的"去中间商"很难在现实世界中实现。淘工厂的"直销"标语原本就是一种广告宣传。不过,淘工厂售卖的各类日常商品的确没有突出是何种牌子,而是反复强调某件产品的性价比"全网最高"。所谓"性价比",其实指的就是产品的价格与其使用价值成正比,这是一种"去符号化"(即回归物的使用性)的营销策略。

裸物阶段适合符号价值相对较小的低价日常消费品,诸如毛巾、牙刷、塑料杯等利润点极低的产品。对于一些企业而言,由于缺乏品牌特色,且营销预算有限,这些企业更普遍的做法是采用"薄利多销"的推广模式。对于大多数收入一般的消费者而言,日常生活品的符号意义并不大,他们更看重的是产品的功能和价格,所以便宜好用的产品往往成为复购的决定性因素。由于节约了营销成本,即便是一个不出名的产品,也可能在量的层面取得不错的销售业绩。

第二个阶段为牌子。牌子经过了简单的符号包装与设计,但仍然不具备足够的知名度和影响力。不可否认,普通的牌子作为纯符号具有一定的辨识度,但这并不足以让其产生符号价值的溢出。消费者更多只是将其视为某类产品的标识,而不会认为使用该产品能够给自身带来额外的"符号光环"(如地位、权势、财富的象征)。不过,在传播实践中,普通牌子也有可能实现"逆袭"。在网上,钟薛高这类"雪糕刺客"已经成为一个被网友嘲讽的对象,与之形成鲜明对比的是一款老牌雪糕——五毛钱的"雪莲"。2022年,来自山东临沂的雪莲冰块因极为低廉的价格很快成为网友热议的"新宠"。雪莲的配料极为简单,只有柠檬水和糖。网友特地将五毛钱的"雪莲"与所谓的天价品牌雪糕进行对比,并对雪莲这一老牌表示热烈拥护!不过,据报道,市场上有10多种雪糕都叫"雪莲",很多消费者甚至搞不清楚哪个才是出圈的"雪莲"。①

在雪糕事件之中,五毛钱的"雪莲"只是非常普通的老牌子,但因一次舆论事件被推上风口浪尖,瞬间火爆起来,公司营业额暴增,可以算是牌子"逆袭"的一个特殊案例。对于一般消费品而言,小牌子想要与大品牌对决,仍然面临诸多劣势,但它也有不可忽视的优势——超高性价比。在"雪莲"这一案例中,这一老牌稍微经过社交媒体的渲染,居然成为"童年记忆"的象征,从而携带了特殊的符号意义,使产品获得了意义增值。

第三个阶段为名牌。名牌的符号价值远远大于普通牌子,能够赋予产品额外的商业价值。蒋诗萍等指出:

> 若要将"牌子"上升为"名牌",使其具有较大的符号附加值,必然需要使品牌符号文本组合被有效地用于符号交流行为。因为社会性的使用,对于无论哪种符号,有意义累加的作用。……品牌符号的传播活动,是借用文化中原有的符号,通过长期捆绑式的传播与呈现,将意义转移到品牌身上。这种捆绑式的传播活动,主要是指广告。②

简言之,名牌是通过广告活动反复打磨符号价值的产物。在竞争日益激烈的快消品市场,要打出自己的品牌,仅仅只是靠降价促销、红包抽奖返现等优惠活动显然远远不够。此类集中于产品性价比的营销

---

① 李大为.五毛雪莲,迎战"钟薛高们"[EB/OL].(2022-07-07)[2023-05-08].https://www.digitaling.com/articles/800596.html.

② 蒋诗萍,饶广祥.品牌神话:符号意义的否定性生成[J].国际新闻界,2015,37(3):86.

活动对于不知名的普通牌子或许有效，但并不一定适用于名牌。名牌原本就是依靠较高的符号附加值来"赚取"更高的利润，而其潜在消费群体大多数不是为了贪图便宜购买名牌。名牌的背后必须构建一整套独特的表意系统。消费者认同名牌所构建的这一套品牌符号内涵，自然就愿意花费更高昂的价格来获得超越物欲之上的精神满足感。

2022年，武汉江汉路开设了一家融合中式魔幻风与赛博朋克风的"顽徒奶茶"店。该奶茶店外观设计以"五指山"为灵感，店内景观充满《西游记》中的味道，商品名称也极富东方韵味，如"定海神针线香""筋斗云香炉"等。与此同时，店内的装饰风格以冷色调为主，带有神秘主义的倾向，并汲取了科幻赛博朋克的新潮元素。"顽徒奶茶"斥资1800万元，走的是"奢侈风"的营销路线，与大多数走"简约风"和"轻资本"的茶饮品牌相反，该店很快成为武汉江汉路的网红打卡点。从知名度来说，"顽徒奶茶"在国内的名声可能不如喜茶、奈雪的茶、茶颜悦色等大众化品牌，不过，该品牌在国外已累积了一定的影响力。自2016年以来，"顽徒奶茶"先后在澳大利亚和韩国开设了6家门店，成为当地排名前列的茶饮品牌。[①]"顽徒奶茶"的品牌定位显然不是平民化消费，而走的是高端轻奢路线。甚至有人将"顽徒奶茶"武汉江汉路的店面外观与LV日本银座店进行了对比，指出了二者的相似之处。[②]

不可否认，从店面设计、产品品质、宣传海报、品牌推广等方面来说，"顽徒奶茶"都显示出颇具档次的品位和调性。但是，"顽徒奶茶"毕竟不是奢侈品品牌，它作为新晋崛起的名牌，虽然已经得到部分中高端消费者的拥护和认可，并获得了一定的符号附加值，但显然还达不到诸如LV这类奢侈品品牌的高度。在符号经济占据主导地位的消费社会，名牌与奢侈品的差别最主要不是来自产品品质，而是来自是否能够在

---

① 6层楼的奶茶店 投资1800万"顽徒"究竟卖什么？［EB/OL］.（2022-07-06）［2023-05-11］.http://news.winshang.com/html/070/2620.html.

② 这家武汉"顽徒奶茶"投资1800万，以"五指山"为造型设计［EB/OL］.（2022-08-26）［2023-05-11］.https://www.digitaling.com/articles/823906.html.

消费者心目中构建一整套"符号神话"。名牌可以被算作具有高识别度和高变现能力的"象征符号",但它在消费者的心目中,还远远达不到奢侈品品牌所创造的"神话光环"。

第四个阶段为奢侈品,即品牌演化的最高段位。奢侈品的高额价格不由物品的使用价值决定,而主要取决于其符号影响力。奢侈品是消费社会构建的"超级图腾",它的背后需要一整套类似于神话般的话语体系作为支撑。奢侈品超越了商品最原始的特征,它几乎是纯粹的"符号消费"。蒂芙尼的曲形别针售价曾高达 2.5 万多元。诸如此类超级昂贵的日常消费品,一旦被冠名为奢侈品,转眼就能够卖出"天价"。显然,此类奢侈品的价格远远超出其作为物的使用价值。很难想象谁会为了品质更好去买一个如此昂贵的普通日用产品。但对于购买此类奢侈品的高端消费者,他们显然在乎的是奢侈品品牌本身的符号价值。

根据符号与物的二联体这一理论来看,一方面,奢侈品无限地偏离物的使用性;另一方面,它又无限地接近符号的艺术价值。奢侈品对于物的使用性的偏离并非意味着它没有使用价值,而是说它不依靠物的使用价值来获取超额利润。相反,奢侈品最重要的一点是实现符号价值。人造物的第一层符号价值在于符号实用意义,第二层才是符号艺术意义。从第一层到第二层是从量变到质变的飞跃,二者具有本质的差异。

对比来看,名牌更多实现的是符号实用意义,它能够成为地位、权势、财富的象征。这一层的符号功能对奢侈品同样重要。对于部分买家而言,"炫耀性消费"是奢侈品消费的重要动机之一。不过,炫耀的前提是该品牌必须有足够强大的影响力。从受众角度来看,由于奢侈品过于昂贵,普通消费者根本无法承受其价格,所以大部分人平时可能压根就不会关注这些奢侈品品牌。从品牌方来说,奢侈品的目标受众是具有较高购买能力且有强烈意愿为符号意义买单的高端群体。如果完全按照"精准营销"的思路,似乎奢侈品品牌根本没有必要"广而告之",

而只需要针对极为小众的富裕阶层即可。

不过，在传播实践中，奢侈品品牌可能故意针对非目标受众群体投放广告，如在普通消费者的朋友圈中随机性地开展产品推广。这一推销手段随之也引发了不少网友的讨论。有网友评论道："作为一个贵价货，有义务让他们顾客买的东西被瞩目，而这个瞩目的前提是要让那些买不起的人知道他们买不起。"①根据网友的反馈来看，可把奢侈品品牌的这种营销方式视为"炫耀性营销"，其目的是迎合受众的"炫耀性消费"。这种对于品牌符号的炫耀更多的是基于符号实用意义。对于某些人而言，购买高档次的奢侈品如同进入富人阶层的"入场券"。假如没有这些社交资本，可能会被认为不够资格。实际上，名牌也具有类似的符号实用功能，但从符号价值的等级来看，显然低于奢侈品的等级。

名牌很难实现第二层符号价值，即符号艺术意义。对于高端消费群体而言，符号消费的最高境界是实现商品与艺术的完美融合，即功利性与超功利性的完美结合。诸如地位、权势、财富这类实用符号意义仍然是一种基于实用目的的功能需求，而只有上升到艺术这种非实用目的的纯精神需求，奢侈品的符号价值和变现能力才能发挥到最大。一位街头艺术家曾经将 LV、Gucci、Channel、Burberry、Givenchy、Prada、Hermes 等奢侈品品牌做成一系列的场景艺术。他选择的是城郊的一片废墟。然而，经过艺术家的精心雕琢，废弃的水泥墙壁陡然变成了具有艺术感的艺术品。②

奢侈品品牌邀请艺术家开展艺术活动已成为一种常见的营销手段。营销者往往兼具艺术家、设计师、广告人等多重身份。奢侈品品牌通过艺术与商业的结合，不断将艺术意义植入到商品之中，使奢侈品本身不断接近于艺术，从而超越了其符号实用功能。俗话说"艺术无价"，

① 你的朋友圈，为什么老是奢侈品广告？［EB/OL］.（2020-08-14）［2023-05-16］.https://www.digitaling.com/articles/333143.html.

② 迪奥、香奈儿、LV……他用废墟打造了一座时尚王国［EB/OL］.（2018-05-19）［2023-05-16］.https://www.digitaling.com/articles/46144.html.

对于奢侈品艺术而言,它并非真正的"无价之宝",而是会披着艺术符号的外衣来促成商品利润的最大化。奢侈品的底色是商品,它却往往试图通过一套修辞话语将艺术与商品绑定在一起,让受众暂时忘却二者的本质差别。在2021年新春,西班牙奢侈品品牌LOEWE(罗意威)以中国年为主题制作了系列短片《家·承》。该短片讲述了有关徽州渔亭糕、道明竹编、凤翔木版年画三种民间技艺的传承故事。LOEWE于1846年创立于西班牙的马德里市,创始人是皮革工匠,该品牌从制造精致的手工皮具起家,以精湛的手工艺著称于世。[①]

《家·承》在短片中并未直接宣传LOEWE的产品,仅仅在片尾出现其品牌标识。通过叙述中国民间手艺人对于民间传统手工产品的执着与热爱,品牌传达出了一种超越国界、超越地域、超越时代的"匠心"。这种"匠人精神"是一种类似于艺术家的艺术情怀。诚如西方语境中艺术(art)一词原本就包含了"技艺"的意思,所以民间手艺人的各种"绝活"在LOEWE的广告短片中也被打造成极具美感的"类艺术品"。LOEWE以此比喻自己的品牌理念与民间手艺传承人一样,讲究精益求精,追求极致的专业精神。在广告片中,精雕细琢的手工艺品就类同于艺术品,这既是对其使用性的超越,也是对其符号实用意义的超越。巧夺天工的手艺如同超越世俗的艺术活动,二者追求的是一种无目的性的精神享受,所以"无法定价"。对于奢侈品而言,这种符号艺术意义将最大限度地遮蔽产品的物质属性,而赋予其最高的符号价值,甚至使奢侈品本身成为一种消费主义时代的"符号神话"。

通过对物与品牌四个阶段的分析可以发现,物的使用性与符号价值之间呈反比。当受众越注重物的使用性的时候,其符号价值可能就越低;当受众越不看重物的使用性之时,其符号价值反而越高。这正应和了符号与物的二联体这一基本原理。从商业利润的角度来看,对于

---

① 罗意威新春短片:三个工艺世家的传承故事[EB/OL].(2021-02-10)[2023-05-16].https://www.digitaling.com/projects/150549.html.

任何一家企业来说,如果能够顺利实现品牌的四次飞跃,即裸物、牌子、名牌、奢侈品,那么必将能够实现利润的最大化。不过,在现实世界中,由于产品属性天然存在差异,即便企业运作机制本身完美无缺,也很难迈入奢侈品这一最高境界。不过,处于不同生态位的企业也有不同的受众群体,所以并不意味着奢侈品品牌就一定比其他普通品牌更有优势。说到底,任何产品都是为了满足人的真实需求,无论是基本的生存和生活需求,抑或精神层面的符号意义需求,二者并无高低贵贱之分。对于消费者而言,理解了物与品牌的演化规律,有助于使自己能够更加理性地选择真正需要的产品,而非盲目地随大流,或轻易被广告"洗脑"。

思考题

1．如何理解符号与物的"二联体"?

2．什么叫广告符号化?

3．什么叫广告物化?

4．物与品牌之间存在哪四个演化阶段?　每个阶段分别具有何种特点?

第五章 广告与泛艺术化

    本章主要探讨泛艺术化现象及其对广告的影响。主要知识点包括：第一，泛艺术化指的是艺术化符号表意活动与非艺术化符号表意活动之间的界限趋于模糊，艺术与非艺术的边界被消解。第二，消费主义时代的广告活动体现出鲜明的泛艺术化色彩，它主要表现在品牌与艺术经典融合类广告、品牌与公共场所艺术融合类广告、品牌与数字艺术融合类广告、品牌与生活艺术化融合类广告四个方面。第三，泛艺术化对广告的积极影响。具体有以下三点：首先，品牌商能够以艺术之名打造品牌形象；其次，广告人能够以艺术之名生产广告创意；最后，消费者能够以艺术之名消费商品。第四，泛艺术化对广告的消极影响。具体表现在三个方面：首先，打造"艺术性广告"成为品牌传播必须付出的代价；其次，艺术成为传播广告信息的附属品；最后，泛艺术化遮蔽了商业广告的消费主义逻辑。在艺术表意与广告表意日趋模糊的当今，把握泛艺术化的概念对于我们理解符号消费时代的新型营销方式具有重要意义。

第一节　泛艺术化现象

一、什么叫艺术

古往今来,无数智者先贤都试图为艺术找到一个完美的定义,但正如美学家对于美的探寻,却从来找不到一个绝对完满的说法。艺术难以用理性思辨去准确界定。不过,从艺术发展史来说,大致可以找到四种比较典型的观点,分别是功能论、表现论、形式论以及历史—体制论。[①]

第一,功能论强调艺术的功能是展示具有"美学意味"的事物。被称为"中国写实翻糖第一人"的周毅创作了一系列造型别致的糖人,还登上了湖南综艺类娱乐节目《快乐大本营》,并引发了舆论的广泛关注。[②]写实糖人惟妙惟肖,精致可爱,源自民间塑面艺术。周毅出身于面塑世家,自幼热爱面塑。他将面塑技艺应用于翻糖,并将传统元素与现代元素融为一体,获得了国内外的一致好评。从功能论的角度来看,写实糖人作为艺术品创造了一种全新的"美学意味",实现了艺术的美学价值。

第二,表现论强调艺术是对特定情感的展露。对于某些艺术家而言,或许他们在乎的不是大众的世俗眼光,而只是聚焦于自己的内心感受,艺术对于这部分艺术家而言只不过是一种特定情绪的表露或宣泄。诗歌一般被认为是诗人情感的外在表征。中国古典文论中有"诗言志"的说法,其中所说的"志",并非指诗人通过诗歌所抒发的某种志向,而

---

①　陆正兰,赵毅衡.艺术不是什么:从符号学定义艺术[J].艺术百家,2009,25(6):98-99.

②　获得"蛋糕界奥斯卡"最高奖项的中国人,连马云都请他定制![EB/OL].(2019-10-05)[2023-06-09].https://www.digitaling.com/articles/217279.html.

是强调诗歌所透露出的特殊情感。《毛诗序》中说:"诗者,志之所之也,在心为志,发言为诗,情动于中而形于言。"[①]此处所谓的"在心为志",注重的就是诗歌这种艺术形态的情感表达功能。

第三,形式论指的是艺术是一种着重突显想象力与创造力的符号表意形式。一位韩国年轻女艺术家凭借自己的画笔创造了一系列独具想象力的面部造型,获得了国际艺术界的广泛关注。[②] 这位女艺术家的作品不依靠电脑特效,完全是靠她手工绘制而成。各种奇特的造型显然不符合写实主义的风格,而是充满先锋艺术的特质。所谓"先锋",就是反对循规蹈矩,绝不墨守成规,而是不断打破常规与传统,永远朝向未知与开放。这种对于想象力的执着和对无限可能性的探索正是基于艺术形式论的理念。

第四,历史—体制论认为艺术是特定文化与体制规约的产物。换言之,艺术家自身无法定义什么叫艺术,他们所存在的历史背景、社会意识、文化制度决定了其作品是否被当作艺术。2019 年,意大利艺术家莫里齐奥·卡特兰创作了一部艺术作品,叫《喜剧演员》。所谓的《喜剧演员》,其实就是艺术家用一张胶纸将香蕉贴在墙上而已。该作品有三根香蕉,其中两根分别以 12 万美元和 15 万美元的价格成交,最后一根居然被一位行为艺术家当场吃掉了。[③] 2021 年,食品公司好利来与"尤伦斯当代艺术中心"(UCCA)联合推出了商业版的《喜剧演员》。[④]实际上,商业版的《喜剧演员》卖的依然是被包装的香蕉而已。

在这一案例中,"胶带粘贴的香蕉"在不同的传播语境中表达了完全不同的意义。在艺术展馆中,它是艺术家莫里齐奥·卡特兰创作的

---

① 郭绍虞.中国历代文论选:第一册[M].上海:上海古籍出版社,2001:63.
② 别眨眼,这个女人会"隐身"! [EB/OL].(2020-10-17)[2023-06-16].https://www.dig-italing.com/articles/358938.html.
③ 一根香蕉卖出百万天价! 把网友彻底看无语了:到底什么是艺术[EB/OL].(2021-12-10)[2023-06-09].https://www.digitaling.com/articles/671439.html.
④ 好利来×UCCA 推出限定甜品:像香蕉的艺术品,想尝尝吗? [EB/OL].(2022-01-01)[2023-06-09].https://www.digitaling.com/projects/190504.html.

《喜剧演员》；而在好利来的柜台中，它只不过是一件价格不菲的商品而已。因此，决定"胶带粘贴的香蕉"是否属于艺术品在很大程度上由艺术圈所决定。艺术圈包括同行艺术家、艺术策划团队、艺术评论家、艺术品拍卖公司、艺术品推广公司等各种体制性要素。从世俗的角度来看，这件所谓的艺术品既没有物质层面的价值，也无法给人带来精神层面的愉悦，它属于艺术圈所缔造的人造艺术符号。

综上来看，功能论、表现论、形式论、历史—体制论分别从不同侧面揭示出艺术的重要特点。不过，艺术没有固定的本质，而是一个开放的概念，它会随着时代变迁而不断变化。只有理解了艺术的基本特质，才能更为深刻把握泛艺术化的概念。在消费主义时代，艺术与商业绑定得越来越紧密，艺术对于广告营销活动影响巨大，值得我们进一步探讨。

二、什么叫泛艺术化

泛艺术化意味着艺术表意与非艺术表意边界的模糊甚至消失。泛艺术化深刻影响当代的广告活动。随着泛艺术化在各类表意活动中的全面渗透，当代广告的表意已经愈来愈趋向于通过艺术加工来呈现广告意图。在广告实践活动中，所谓的"设计感""创意思维""品牌包装"等概念均与艺术密切相关。创意大师往往兼具艺术家的身份，这也使得广告与艺术更容易形成联姻关系。不过，广告毕竟不能等同于艺术。广告可能无限逼近于艺术形态，但其本质仍然基于功利目的（促成消费），而不可能像艺术一样趋向于超功利性。

在消费主义时代，最典型的泛艺术化是商业与艺术的合流。早在20世纪50年代，曾经流行于美国的"波普艺术"（Pop Art）就试图将消费主义与流行艺术融合在一起。1956年，英国波普艺术代表人物理查德·汉密尔顿创作了第一部波普艺术拼贴画《究竟是什么使今日家庭如此不同、如此吸引人呢？》，这种拼贴艺术风格影响了美国的波普艺术潮流。① 在该作品中，肌肉发达的男子、性感无比的女子，以及背景中各种日常消费品（电视、收音机、画报等）象征了一种感官化、速食型、消费化的艺术形式。商业以艺术之名，艺术被商业包装，二者交汇在一起。在波普艺术中，我们看到商业与艺术二者交融的可能性，尽管这种艺术形式可能遭到严肃的艺术评论家的质疑，但必须承认，当消费主义趋向于艺术化的时候，泛艺术化的苗头就开始出现。

早在 1988 年，英国学者迈克·费瑟斯通在《消费文化与后现代主义》一书中就提出了"日常生活审美化"（the aestheticization of everyday life）说法。它具有三层含义：第一，艺术中的亚文化潮流。比如，为了迎接 2020 年东京奥运会，日本漫画家将参加奥运会的不同国家通过可爱的动漫形象展现出来，此漫画系列显得既有亲和力，又能够增强国际社会对日本动漫这种亚文化潮流的好感度。② 第二，将生活转化为艺术，即"生活美学"。京东曾做了一个所谓的"家电新生活艺术展"，名为《第一千零一片》。该家电艺术展将冰箱、空调、加热净水器、免洗破壁机等日常家电通过艺术化的形式加以呈现，试图将"生活美学"理念融入营销活动之中。③ 第三，充斥于日常生活的媒介影像所制造的美学幻象。通过"变形的镜像符号"所展开的营销活动都可划为这一类。在一则日本男士护肤品广告中，片中的男性角色被自己的妻子和女儿用各种美颜软件修饰得"面目全非"，完全偏离了自己的真实容颜，广告借此引出"男士的肌肤，也要被关爱"这一广告尾题。④

---

① 高丹.波普偶像之外，"安迪·沃霍尔"是如何炼成的？［EB/OL］.（2021-07-04）［2023-06-09］.https://www.thepaper.cn/newsDetail_forward_13434741.
② 为了东京奥运会，日本动漫画家把国旗变身为超酷的武士们！［EB/OL］.（2019-06-25）［2023-06-09］. https://www.digitaling.com/articles/174439.html.
③ 这些年，令人"惊艳"的品牌艺术展［EB/OL］.（2022-08-17）［2023-06-09］.https://www.digitaling.com/articles/820301.html.
④ 日本男士声泪俱下抗议片《盛世美颜吐槽大会》［EB/OL］.（2018-11-12）［2023-06-13］.https://www.xinpianchang.com/a10718965? from＝search_post.

以上这三种形式都是"日常生活审美化"的典型表现。泛艺术化的概念与"日常生活审美化"密切相关,二者存在相似之处,但又存在细微的差异。二者最大的相同点在于都属于"现代性"的产物。"现代性"构建了一整套以资本为主导的审美话语体系。无论是单纯的艺术抑或以艺术之名出现的诸多符号表意形式,都在不同程度上被资本的逻辑所左右。二者不同点在于,泛艺术化的边界比"日常生活审美化"更为宽泛,内涵也更为丰富,表现形式更加多样化,并且对于当代的广告营销活动具有不可低估的影响。

三、泛艺术化的基本表现

泛艺术化现象反映了现代艺术形态的多元化发展趋势,它改变甚至重塑了艺术与非艺术的边界。那么,泛艺术化具体存在哪些呈现方式呢?陆正兰、赵毅衡在《"泛艺术化"的五副面孔》一文中总结了泛艺术化的五种基本表现,分别为商品附加艺术、公共场所艺术、取自日常物的先锋艺术、生活方式艺术化、数字艺术。[①] 在当今消费主义社会,随着商业元素对艺术的全面渗透,泛艺术化对广告实践也产生了深刻的影响。以陆正兰和赵毅衡的分类标准作为基础,我们将泛艺术化在广告活动中的表现分为四类,分别是品牌与艺术经典融合类广告、品牌与公共场所艺术融合类广告、品牌与数字艺术融合类广告、品牌与生活艺术化融合类广告。以下我们将结合具体案例来加以说明。

第一,品牌与艺术经典融合类广告。艺术经典常常是经过历史洗礼所留存下来的艺术杰作。这类艺术经典跨越时空的界限,在世界范围内都能够产生深远的影响,它们本身就是极具号召力的超级符号。品牌利用这类艺术经典,往往能够大幅提升其知名度和影响力。优衣库曾与纽约现代艺术博物馆、波士顿美术博物馆、卢浮宫等艺术机构合

---

① 陆正兰,赵毅衡."泛艺术化"的五副面孔[J].云南社会科学,2018(5):167.

作,根据凡·高的《星空》、莫奈的《睡莲》、蒙德里安的格子画《红色和蓝色的构成,二号》、达·芬奇的《蒙娜丽莎》、扬·范·修森的《壁龛里的花瓶》等名画推出了一系列颇具艺术风韵的服饰。优衣库的设计团队试图将古典艺术元素与现代时尚元素融为一体,得到了年轻受众的热捧,有效扩大了该品牌的文化魅力。① 随着消费升级热潮的到来,年轻人愈来愈注重商品的文化品位,而艺术正是提升品位的绝佳"调味剂"。品牌与艺术经典联名成为增添商品符号价值的绝佳手段。美的、雀巢、小米、抖音等各类品牌,都曾借助于世界名画的影响力,将经典画作当作海报设计的灵感来源,包括《麦田与收割者》《维纳斯的诞生》《星空》《戴珍珠耳环的少女》等享誉世界的经典艺术作品。无疑,若能将经典艺术作品与品牌联名,将能有效提升品牌的文化价值。

第二,品牌与公共场所艺术融合类广告。公共场所作为城市的重要活动空间,具有极高的商业价值,适合打造各类户外广告。不过,公共空间也因其"公共色彩"不宜被过度商业化,否则很容易招致受众的反感。如何使公共场所兼具公益性与商业性是品牌宣传必须注意的重中之重。实际上,品牌艺术化就是一个调节二者之间的平衡器。2017年初,房产信息网站安居客就发起了"理想之城"公共艺术计划。2017—2019年,安居客分别开展了"艺术的栖居""住愿成真""住在人间灯火"三次公共艺术展。2019年,安居客"理想之城"艺术展举办地点在上海长宁来福士户外大草坪上。艺术展通过各种创意灯泡造型展现出客厅、餐厅、卧室、书房等不同居住场景的个性化特质,在城市公共区域打造了一间又一间温馨而浪漫的居住空间。② 尽管安居客本身是一个互联网商业平台,但在这场艺术展当中,品牌方却以一种艺术举办者的姿态,试图通过公共艺术的形式还原大众对于理想寓所的憧憬。

---

① 把博物馆搬进现代衣橱,艺术联名就该这么做[EB/OL].(2022-08-16)[2023-06-13].https://www.digitaling.com/articles/820406.html.

② 安居客点亮了这些地方,只为帮每个人找到"理想之城"[EB/OL].(2020-11-12)[2023-06-13].https://www.digitaling.com/projects/137633.html.

在此类艺术展中,安居客这一品牌似乎只是"冠名商"。但实际上,公共艺术展的主题以及呈现方式更多是由品牌方主导的。对于安居客而言,通过艺术展来强化品牌在受众心中的知名度和美誉度才是其根本目的。这意味着,此类公共艺术展在超功利的艺术形式背后必须达成类似商业广告一样的目标。如果艺术展的设计团队对品牌特质理解不够透彻或有所偏差,无法有效将品牌与艺术展相互结合,那么很可能就无法达成预期的广告效果。

第三,品牌与数字艺术融合类广告。数字艺术是元宇宙时代艺术界的"新宠",它对于广告形式的变革同样具有重要意义。裸眼 3D、虚拟现实、增强现实、混合现实等多种数字化新技术颠覆了传统的平面广告和电视广告,极大地增强了广告效果的感染力和逼真度。2019 年,一家韩国创意设计公司为耐克森轮胎(NEXEN)做了一个名为《无限墙》(*The Infinity Wall*)的数字化艺术作品。该作品尝试用不断流变的造型来表达企业敢于迎接"挑战"这一核心价值观。[①] 裸眼 3D 屏幕所展示的是汹涌澎湃的浪花,传递的是无限的激情、无所畏惧的精神与永不枯竭的创造力。在该公司设计的一幅作品中,一名男子在不断变换的多边形方块中奔跑跳跃,犹如闯关的"超级玛丽",他跨越各种障碍,一往无前,活力四射,传达出一种精进不息的企业精神。耐克森公司通过新研发中心大楼的大屏幕将这一系列数字艺术展示出来,以一种酷炫的艺术方式精准表达出了企业的核心理念,得到了业界的好评和认可。无疑,数字化艺术能够有效赋能品牌,大幅提升其传播力,势必将成为未来智能传播时代的重要推广载体。

第四,品牌与生活艺术化融合类广告。生活艺术化试图将日常生活赋予美学色彩。生活中的日常物件作为具有使用价值的物,通常不具备艺术性。不过,通过艺术家的包装,貌似普通的物件也能够体现出

---

① 专访韩国酷公司 d'strict,在艺术＋技术领域创造出惊天"浪潮"！［EB/OL］.(2021-10-26)［2023-06-15］.https://www.digitaling.com/articles/599290.html.

艺术特质,如意大利艺术家莫里齐奥·卡特兰曾将一根扫帚戳在一张白色的画布上,并将这件"作品"放在艺术馆中展示,瞬间具有说不清道不明的艺术感。[①] 这种将日常之物泛化为艺术的趋势被消费主义所利用,并逐渐发展成了"审美日常化"。

在消费社会,现代人的日常生活方式越来越趋向于"审美日常化",城市景观、商场购物、汽车造型、家庭装修、穿衣搭配等衣食住行都充满"美学化"的特质,这也被视为"日常生活艺术化"。在各种广告宣传的冲击之下,貌似平庸无奇的日常生活也被赋予了各种特殊的符号色彩。归根到底,此类日常生活中的艺术元素只是附着在实用表意表面的"装饰品",并不是超越功利的艺术表意活动,而是携带着不同程度的符号实用意义。当今不少讲究品位的咖啡馆、奶茶店、面包店主打的都是所谓的"新中产风格"。所谓"新中产风格",就是针对新一代中产阶级群体的符号消费特质来打造店面的设计风格和品牌特色。

"审美日常化"是消费社会的必然发展趋势,对于有一定消费能力和有符号消费追求的新中产阶级具有较大的吸引力。2020 年,星巴克将上海美罗城二楼的老店重新改造,并举办了一场别开生面的"茶云"艺术展,连店面吊顶都镶嵌上了浓郁的艺术风味。[②] 星巴克通过赋予门店艺术化的氛围,给消费者提供了一个兼具商业性和艺术性的公共空间。对于新中产消费者而言,一杯 30～50 元的星巴克咖啡不仅是饮品,而且是一张进入星巴克"茶云"艺术展的"门票"。如此一来,喝咖啡的消费行为就与参观星巴克艺术展绑定在一起了。

毋庸置疑,星巴克咖啡这一品牌在中国市场针对的潜在消费群体是讲究生活品位和注重精神消费的新中产阶层,他们包括都市的白领以及各行各业的精英人士。习惯于喝星巴克这一品牌咖啡的人群显然

[①] 一根香蕉卖出百万天价!把网友彻底看无语了:到底什么是艺术[EB/OL].(2021-12-10)[2023-06-15].https://www.digitaling.com/articles/671439.html.

[②] 星巴克上海老店变身"咖啡星球",还举办了艺术展[EB/OL].(2020-08-13)[2023-06-15].https://www.digitaling.com/articles/328698.html.

不属于普通工薪阶层,它如同一张具有区隔色彩的"身份标识"。换言之,消费者在咖啡店中获得了商品之外的符号实用意义,诸如生活品位和艺术品位。对于新中产群体来说,星巴克咖啡店就代表了一种符号身份,他们在此喝的不仅是咖啡,更多的是一种格调。于是,喝咖啡这一日常消费行为便被赋予了一层"浪漫化"的符号光环。

介于商业与非商业之间的公益广告也深受日常生活艺术化的影响。在日常生活中,垃圾原本是被物主认为丧失使用价值的东西,但不少艺术家和广告设计者将其视为创意灵感的来源,把各类废弃的垃圾重新拼合,从而构成新的艺术形式。中国旅游集团与万豪酒店合作,在海南三亚用 5000 双一次性拖鞋按照真实比例制作了一只"搁浅的鲸鱼",并以这一环保艺术号召旅客尽可能少用一次性用品,以此缓解对岛屿与海洋的生态污染。[①] 在这一案例中,一次性拖鞋组成的鲸鱼可被视为通过垃圾材料来推广环保理念的行为艺术。品牌方通过这一带有公益属性的艺术展呈现了"品牌向善"的人文理念,对企业形象的打造起到了正向宣传的作用。

概括来看,品牌与艺术经典融合类广告、品牌与公共场所艺术融合类广告、品牌与数字艺术融合类广告、品牌与生活艺术化融合类广告可被视为泛艺术化在广告领域的四种典型表现形式。作为品牌方,需要根据自身的品牌特质和产品属性来采用适合的推广策略,充分利用艺术化的表意形式来为企业赋能,有效提升品牌的文化内涵和符号价值。与此同时,品牌方也应切忌滥用艺术,一定要把握好尺度,将艺术表意与广告表意有机融合,二者不可偏废。如果过于偏向艺术表意,可能会导致"为艺术而艺术"的结果。也就是说,为了展现艺术之美而偏离了品牌方的初始目标。反过来,如果过于局限于特定的商业目标,又可能会使得艺术元素无法有效融入广告之中,甚至容易引发受众的抵触情

---

① 中国旅游集团×万豪,用 5000 双一次性拖鞋再造一只"搁浅的鲸鱼"[EB/OL].(2022-01-17)[2023-06-15].https://www.digitaling.com/articles/690220.html.

绪和排斥心理。因此,在广告实践活动中,设计团队需要把握好艺术与广告的天平,通过恰如其分的艺术形式来达成品牌方的预期目标。

第二节 泛艺术化对广告的积极影响

泛艺术化现象对于现代广告活动具有非常重要的正向价值,可从品牌商、广告人与消费者来说明。在泛艺术化的冲击下,品牌商完全能够以艺术之名来打造品牌形象;广告人能够以艺术之名生产广告创意;消费者则能够以艺术之名消费商品。也就是说,附着在广告活动中的艺术表意成为贯通品牌商、广告人与消费者三方之间的符号载体。

首先,对于品牌商来说,泛艺术化使他们能够以艺术之名来打造极具美学色彩的品牌形象。2022 年 8 月 19 日是中国医师节,别克汽车在广州地铁站内打造了一场别开生面的"天书书法展"。该艺术展通过巨幅展牌呈现出医生亲笔写下的各类处方笺,这些医生都是别克车主。此次公共艺术展的目的不是让公众了解"天书"的内容是什么,而是尝试让公众理解医生写"天书"的缘由。按照广告片的解说,医生撰写的"天书"都是专业术语,不是给病人看的,而是记录医生自己的日常工作,只有医学专业的同行才看得懂。之所以"天书"行文潦草,是因为医生每天都要会诊大量病人,因此必须与时间赛跑。如广告语所说:"'天书'背后是医生拯救生命的争分夺秒。"[1]在"天书"书法展中,还有一个展览片区是医生们用天书笔法写下的行医感悟,"熟记上万个速写符号,是为了挤出时间多看几个病号。""写字急、说话急、走路急,更怕门外上百个病号等得急。""写给药剂师的潦草字迹,是千百张处方练出来的默契。"[2]通

---

① 中国医师节,别克举办了一场"天书书法"艺术展[EB/OL].(2022-08-24)[2023-06-15].https://www.digitaling.com/projects/217923.html.

② 中国医师节,别克举办了一场"天书书法"艺术展[EB/OL].(2022-08-24)[2023-06-16].https://www.digitaling.com/projects/217923.html.

过此次艺术展,举办方别克既表达了对医生群体的高度敬意,同时也将医生争分夺秒行医救人这种极具社会责任感的正面形象与品牌自身的价值观相互连接起来。别出心裁之处在于,别克并不只是单纯地宣传医生有多了不起,而是通过医生"天书书法展"这种颇具感染力的宣传形式让公众、医生与品牌之间自然地嫁接在了一起。

在一些带有公益属性的品牌宣传中,艺术也是极为重要的传播载体。"是光诗歌"是一家致力于推广乡村诗歌教育的公益组织。该机构主要为偏远乡村教师提供培训和课程服务,目标是通过普及诗歌教育来解决"乡村儿童无法自由地表达情感的问题",自 2016 年以来,担任该机构的教师共计 1661 名,学生共计 114000 名,覆盖偏远山村中小学 1230 余所。[①] "是光诗歌"曾经与各类品牌合作,包括 TEENIE WEENIE(童装)、幼岚(童装)、顾家家居、星巴克、茶颜悦色、支付宝、OPPO 手机等具有相当影响力的品牌。诗歌这种语言艺术便成为连接不同品牌之间的重要桥梁。在海报中,诗歌以广告文案的形式出现,这些诗歌几乎都是小朋友们独立原创的作品,字里行间洋溢着可贵的童真与丰富的想象力。例如,"我尝过杧果味的太阳,我穿过彩色的春天,我也听过风的演唱会。""星星说,我能把黑夜点亮;月亮说,我能把月亮哄睡着;我说,只要我闭上眼睛,宇宙万物都会在我梦里。"[②]这些语句是与童装幼岚联名的海报中所引用的诗歌,虽显稚嫩,但充满童趣,也非常契合童装品牌的调性。

"是光诗歌"的公益广告同样善于借用诗歌这种极具情绪感染力的艺术形式,曾一度引发舆论的广泛关注。在 2020 年新冠疫情期间,"是光诗歌"的宣传海报曾亮相纽约时代广场的大屏幕。该海报中最令人动容的是一首叫《黑夜》的诗歌,这首诗歌是一名叫李玲的孩子创作的,

---

① 一图读懂 | 是光诗歌项目评估［EB/OL］.（2022-05-08）［2023-06-23］.https://mp.weixin.qq.com/s/oobHdGICceaPe3Z0MqQIWA.

② 专访公益机构"是光诗歌":创意可以做得很诗意［EB/OL］.（2022-08-15）［2023-06-23］.https://www.digitaling.com/articles/819699.html.

她才 14 岁,来自云南偏远地区。该诗歌写道:"我信奉黑夜,因为它能覆盖一切,就像是爱。"①《黑夜》这首短诗通过寥寥数语深刻表达出了孩子眼中对爱的理解和对未来的乐观态度。这首《黑夜》很容易让人联想到诗人顾城在诗歌《一代人》中写下的那句被广泛传诵的诗句:"黑夜给了我黑色的眼睛,我却用它寻找光明。"②即便身处黑暗,也要心向光明。诗歌的力量绝不容小觑,在诗歌世界,每个孩子都有发声的权利。孩子们发自内心的真实表达的确扣人心弦,十分传神地将"是光诗歌"这一品牌的核心价值观传递给了公众。

其次,对于创意人而言,泛艺术化的积极影响在于使他们能够以艺术之名生产广告创意。不少创意者原本就是学艺术设计出身的,他们对于艺术本身天然就有一种特殊的亲近感。不过,广告毕竟不是艺术,无论包装得多么华丽,其内核仍然必须服务于特定的广告投放目标。不过,这并不意味着广告就无法具备艺术属性。相反,如果设计师能够完美融合广告与艺术两种表意形态,往往能够大幅提升广告的档次,让原本只具有工具属性的产品也呈现出某种程度的"美感意味"。2022年,小米公司为推广新产品米家扫地机器人在北京地铁站举办了一场别开生面的艺术展,名为《热爱的诞生》。此次艺术展所展出的"艺术品"是由一群艺术家通过清理自家地面所收集的"垃圾"整合出的系列作品。

艺术家"变废为宝"的目的不是宣传环保理念,而是强调小米扫地机器人的强大功能。此次艺术展打出"解放双手,让热爱诞生"的广告语。③ 其含义是号召小伙伴们没有必要在清扫地板这件事上浪费太多时间,而应该让自己从烦琐的家务活中解放出来,将有限的时间投入诸

---

① 专访公益机构"是光诗歌":创意可以做得很诗意[EB/OL].(2022-08-15)[2023-06-23].https://www.digitaling.com/articles/819699.html.

② 顾城.顾城的诗[M].北京:人民文学出版社,2012:57.

③ 米家扫地机器人艺术展,用垃圾做成的艺术品[EB/OL].(2022-04-11)[2023-06-25].https://www.digitaling.com/projects/203447.html.

如艺术创作这类有趣好玩且富有创意的事情当中。省时、省事、省心，然后才能尽情去热爱，这便是该艺术展力图向目标群体所传达的价值观。在这场营销活动中，"垃圾桶艺术"成为广告创意的重要载体，它让受众在欣赏艺术展的过程中领略到了小米扫地机器人这一产品背后的品牌温度。对于创作者而言，其借助品牌之力来呈现有趣的创意思路，让冷冰冰的工业产品展现出某种艺术的个性和活力，无疑为广告设计者提供了更具张力的创作空间。

最后，对于消费者来说，泛艺术化的正向影响在于使他们能够以艺术之名消费商品。传统的物质生产关注的重心是物质消费，而物质层面的消费活动是会饱和的。从人类生存的角度来说，个体所需的衣食住行等生活资料不可能无限增长，而是存在一个"阈值"。假定某个消费者一日三餐都点外卖，其消费能力亦是有上限的，这就是所谓的"阈值"。因此，当我们提出消费升级的时候，强调的是从物质消费升级到精神消费，而精神消费又表征为符号消费。对于商家而言，将艺术性符号元素注入消费活动中往往能够有效提升其产品的价值。从消费者的角度来看，其精神层面的符号消费就是一种意义消费。不少"新中产阶层"在日常消费活动中有一个共同倾向，那就是执着于产品背后的符号内涵。

"撸猫"文化在大都市中已然成为白领社群中的一种生活时尚，不少新媒体公司甚至专门设置了一个"撸猫"空间，允许员工将宠物猫带到公司喂养。2019年，奈雪的茶曾推出风靡一时的"猫猫爪杯塞"，该产品直击职场人的"痛点"，将猫咪塑造成充满文艺气息的治愈符号，从而将自己的品牌与其他奶茶区分开来。"猫猫爪杯塞"的灰色款专门针对职场白领，广告词"寓意'一爪过稿'，管它工作多少，加班多'稿'，一爪在手方案我有"。[①] 文艺化的表达和轻松活泼的设计风格让这款产

---

① 奈雪的茶推出"猫猫爪杯塞"，一"爪"治愈打工人！[EB/OL].(2020-11-24)[2023-06-25].https://www.digitaling.com/articles/373093.html.

品很快得到了年轻受众的热捧。由此来看，哪怕是一杯日常生活中的奶茶，都能够在物质层面之上赋予更多的精神内涵和符号意义。

为了满足年轻消费群体的"猫控"倾向，连北京新华书店也特意设计了颇具艺术风情的"宠物主题店"。该宠物书店在书架旁边设计了各种猫跑轮、猫爬架、逗猫棒等设施，让客人可以在读书之余，充分享受"撸猫"的快乐。不少传统书店是禁止宠物入内的，而这家宠物书店反其道而行之，甚至注入了行为艺术的元素。与此同时，书店摆放了不少与宠物饲养相关的书籍，同时还售卖猫粮等宠物用品。另外，书店专门设置了带有公益属性的猫咪领养区。① 宠物书店刚开设不久，就吸引了不少年轻人前来打卡，并在社交媒体上引发热议。可以说，为了实现传统书店的线下转型，北京这家新华书店下足了功夫，尝试将撸猫、艺术、公益与书店有机融合在一起。显然，在宠物主题书店中，猫咪成为连接消费者与书店之间的重要媒介。宠物猫本身就如同一个超功利的艺术符号。猫咪不能给主人带来物质上的好处，反而需要主人无微不至地照顾，就像对待孩子一般，不计回报地付出爱。但对于"猫控"一族而言，仅仅需要猫咪陪伴在身边就足够治愈了。从这个角度来说，"撸猫"象征着年轻人对于爱与被爱的期待和对世间一切单纯、美好之物的向往，这本身就是一种颇具浪漫主义的艺术情怀。这种艺术情怀使得与"撸猫"相关的产品背后蕴藏着不可小视的符号价值。

总的来说，泛艺术化通过艺术（或类似艺术）的方式将品牌方、广告人与消费者三者有效连接在一起，并构成一个兼具商业性、艺术性与人文色彩的"符号共同体"。三者在这个多姿多彩的符号世界中都能够享受到艺术所带来的"审美红利"。所谓"审美红利"，就是将审美活动与消费活动合二为一，将艺术符号与商业符号有机融合，从而外溢出远超产品本身的经济价值。因此，泛艺术化的积极影响是应该加以肯定的。

---

① 新华书店开"宠物主题店"，边撸猫边读书［EB/OL］.（2022-10-18）［2023-06-25］. https://www.digitaling.com/articles/847566.html.

在消费主义社会,固守传统的艺术边界并不能保护艺术,反而会对艺术家不利。艺术可以同时具有多重属性,艺术家也可兼具设计师、广告人、创意大师等多重身份。只要把握好商业与艺术之间的平衡,二者才能够并行不悖。

第三节　泛艺术化对广告的消极影响

从辩证的角度来看,泛艺术化不仅能够在广告领域形成积极影响,同时也造成了不可回避的消极影响。以下我们同样将从品牌商、广告人和消费者三个层面来反思这一问题。

首先,对于品牌商而言,打造"艺术性广告"成为品牌传播必须付出的代价。品牌商追求的绝不是拍得好看或富有美学意味的广告,而是能够精准触达目标人群并实现变现效果的广告。不过,由于泛艺术化对于广告活动影响巨大,广告活动与艺术活动的边界日趋模糊。不少追求"产品高端化"的企业都尝试模仿奢侈品品牌的做法,邀请艺术家作为广告片导演或品牌创意人,甚至将营销活动当作艺术展来举办,这无疑提升了企业的广告成本。一则具有高度艺术欣赏色彩的品牌宣传片,动辄可能数以千万计,其花费巨大。然而,不少涉及品牌形象的宣传广告或艺术化的营销活动往往不像纯粹的商业"硬广"一样,可以通过可量化的数据统计来监测和评估其传播效果,这给企业造成了成本投入的不确定性。换言之,这些额外产生的品牌宣传支出都会计入产品成本中,最终这些营销费用需要消费者来买单。从企业的角度来说,尽可能降低营销成本,专注于推出物美价廉的产品才是更为明智的选择。如果营销投入过大,势必会抬高产品的价格,这对于市场竞争显然不利。

其次,对于创意人来说,艺术元素容易沦为传播广告信息的附属品。广告的本质是为了推销商品或推广品牌自身,艺术仅仅是辅助性的手段。对于创意人而言，他们往往受制于甲方（提出广告目标的一方）的约束，不可能随心所欲地自由发挥。创意人既要满足广告投放的预期目标，又要尽可能通过艺术化的方式来展示个性化的创意，二者在传播实践中经常会发生冲突。

历史文化类视频博主"意公子"就曾遭遇到类似的难题。2021年，"意公子"开始走入公众视野，很快成为网络红人。"意公子"本名叫吴敏婕，她原本是一名媒体主持人，曾在2013年创办艺术科普品牌"意外艺术"，并推出了一系列颇具影响力的文化栏目。在抖音、微信、微博等互联网平台上，"意公子"通过讲述庄子、竹林七贤、苏东坡、欧阳修等传统文化名人和诗词经典得到舆论广泛关注。在初期，"意公子"原本只是进行单纯的内容创作，并未插入广告。不过，在成名之后，各大品牌方纷纷抛出"橄榄枝"，希望与其进行商业合作。

在2023年，"意公子"讲述的故事中逐渐出现了各类植入式广告，包括长安福特、OPPO手机、伊利牛奶、武夷山红茶、安尔康纸尿裤等各大品牌。"意公子"由此面临内容创意与品牌推广之间如何有机衔接这一棘手问题。不少粉丝甚至因为不满意故事中所插入的广告词而选择"脱粉"。从"意公子"短视频的一贯风格来看，她讲述的内容雅俗共赏，不刻意迎合，不虚情假意，有自己鲜明的态度和观点。与此同时，她十分注重个性化的表达方式，擅长以真性情打动观众，面部表情极具感染力。但是，一旦品牌方开始介入，"意公子"故事中的文艺元素似乎就不再是纯粹的自我表达，而成为广告宣传的前奏和渲染。如何把握好商业的尺度对创意人和设计团队均提出了挑战。

最后，对于消费者而言，泛艺术化遮蔽了商业广告的消费主义逻辑。广告是消费主义的产物。消费主义的底层逻辑在于激发受众无止境的购买欲望，从而使产品的效益最大化。泛艺术化对于广告活动的深度介入使得消费行为携带上了一层温情脉脉的艺术面纱。消费者在购物的过程中似乎同步在开展具有美学意味的审美活动，这让日常生活中的物质消费也蒙上了特殊的艺术符号意义。

菜市场原本是烟火气最为浓郁的消费场景,但也被不少品牌视为艺术化的布展地。2022年,快手就在青岛一家农贸市场策划了一次"实在文学"的艺术展,目的是推广各类与贩卖食品相关产品的快手小店,广告词打出"菜市场的烟火美学"。^①　实际上,连奢侈品也盯上了菜市场。2021年,Prada就曾在上海菜市场举办过一场格调不低的艺术展,吸引了不少时尚一族前去打卡。^②　当购物狂欢节被打造成一场艺术盛宴,消费行为本身似乎也被升华成了精神层面的审美活动,甚至带有了几分反物质主义色彩。当然,这种艺术的加持只是商家营造的一种幻觉。艺术性广告终究是为了提升产品的符号价值,让消费者为缥缈虚无的"意义消费"买单。在高度符号化的时代背景下,需要警惕的是,当广告表意过度趋向于某种艺术形态的时候,它可能导致品牌霸权和符号专制,如奢侈品的"天价"正是基于它的类艺术特质。

从泛艺术化的消极影响来看,它对于品牌方、广告人与消费者也产生了不可低估的负面效应,需要审慎对待。毋庸置疑,就品牌方来说,拍得像艺术作品一样的广告效果未必能够达成品牌方的预期效果。在广告成本与收益之间寻求相对平衡是品牌商必须重点考虑的首要问题。就创意人而言,广告的过度介入使内容创作不再纯粹,艺术表达丧失了原有的自由度,越来越显著的商业元素有可能破坏创意本身。站在消费者的立场来看,无所不在的艺术性营销实际上增加了购物的成本,使他们在日常消费活动中都不得不为产品背后的各种符号价值付费。在广告实践中,我们必须辩证看待泛艺术化的利与弊,并尝试在艺术与商业二者之间构建一种平衡的状态。唯有如此,艺术才能让广告变得更美,而广告也将点燃艺术之光。

---

① 被品牌"盯上"的菜市场,究竟有什么魔力?[EB/OL].(2022-08-26)[2023-06-25].https://www.digitaling.com/articles/819020.html.
② Prada进了上海的菜市场,东西还挺便宜?[EB/OL].(2021-10-09)[2023-06-25].https://www.digitaling.com/articles/616125.html.

思考题

1. 什么叫泛艺术化？

2. 泛艺术化对于广告活动有何正面影响？

3. 泛艺术化对于广告活动有何负面影响？

广告与符号标出性

　　本章主要介绍符号标出性理论及相关概念。标出性涉及语言学及文化层面中普遍存在的不对称现象。要理解标出性，必须掌握正项、中项和异项三个基本概念。简而言之，在一个文化形态中，正项和中项偏向的那一边所构成的即主流文化，而异项则是被主流所拒斥的少数派，即非主流文化。中项离弃的那一边很容易被边缘化，甚至被当作"异类"，因而凸显出与正常态相异的标出性。中项偏向的那一边往往掌握着话语权，被视为"理所当然"的正常态，显示出"非标出性"的特点，这一文化现象可被视为"中项偏边"。

　　在广告活动中，正项、中项和异项之间呈现此消彼长的关系，这意味着标出项与非标出项之间存在变动的可能性。当文化语境发生重大改变之时，原有的标出项与原有的非标出项可能发生颠倒，这就是所谓的"标出性翻转"。从性别议题的角度来看，传统的广告往往将女性塑造为"贤妻良母"的形象。然而，在男女平权运动盛行的当今社会，广告中的女性不再只是一味迎合男权视角，而是越来越凸显出自我的价值，这种敢于挑战传统观念的"女汉子"形象在一定程度上体现出"标出性翻转"的可能性。

　　在广告实践过程中，追求极端的标出性容易引发伦理争议，这也是广告传播者必须正视的问题。只有掌握好分寸，才能够充分发挥出标出性理论的正面价值,有效提升品牌的影响力。

第一节 广告中的"标出性现象"

一、符号标出性理论

标出性(Markedness)是一个源于语言学的概念。"标出性"意味着具有特别的品质,非标出则不具有特别的品质,二者构成对立和互补的关系。赵毅衡认为,标出性现象不仅出现在语言学领域,也广泛存在于文化领域。所谓标出性,实际上是探究对立两项中不对称的规律。"当对立的两项不对称,出现次数较少的那项,就是'标出项'(the marked),而对立的使用较多的那一项,就是'非标出项'(the unmarked)。"① 非主流文化与主流文化就构成标出与非标出的关系。非主流文化是一种边缘性文化/亚文化,它具有特别的品质,往往只是被少数群体所接受,一般被认为是一种"非常态"。主流文化是由社会主导性的意识形态所支撑,被多数人所认可,它被认为是"正常态"。

标出性理论涉及三个关键性术语,分别是正项、中项和异项。中项是"非此非彼,亦此亦彼"的中间状态,它实际上无法定义自身。正项是"携带中项的非标出项",异项是"被中项所排斥的那一边"。② 潮流永远追求标出。T台秀上的时尚模特属于标出项,即异项。绝大多数女性在日常生活场景中的装扮代表了正常态,即正项和中项共同偏向的那一边。显而易见,在世俗生活中像时尚模特一样装扮的女性毕竟是极少数,因而这一小众群体属于正项和中项联合排拒的异项。当然,异项并不一定是一个价值判断,并不是说"多数派"一定就优于"少数派"。

---

① 赵毅衡.符号学:原理与推演[M].南京:南京大学出版社,2011:281-282.

② 赵毅衡.符号学:原理与推演[M].南京:南京大学出版社,2011:285-286.

不少新的美学形态往往都是从亚文化演变而来的。总之,标出项(异项)往往是被正项与中项联合排斥或拒绝所形成的产物。中项倒向的那一边自然成为正项(非标出项),而离弃的那一边就会成为异项(标出项),这叫作"中项偏边"现象。[①]

不过,正项、中项和异项三者的关系并非固定不变的,而是会随着时代变迁而发生改变,甚至会出现"标出性翻转"。所谓"标出性翻转",指的是在特定条件下标出项与非标出项之间出现反转。例如,唐代以丰满为美,"胖美人"比比皆是,而宋代以苗条为美,"瘦美人"遍地开花。换言之,在唐代,丰满对于女性群体来说属于正常项,而瘦是异项/标出项。在宋代,苗条成为女性审美的主流价值观,属于常态,而胖则成为异项/标出项。所以胖与瘦就发生了历史性的"标出性翻转"。

按照标出性理论来看,各种文化形态都存在两项不对称所导致的标出性现象,这同样发生在广告活动中。如何认识广告活动中的标出性现象? 如何运用标出性理论来分析广告中的"中项偏边"与"标出性翻转"? 这不仅是一个纯理论问题,而且是对于广告实践活动有着十分重要的意义,值得我们进一步探讨。

二、广告的"中项偏边"现象

在广告活动中,"中项偏边"是一个十分普遍的传播现象。"中项偏边"实际上能够体现出主流文化与非主流文化之间的博弈关系。一般而言,正项和中项构成的主流文化属于"多数派",被排斥的异项属于"少数派"。不过,多数派与少数派之间不一定是强弱关系。对于广告而言,"少数派"反而可能因其特殊性突显出更为强大的传播力。以下我们将结合民宿软广告来探讨"中项偏边"的现象。

近年来,伴随着国内民宿潮的兴起,各类民宿软文开始出现在各大

---

① 赵毅衡.符号学:原理与推演[M].南京:南京大学出版社,2011:285.

新媒体平台上。移动互联网平台上的"民宿软广告"主要通过讲述游客、房东等与旅行主题有关的故事来包装特色民宿和宣传民宿企业品牌，此类广告结合了图文和影像媒介，具有鲜明的故事性与新闻性，属于广义上的"软广告"。相较于传统的"硬广告"，这种通过文艺形式呈现的"故事型软文"对向往远方与异域的年轻受众具有较强的吸引力。

从故事所设定的地点来看，"民宿软广告"中既有繁华喧嚣的城市，也不乏清静宜人的乡村。综合国内具有品牌影响力的民宿公众号和在线短租平台来看，不少"民宿软广告"中对于城乡意象的建构都会自觉或不自觉地倾向于一种二元对立的叙述逻辑。城市与乡村之间的差异性元素会被无限放大，进而使二者的对立固化为一种程式化的广告叙述模式。

一旦涉及城乡意象，大多数"民宿软文"都会着力渲染二者之间不可调和的矛盾关系。在这种二元对立的叙述框架下，民宿软广告中的乡村意象往往被塑造成非常态的"标出项"，即中项所离弃的异项，而城市意象则是代表主流文化的"非标出项"，即中项所认同的正项。城乡之间的这种"中项偏边"现象普遍存在于民宿软广告中。在一篇题为《大城市容不下她的梦想，这个湖南美妞跑到乡村种田遛狗，过起了让城里人都羡慕的日子》的软广告中，民宿女主人公 Heaven 偶然来到上海的一个小村庄，情不自禁被当地的蓝天白云、麦田竹林深深吸引，于是决心留在此地，她将这个小村庄称为"东篱竹隐"，并租下一个小平房，亲力亲为重新改造设计成她理想中的民宿。Heaven 说："这就是她穷极一生追求的梦想。而这一切，是城市里容不下、给不了的。"①在该软广告中，民宿女主人公 Heaven 被描述成一位渴望回归自然，追求田园生活的自由主义者。乡村被描绘成个人梦想的栖息地，而城市则成为实现自由生活的现实障碍。

---

① 大城市容不下她的梦想，这个湖南美妞跑到乡村种田遛狗，过起了让城里人都羡慕的日子[EB/OL].(2017-11-28)[2023-07-15]. https://mp.weixin.qq.com/s/TdVM_3H4_Ne-BAGr8lp6xrQ.

相较于城市的物质主义与以功利为导向的生存模式,乡村成为"极简主义者"所推崇的"世外桃源"。在一篇名为《30岁逃离都市,到深山隐居,她用破布织就了自己的童话世界》的软广告中,故事女主人公Jing是一名山东姑娘,曾在深圳一家服装公司担任设计经理,但高负荷的工作让她差点失明。于是,她30岁那年辞了职,搬到深圳市郊的梧桐山开了一间自己设计的民宿。Jing种植了几十种花草,日常生活基本自给自足,而这种单纯的田园生活让她感到内心充实。软文的结尾引用到Jing的一段话:"离开了城市化的生活节奏,清晨在晨曦中醒来,夜晚在星光下入睡。开始感知自己与万物相连,每一天每一刻都被植物、动物、朝阳落日感动着。"①显然,在这一段颇具抒情色彩的自白中,民宿女房东同样被塑造成一位具有乡土情怀的自由主义者。对这类人来说,城市作为文明的象征显然成为一种身体与精神上的双重负担。

相较于城市的喧嚣与浮躁,乡村往往被塑造成为灵魂的避难所。在《她逃离北京,在苍山洱海边建一座彩虹农场,成了大理新地标》这则软广告中,故事女主角小丽是珠宝设计师。按广告叙述者的说法,她并非因为物质上或工作上的压力而离开北京,而是渴望宁静而悠闲的乡野生活。"不论走到哪个城市,我都觉得我静不下来,但是我在双廊一个海边的客栈,会觉得时间静止了,让我觉得慢下来了,可以安静地生活了,然后就留在了大理。"②小丽这段叙述充分反映出她对田园生活的憧憬和向往,但并不一定如标题所标榜的"逃离北京"。不过,在城乡二元对立的叙述逻辑中,"离开城市"与"逃离城市"的区别被广告叙述者有意无意给"抹杀"了。

总体来看,以"逃离城市"或"回归乡村"为叙述模式的民宿软广告虽然数不胜数,但其潜在的叙述逻辑与以上所列举的三则软广告如出

---

① 30岁逃离都市,到深山隐居,她用破布织就了自己的童话世界[EB/OL].(2018-05-22)[2023-07-15].https://mp.weixin.qq.com/s/u9a0QNfBxJkw0reuGWDsBg.

② 她逃离北京,在苍山洱海边建一座彩虹农场,成了大理新地标[EB/OL].(2017-10-31)[2023-07-15].https://www.sohu.com/a/201395571_99955937.

一辙。此类冠以"逃离城市"的软广告实际上通过城乡对立的叙述模式给受众灌输一种"似是而非"的印象:"离开城市"等同于"逃离城市",而"逃离城市"意味着"回归乡村"。

如此一来,在民宿软广告中,城乡意象的差异往往被简化为一种"非此即彼"的二元对立结构。在城乡对立的话语体系中,城市代表正项与常态,民宿软广告主人公"离开城市"或"逃离城市"都同样意味着对主流群体(中项)的偏离,且此种行为本身被视为是一种极度个性化的"出格"举动,具有鲜明的标出性色彩。与此相对,乡村被置于城市的对立面,是不被主流所认同的异项。因此,民宿软广告中主人公"回归乡村"同样成为被正项和中项联合排拒的标出性行为。而"回归乡村"则被替换为"逃离城市"的另一个同义符号,尽管二者之间并没有逻辑上的因果联系。为了渲染"标出性"的传播效果,在民宿软广告"逃离城市"或"回归乡村"的叙述模式中,城乡意象的二元对立结构往往被固化为"非黑即白"的广告元素。而城乡之间的异质性也被夸大并伪装成一种"自然化"的媒介产物。事实上,城乡之间非标出与标出的绝对二分关系只是广告修辞所建构的"符号幻象"。

然而,从传播效果来看,正因为"逃离城市"或"回归乡村"叙述模式中故事主人公异于常人的"标出性"行为,反而使民宿软广告得到了大众舆论的广泛关注,获得了较高的点击量和正面反馈,使民宿房东实现了可观的经济收益,客观上实现了软广告的推广和营销效果。不过,这一叙述模式表明乡村意象在大众传媒视野下仍然处于边缘化的弱势地位,是少数派的自我标出行为,是一种主流之外的亚文化形态。假如"回归乡村"要转变为正项,成为主流文化的一部分,就必须被中项(主流舆论)所广泛认同,扭转乡村被标出的异项地位。

尽管民宿软广告在表面上往往极力塑造一种具有标出性风格的"反物质化"的乡村生活理念,但在实质上又无法摆脱以城市化为主导的消费主义。对民宿软广告叙述者而言,广告的艺术逻辑不得不受制于商业逻辑,广告修辞精心运作的目的是将赤裸裸的消费主义包装成

"日常审美文化"来赋予"逃离城市"或"回归乡村"这类叙述模式的合法性。然而无论是"逃离"或"回归",其本质都无法摆脱异化的消费主义和资本逻辑所统摄的城市主流话语。

通过民宿软广告的分析来看,广告中的"中项偏边"现象背后往往受制于特定的文化逻辑。相较于处于强势地位的城市,乡村显然处于弱势。这种强弱地位的不对等形成了城乡之间的二元对立关系。城市代表着主流,即中项偏向的那一边,而乡村则是非主流,即中项偏离的那一边。不过,从广告叙述的角度来说,由于多数认同的主流文化缺乏标出性,反而失去了"值得一说"的特定风格。相反,被少数派所认可的乡村民宿具有鲜明的标出性,它甚至代表了一种非主流的个性化生活态度的呈现,因而获得了意想不到的传播力。因此,对于广告传播者而言,如果能够善用"中项偏边"的原理,则完全能够使处于弱势地位的非标出项凸显出特定的传播价值,进而实现广告投放的预期目标。

通过对民宿软文的分析,可以发现广告中的"标出性现象"兼具理论价值和现实意义。作为广告设计者,若能深刻理解标出性理论的内涵,将有助于施展更具创造性的广告创意。从标出性的角度来看,广告创意的本质就是敢于打破常规,不断推陈出新,甚至颠覆已有的范式,创造新的表意形式。不过,其矛盾之处在于过度的标出又可能侵蚀主流价值观,引发伦理争议,甚至对品牌本身造成难以挽回的负面效应,这是广告传播者不得不谨慎对待的情形。如何在主流与非主流之间找到一个契合点,最大限度地发挥标出性的传播价值,而不是"为了不同而不同",这是广告人时时刻刻需要认真思考的问题。

第二节　广告中的"标出性翻转"

在广告活动中,任何标出与非标出关系都不是固定不变的,而是会随着时代的变迁和文化语境的改变而变化。处于主流地位的正项可能会变为异项,而处于非主流地位的异项可能会成为正项。从文化符号学的角度来看,"标出性翻转"强调主流价值观与非主流价值观之间通过博弈发生反转。这种翻转的过程,实际上也是广告叙述伦理发生剧烈变动的过程。我们可以结合性别议题在广告领域中的微妙变化来看待这种标出性翻转背后的文化逻辑。

黎巴嫩摄影师伊莱·雷兹卡拉(Eli Rezkallah)曾根据美国 20 世纪中期以来一系列涉及女性性别歧视的平面广告展开了性别反转的创意,并引发舆论关注。在 Van Heusen 服饰品牌广告中,原版是女性跪在地上服侍男性,明显带有对女性的歧视。而在改编版中,变为男性跪在地上为女性端茶倒水,这种戏仿般的角色调换带有明显的讽刺意味。① 从人类文明的发展史来看,无论是东方抑或西方,在进入以男权为主导的社会形态后,由于男性在经济、政治等方面占据绝对优势,女性社会地位明显会低于男性。"男尊女卑"这种不对等的性别关系可以视为一种普遍性的社会现象。从标出性理论来说,男性/男权代表大多数/非标出项,而女性/女权则象征少数派/标出项。然而,随着工业化/后工业化社会的到来,"男主外,女主内"这种固化的性别关系被打破,女性在政治、经济、文化等各个领域开始独立自主,女性群体的地位有了大幅度的提升,甚至在某些地域和国家之中出现了性别关系的翻转。可以说,男女平权运动所追求的男女权利均等的目标已经成为大多数现代国家的共识。广告为了增强其渲染力,会进一步突出现代社会男女性别之间的"标出性翻转"现象。

对于广告主而言,合理利用"标出性翻转"具有多重好处。首先,善用"标出性翻转"有助于纠正舆论场中的"刻板印象",提升品牌的正向价值引导功能。在传播学中,"刻板印象"是由于文化偏见在媒介场域中对某类人或某种事物所形成的固定认知,它往往携带负面含义。在

---

① 这个摄影师翻拍上世纪 50 年代的广告:洗衣做饭不是女人的职责![EB/OL].(2023-07-29)[2023-07-29].https://www.sohu.com/a/707244071_100723.

传统观念中,标准的女性往往被塑造成贤淑温柔的形象,这实际上反映出男权话语对女性身份的规约。此类迎合男性审美心理的女性形象就是一种"刻板印象"。

在 NIKE 的广告短片《女人多简单》中,广告创意者就试图挑战这种对女性的固化印象。广告的画面中出现各项体育运动中的女性运动员,有女性网球手、女性篮球运动员、女性跳高运动员、女性攀岩运动员、女拳击手等,这些女性运动员身形矫健,目光如炬,浑身上下散发着无穷的力量与斗志。然而,与画面形成鲜明对比的是各种对女性进行质疑和否定的旁白,如"听话""温柔点""太傲了""强势过头了""早点嫁人吧""破纪录,不可能""谁敢娶拳王啊"等[①]。这些旁白几乎都是以家长的口吻发出,似乎是长辈在奉劝这些年轻女孩子要认命,不要太过于逞强。不过,在最后,女性网球运动员以一副义无反顾的姿态出现在镜头面前,如同一个敢于挑战男权的符号象征。这种敢于挑战男权的女战士形象与 NIKE 的广告标语"Just do it"相互呼应,体现出 NIKE 这一品牌提倡男女平权的价值观,赢得了不少女性消费者的认同。

其次,善用"标出性翻转"有利于突出异项的积极品质,扩大产品的潜在消费群体。著名女性内衣品牌"内外"(NEIWAI)不断尝试打破标准化的女性身材,期望在消费者心中构建一种多元而自然的美。2019年,内外品牌找来 6 位不同身材的女子做了一个特别的广告片,其主题为"没有一种身材,是微不足道的",对应的英文为"NO BODY IS NO-BODY"。[②] 广告片中的这些"模特"当中,有平胸的女性、有生过小孩的女性、有 58 岁的女性、有大肚腩的女性、有身体上留有疤痕的女性等。总之,她们都被排除在"标准版美女"的范围之外,属于非主流化的异项。然而,广告设计者却试图将这类接近于自然状态下的女性身体通

---

① NIKE 中国版广告:做女人多简单[EB/OL].(2019-03-08)[2023-07-20].https://iwebad.com/video/3589.html.

② 内外内衣广告:平胸才不会有负担,致真实而多元的身材[EB/OL].(2020-02-25)[2023-07-20].https://www.digitaling.com/projects/102752.html.

过视频原原本本展示在受众面前，并反复强调女性身体的多元和本真之美，这无疑是对传统男性审美视角下美女形象的颠覆。内外品牌试图打破基于"完美主义"的美女神话，让每一位女性消费者都意识到不完美的自然状态原本就是上天赐予的礼物，要爱自己"有缺陷"的身体，并从不完美中发现本真的美。广告片试图让内衣这一商品与女性对身体的自信勾连起来，这对于产品起到了一种十分正向的推广作用。这种多元化的身体美学观念显然是对单一化的标准版美女的"翻转"。

2021 年，内外内衣延续了此前所提倡的多元化的自然美学观，发布了以"微而足道，无分你我"为主题的广告片。① 所谓"微而足道，无分你我"，意思是任何身形的女性都具有自己的独特性，不存在高下优劣之分。此广告片邀请了 8 位身材迥异的女性作为模特。从单一化的审美观念来看，这些模特的身材各自存在"不美"的元素，如大肚子、疤痕、皱纹等身体特质。不过，内外内衣却强调女性应当大胆展示属于自己的美，并充分肯定自己身体的本真状态，而无须被某种虚妄的、单一的审美标准所绑架。从标出性理论来看，在内外品牌广告片的叙述逻辑中，完美女性不再是理所当然的"标准"，也就不该成为被主流所拥护的非标出项。相反，不完美的女性才应当成为被大众所接受的"正常项"。基于这一点，内外内衣将潜在消费群体扩大到日常生活中几乎所有身材类型的女性。可以说，对于穿内外内衣的消费者而言，不是说你穿了该品牌的内衣就变得美了，也不是内外内衣让你变美了，而是你的身体本身就充满美感，内外内衣只是为了你的身体而存在。

最后，善用"标出性翻转"能够为广告提供新的创意思路，增强品牌影响力。在 2020 年母亲节，宝洁发布了一则以"爱在日常，才不寻常"为主题的广告创意短片，题名为《妈妈的工资》。② 在短片中，广告虚构

---

① 内外 2021 广告片：微而足道，无分你我［EB/OL］.（2021-03-01）［2023-07-25］.https://www.digitaling.com/projects/154014.html.

② 宝洁：母亲节谈钱，伤不伤感情？［EB/OL］.（2020-05-10）［2023-07-25］.https://www.digitaling.com/projects/112272.html.

了一个针对母亲的特殊政策,即要求每个家庭必须按劳支付妈妈的薪酬。广告片中辛勤的妻子在任劳任怨地干着家务活,而丈夫看着电视机中播报的向妈妈支付薪酬的新闻惊慌失措,开始计算应当支付多少钱给自己的妻子。最后,广告片旁白说道:"算得清的日常,算不尽的爱",从而引出"爱在日常,才不寻常"这一品牌主题。

从东方传统观念来看,女性在家中相夫教子是一种家庭美德。在农业社会,女性在生活上照顾好丈夫和孩子似乎是天经地义的伦理要求。因而这种价值观属于主流所认同的非标出项。然而,随着女性经济地位的提升,这种传统的家庭伦理观在现代社会遭到巨大的挑战。女性干家务不再是理所当然的家庭责任。如果真按照该广告片那样制定向妈妈支付薪酬的法律政策,那么无怨无悔、不求回报的贤妻良母反而成了标出项。

按照广告片的故事逻辑,曾经任劳任怨的妈妈可能随时会离开,原因在于丈夫可能承担不起妻子的薪酬。当然,这仅仅只是广告创意,但它的的确确以一种夸张的方式渲染了家庭伦理中的价值观翻转对整个社会可能产生的深远影响。必须承认,这一广告创意并非远离现实的空中楼阁,而是对中国社会转型时期家庭伦理观发生重大变化的折射。不过,对于品牌方而言,它并非真期望这种"标出性翻转"发生,只不过是借用向妈妈支付薪酬的广告故事来将"妈妈伟大"的主题与产品嫁接起来。在广告短片中,宝洁系列日用产品不断被植入妈妈做家务的各种场景中,其用意自然是想要呼应"日常有价,母爱无价"的主题。

综上所述,我们可以发现,"标出性翻转"实际上揭示出特定文化形态或思想观念的转型,它往往涉及价值观层面的剧变,甚至牵涉到整个社会结构的根本性变化。对于广告传播而言,"标出性翻转"不一定是坏事,若广告设计者能够善加利用,反而能够形成良好的推广效果。但需要注意,某些翻转内容可能具有一定的敏感性,甚至容易引发舆论争议,这是广告创意者需要避免的情况。广告标出可能存在哪些伦理争议？这正是下一节我们要讨论的问题。

第三节　广告标出的伦理问题

　　符号学层面的"标出"是一个十分普遍的文化现象，由此也必然会引发一系列道德伦理上的争端。当广告设计者将"标出"作为创意点时，需要充分考虑清楚该广告文本将面临的传播语境、接收群体等综合性因素，切不可为了吸引受众眼球盲目夸大标出效果，否则可能会导致不可控的局面出现，进而对品牌造成不必要的负面影响。

　　2022年"三八"妇女节，一家女鞋店发布了极具争议性的"锯腿文案"，甚至冲上知乎热榜。该平面广告居中的文案写道："这天，应该把所有男的腿，平均锯短10CM"，平面广告底下还有一句话，写道："统一高度，才是公平。"该文案一出，立马引发了网友们的"狂批"。鉴于舆论压力，该女鞋店赶紧将文案改为："为了统一高度，也不应该把男的腿，弄短10CM。"底下配上一行小字，写道："公平的方式，还有很多。"①该女鞋店的本意是希望通过性别议题来引发消费者对其高跟鞋的关注，但效果却适得其反。之所以引发如此大的舆论反弹，是因为该女鞋店过度渲染了男女性别方面的标出关系。在该品牌看来，广告不过是借用女权观念所做的性别营销。但问题在于商家并未把握好尺度，从而导致铺天盖地的负面评价。

　　必须承认，男女在身体上的差异可以在一定程度上映射出二者在文化与社会领域的不对等，但运用这种身体隐喻需要慎之又慎。男女身高的差别是天然形成的性别差异，而在商家看来，这种差别是男女社会地位不公平的隐喻。因此，必须通过锯腿来"弥补"这种不公正。当

---

① 三八节"锯腿文案"：虚假共情下，难逃争议的"性别"营销[EB/OL].（2022-03-04）[2023-07-25].https://www.digitaling.com/articles/708420.html.

然，广告设计者可能认为这种文案只是"玩笑话"，其目的无非将消费者的目光转移到店家要推广的产品上。然而，当商家过分强调男女身高差别的时候，其实就是在有意渲染女性的标出性地位。也就是说，女性比男性身高矮是非正常项，而男性的身高才是正常项/非标出项。其潜台词仍然是以男性身高作为衡量标准。这样一来，其实反而将男女身高方面的差别绝对化了。

事实上，理性的女权运动的目的是达到男女平权，而非踩在男性群体的"头上"。从男女平权的角度来看，女性群体应当力图像男性群体一样趋于非标出项/正常项，而非被刻意标出的"异类"。既然是讲男女平权，就应当在充分尊重差异的前提下寻求相对平等，而不是打造脱离现实层面的平等。男女之间的平均身高本身就不对等，这是客观事实，但高矮不应当成为价值评判的标准。也就是说，高不一定代表好，矮也不一定代表不好。高矮仅仅是一个相对指标，拿男性身高去对比女性身高显然缺乏可比性。基于以上的分析来看，商家的"锯腿文案"既得罪了广大男性受众，也并未得到女权人士的认可，反而使自身陷入尴尬的处境，可视为运用"标出性"不当的典型案例。

与此相类似的案例并不在少数。一些商家往往将男性身体标准视为正常项，将女性身体视为标出项，按照此种逻辑，就会出现诸如此类的文案，如"再高一点就能扣篮了""再高一点就可以抛了"。[1] 但为什么女性身高一定要达到能扣篮或抛球的标准呢？难道达不到就不美？非要穿上高跟鞋变得和男性一样高才能够穿出自信心？可见，即便是号称为女权代言的商家，实际上其潜意识中仍然受制于以男权为中心的意识形态。

有不少品牌宣传的出发点或许是为了倡导男女平权，但有时候却使用了不当的广告文案，导致事与愿违。在 2021 年"三八"妇女节，潘

---

① 三八节"锯腿文案"：虚假共情下，难逃争议的"性别"营销［EB/OL］.（2022-03-04）［2023-07-25］.https://www.digitaling.com/articles/708420.html.

婷曾经发起"职场女性打扮伪自由"的话题,该话题讨论的中心点是女性是否真正具有打扮的自由?不少凸显女性特质的美女往往被视为缺乏专业能力的"花瓶",所以很多职场女性会刻意剪去长发或遮掩身材线条,甚至不敢打扮。潘婷认为,这种现象其实是一种性别歧视。于是,潘婷通过一系列广告想要证明:在职场当中,有实力的女性同样应该大胆展现属于女人独有的外貌和身体特质,如大波浪发型和性感的身材。不过,该系列平面广告文案中的主题语却写道:"潘婷去掉'女'字旁,只为寻找敢于闪耀的你。"[①]这句广告词明显存在歧义。既然要保持女性身体特质,那么为什么要去掉女字旁呢?当去掉女字旁之后,"亭"字就失去了原字中所包含的"秀美"之义。表面上这种改动是要讲男女平等,但实际上却抹杀了"婷"字背后的女性性别特质。

从字形上来看,古代汉语中的代词曾经不分男女,都统称为"他"。现代汉语为了凸显女性群体与男性群体的区别,才分作男性"他"与女性"她"。换言之,带女性偏旁的文字的确带有标出色彩,"她"具有不同于男性的特别品质,所以需要被标出。不过,潘婷要求去掉"女"字旁这一做法反而在文字符号层面放大了男女之间的性别差异,使得女性的标出色彩更强了,而不是使其成为正常项。从符号学角度来看,刻意想要抹去能指层面的女性偏旁,反而凸显出所指层面男女之间地位的不对等。保有女性自身的独特品质原本也是女权运动的题中之义。这或许也是为什么此种改动反而遭到女性网友质疑的原因之一。

通过以上案例可以发现,高跟鞋、洗发水、化妆品等各类商品往往都容易涉及如何构建女性形象的问题。过于凸显女性特质,可能被指责广告过分迎合男性审美视角。如果反其道而行之,过度偏离女性特质,则可能被质疑过于标新立异,此类标出同样会引发伦理争议。女性装扮的中性化一度被认为是"异类",它是一种亚文化的呈现。正常的

---

① 潘婷去掉女字旁变"潘亭",击碎职场女性打扮伪自由[EB/OL].(2021-03-04)[2023-07-25].https://www.digitaling.com/projects/154651.html.

女性装扮需区别于男性,体现出女性的性别特征,如"长发及腰"。这是由社会的"多数派"所认可的审美标准,即正项和中项共同偏向的那一边。不过,在性别多元主义盛行的当今,亚文化也可能成为被商家利用的"筹码"。

时尚品牌 CALVIN KLEIN 曾经借用跨性别人士进行了一场极具标出色彩的宣传活动,随之引发了不小的舆论争议。^①一般来说,CAL-VIN KLEIN 广告宣传选用的模特是大众公认的俊男靓女。这类模特的身形属于 T 台秀上的标准身材。然而,在 2020 年,该品牌却别出心裁,将一名身形肥硕的跨性别人士作为其广告海报的模特。二者强烈的身形反差引发了社交媒体的热议。实际上,品牌方选用这位极具标出色彩的跨性别主义人士不仅是为了传达"性别多元主义"的价值观,同时也是试图对美国社会日益激化的种族矛盾表明一种"政治正确"的态度,以便同时获得性少数群体与少数族裔对品牌本身的支持。然而,舆论对这一极端化的标出性创意却有颇多批评的声音,甚至有网友声称这是一种强制性的审美标准。^② 尽管性别多元主义在当今社会具有越来越大的影响力,但它毕竟属于一种亚文化形态。多元化并不意味着要解构主流文化,保护少数群体权益也不一定要以"打倒"多数派为代价。

对于广告传播而言,合理利用标出性的前提是不要过度制造主流与非主流的对立。要做到这一点,就必须把握好广告标出的尺度,尽可能避免逾越道德、伦理和法律的红线。不过,在广告实践中,如何把握好分寸的确是一个传播学层面的"悖论"。一方面,标出就意味着标新立异,既然要"立异",就需要摆出与主流文化不一样的姿态。从传播的角度来看,越是偏离正常态的内容,传播速度越快;越是接近于正常态

---

① 　CK 选"最政治正确的模特",反而翻车了［EB/OL］.（2020-07-02）［2023-07-25］. https://www.digitaling.com/articles/313592.html.

② 　CK 选"最政治正确的模特",反而翻车了［EB/OL］.（2020-07-02）［2023-07-31］. https://www.digitaling.com/articles/313592.html.

的内容,反而关注度会越低。因此,对于广告投放者而言,必然会想尽一切办法来打造极具标出色彩的广告创意。另一方面,如果广告设计者为了追求传播效果铤而走险,过分夸大和过度渲染差异性和异质性元素,这就很可能触碰到主流文化的某种"禁忌",甚至引发不必要的舆论冲突和法律纠纷。这是广告传播者必须回避的状况。

此外,为了降低传播过程中可能面临的不确定性风险,广告标出的内容尽量不要涉及政治性议题。对于任何社会形态而言,政治层面的意识形态必然属于主流文化的重要组成部分。广义上的政治包含任何涉及公共权益的组织、社群或个体之间背后的权力关系。当广告商为了迎合某一少数社群的价值观念,就很可能会与主流意识形态相"抵触"。例如,上文中 CALVIN KLEIN 利用跨性别人士来推广性别多元主义,这也是一种广义政治权利的表达。显而易见,性别多元主义对于传统的婚恋观形成了一定的挑战。在前工业社会,婚姻的重要功能是繁衍后代。从国家层面来看,人口基数是衡量国力的一个重要指标。在传统农业社会,鼓励婚配和生育往往被视为"国策"。当人类文明进入后工业社会(信息社会)之后,人口生育率普遍呈现下降趋势。任何国家都不希望看到过快的人口负增长,因为人口下降趋势对于宏观经济的伤害太大,对于社会的稳定也十分不利,所以无论是西方抑或东方,主流意识形态不可能任由性别多元主义大行其道,而是要将这种亚文化控制在一定"区间",从而维护整体社会结构的正常运转。

从符号传播的角度来看,当广告团队试图利用标出项作为创意点时,其实存在两种不同的标出形态:一种是"能指层面的标出",另一种是"所指层面的标出"。绝大多数广告创意都属于前者,这种"能指层面的标出"并未真正触及主流意识形态,它只是一种亚文化的表达,较为容易被主流社会所容忍。像上述以女权为主题的广告,以及 CALVIN KLEIN 这种打着性别多元主义为旗号的广告,其本质仍然只是处于主流文化边缘的亚文化在广告中的某种符号性表征,而不可能真正动摇以男权为本位的主流话语。因此,所谓的伦理争议往往只是被品牌方用来炒作热点话题的噱头而已。

相较而言，"所指层面的标出"是一种较为激进的反文化策略，它可能对主流价值观造成实质性的颠覆，与非标出项是一种非此即彼的对立关系，因而必然会遭到主流社会的强烈抵制。例如，在民国时期的月份牌广告中，一些女模特穿着十分大胆新潮。从中国传统封建观念来看，这类新时代的女性形象是一种彻底的"反动"。也就是说，这种极具煽动性的标出难以被传统社会所容忍。不过，对于 20 世纪早期的中国来说，由于东西方文明碰撞所激起的文化大转型和中国文明内部的剧烈动荡，这种反文化形态的广告便成了追求妇女解放、倡导男女平等的符号象征，获得了不少时尚男女的欢心。

不过，在当代消费社会语境下，无论是东方抑或西方，消费主义本身甚至已经超越政治、信仰与文化，成为难以撼动的主导性意识形态。"一切以消费为中心""为了消费而消费"成为难以逆转的主流话语。物质消费仅仅是消费主义的表层，无休无止的符号消费才象征了当前消费主义的发展趋势。因此，所有的广告形态都是为了尽最大限度满足潜在消费群体的物质或精神需求。反文化形态的广告意味着要与消费主义作对。当然，倡导"理性消费""不要过度消费"这一类的广告词也会偶尔作为创意点出现在一些品牌推广中。但说到底，此类带有"劝戒"意味的广告本质上仍然是希望吸引消费者买东西，其底层逻辑不可能跳脱消费主义。这意味着，反文化形态的广告要反对主流意识形态，就需要质疑无所不在的消费主义。显然，几乎不会有哪个品牌商会冒如此大的风险去设计一个没有胜算的反消费主义广告。据此来看，"所指层面的标出"更多的是停留在理论层面。在广告实践中，"能指层面的标出"才是常态。

总之，对于品牌传播而言，标出性是一把双刃剑，若能善加利用，则能够使品牌的影响力成倍提升；若利用不好，则反过来会被其所伤。作为广告设计者，应当在持守伦理和法律底线的前提下来打造异项的独特魅力，挖掘非主流文化的潜在价值，促使非主流文化与主流文化之间构成一种良性的互补关系,而非绝对化的冲突关系。对于由正项和中项所共同构建的主流文化而言,它也非"铁板一块",而是需要不断吸收新的文化因素来保持自身内在的活力。因此,要实现一个稳态且充满生命力的舆论场域,团结大多数和容忍少数派都是主流意识形态迫切的政治需求。只要广告创意者能够在标出与非标出之间找到一个相对平衡点,那么对于品牌宣传必将产生事半功倍的效果。

思考题

1. 试举例说明广告中的"标出性现象"。

2. 如何利用异项的力量来提升广告的传播力?

3. 如何看待广告中的"标出性偏边"?

4. 广告标出存在哪些伦理困境?

广告与伴随文本

　　本章主要讨论广告的诸种伴随文本及其主要特点。广告的伴随文本是围绕在广告文本周边的符号元素,它们与文本之间构成了不可分割的"互文性"。以赵毅衡对于伴随文本的划分作为基础,广告的伴随文本同样可以划分为三类,分别是显性伴随文本(副文本、型文本)、生成性伴随文本(前文本、同时文本)与解释性伴随文本(评论文本、链文本、先后文本)。每一种伴随文本都具有特定的符号功能。对于产品营销而言,需要根据品牌理念、商品特性、目标受众、传播语境等因素综合考量伴随文本与文本之间的互动关系。为了实现广告传播效果的最大化,广告主有时可能会凸显某一种或某几种伴随文本的功用,这叫作"伴随文本执着"。总之,若能善于利用好伴随文本的特性,将能够极大增强广告文本的感染力,达到事半功倍的效果。

第一节　伴随文本的概念及类型

一、伴随文本的概念

　　伴随文本并非文本本身,却与文本密切相关,它能够对文本产生直接或间接的影响。这一概念是赵毅衡在《符号学：原理与推演》一书中所提出的，它是指"伴随着一个符号文本，一道发送给接收者的附加因素"①。任何文本都会自觉或不自觉地携带大量位于文本外部的符号元素，并与文本共同构建出一张意义之网。赵毅衡指出：

> 伴随文本不仅是一些零散的"周边符号"，它们是文本与世界的联系方式。任何符号文本，都携带了大量社会约定和文化联系，这些约定和联系不一定显现于文本之中，这些成分隐藏于文本之后，文本之外，或文本边缘，却总是被文本牵带着显露出来，积极参与文本意义的构成。②

从符号学的角度来看，任何符号文本若要有效传达意义，都必须构成文本与伴随文本之间的结合体。没有伴随文本，文本自身也很难准确清晰地向受众传情达意。尽管如此，某一文本要传达特定的意义，仍然需要具有相对稳定的"整体性"。所谓文本的"整体性"，强调的是文本必须具有清晰、可辨识的边界，但这种文本边界可以是有形的，也可能是抽象的。琐碎的日常生活没有开头和结尾。不过，任何经验现实中的事件一旦进入文本范畴，就成为被文本所框定的情节。所谓生活消失之处，就是故事开始之时。文本边界在很大程度上决定了文本表意的范围。

例如，一则印刷海报的文本边界就是海报纸张的大小，这是从物理层面即可识别的边界。而对于影像广告而言，片头与结尾的设定就是文本的边界，这类边界是抽象的，而且具有可变动性。2011年，中国国家形象片亮相世界，成为国家外事宣传活动中展现中国"软实力"的一扇重要窗口，引发了海内外的广泛关注。中国国家形象片具有多个版

---

① 赵毅衡.符号学：原理与推演[M].南京：南京大学出版社，2014：141.
② 赵毅衡.广义叙述学[M].成都：四川大学出版社，2013：215.

本,包括 30 秒和 60 秒两个简短的宣传片,此外还有一个 15 分钟左右的短纪录片。它的不同版本是为了适应不同的传播语境以及受众群体。因此,文本的"整体性"并非固定的,而是具有可变性,它受到与文本相关的外部因素的影响,这些因素其实就表现为各类伴随文本。

从互文的角度来看,任何单一文本都无法生成自洽的意义,而需要借助其他文本,从而在文本与文本之间构成"意义之网",这就是互文性(intertextuality)的内涵。文本与相关的伴随文本之间所构成的也是一种相互参照、相互指涉的互文关系,即文本间性。这种文本间性囊括了发送者、符号文本、传播语境、接受者四个基本传播要素,它们共同组成了完整的传播链条,形成了一套能够决定文本意义的全套伴随文本。假如没有这些处于文本之外的伴随文本,那么文本自身也无法独立生成有效意义。以下我们将一一介绍伴随文本的基本类型。

二、伴随文本的基本类型

从传播学的视角来看,伴随文本与文本构成的互文关系具有普遍意义,广泛地体现在广告、新闻、艺术、文学等各类传播现象之中。从一般意义上来说,伴随文本可分为显性伴随文本、生成性伴随文本与解释性伴随文本。

(一)显性伴随文本

显性伴随文本最为典型的是副文本(paratext)与型文本(Architext)。副文本是"完全'显露'在文本表现层上的伴随因素,它们甚至比文本更加醒目"[①]。文本的各种"框架因素",如广告标题、商品外包装、货品价格标签等都属于副文本。近年来,雪糕行业频频爆出让舆论

---

① 赵毅衡.符号学:原理与推演[M].南京:南京大学出版社,2014:144.

哗然的"雪糕刺客"。所谓"雪糕刺客",意思是说外观上并不显眼,但价格极为昂贵的雪糕。对于消费者而言,要避免"踩雷",就必须额外关注雪糕的价格标签,即副文本因素。对于平价雪糕来说,价格标签这种显性伴随文本可能不会引起一般消费者的特别注意。但由于"雪糕刺客"的出现,消费者的注意力就被引向了文本之外的副文本。

型文本则是"指明文本所从属的集群,即文化背景规定的文本'归类'方式"[①]。最大规模的型文本是体裁,所有的符号文本都落在某一种体裁之中。特定体裁的表意形态和接收方式都有相对固定的模式,它们往往是由特定的文化社群所决定。对于广告体裁来说,体裁标识(如鲜明的广告尾题)所呈现的就是广告表意这种特定的型文本。2018年版的《广告法》第14条规定:"广告应当具有可识别性,能够使消费者辨明其为广告。"[②]该条款所强调的是在广告传播的过程中必须突显型文本,即让受众能够区分广告表意与非广告表意。在前互联网时代,广告尾题就是广告体裁的核心标识,受众若能够识别广告尾题,就能够理解广告要传达的含义。不过,在互联网时代,随着跨体裁文本与各种新型文本集群的出现,造成了所谓的"泛广告化"现象,它折射出"型文本"的不稳定性和动态性。

(二)生成性伴随文本

生成性伴随文本包括前文本(pre-text)与同时文本(synchro-text)。前文本是指"一个文化中先前的文本对此文本生成产生的影响"。[③] 对于广告表意来说,一则广告的生成必然受到这则广告产生之前的整部广告史乃至文化史的影响。例如,苹果公司经典广告《1984》

[①] 赵毅衡.符号学:原理与推演[M].南京:南京大学出版社,2014:145.

[②] 国家法律法规数据库.中华人民共和国广告法[EB/OL].(2021-04-29)[2024-08-26].https://flk.npc.gov.cn/detail2.html? zmy4mdgxode3ywiymzflyjaxn2fizdzizdg2mda1mmq.

[③] 赵毅衡.符号学:原理与推演[M].南京:南京大学出版社,2014:145.

的创意就来源于英国著名作家乔治·奥威尔的同名小说。也就是说，《1984》这部小说是这则广告的前文本。同时文本是指在文本产生的同一时段出现的影响因素。① 在互联网时代，直播过程中的各种"吐槽"就可视为同时文本。这些"吐槽"往往是对直播内容的即时性评价，它可能偏向于正面，也可能偏向于负面，但无论呈现出何种态度，这些同时文本显然都会影响到文本内容的生成。

（三）解释性伴随文本

解释性伴随文本包括评论文本、链文本与先/后文本。评论文本是"关于文本的文本"，是"文本生成后、被接收之前所出现的评论，包括有关此作品及其作者的新闻、评论、八卦、传闻、指责、道德或政治标签等等"②。广告的评论文本会提高受众对广告文本的关注度，引导受众对广告文本的解读。擅长炒作的广告人，对广告评论文本的利用度往往高于其他文本。评论文本是关于文本的价值性评价，它是文本生成时或生成后所出现的解释性伴随文本。

链文本是"接收者解释某文本时，主动或被动地与某些文本'链接'起来一同接收的其他文本，例如延伸文本，参考文本，注解说明，网络链接等"③。互联网时代的不少平面广告中都会附上二维码，扫描二维码往往能够获得更为详细、生动的产品相关信息。由此来看，此类二维码也可视为链文本。在一些跨界联名的广告海报中，二维码可能还会链接到完全不同领域的商品，从而发挥出链文本的延伸功能。

先文本与后文本"实际上既是生产性伴随文本（当文本生产者有意再制作续集），也可以是解释性伴随文本（当受众意识到此文本演化自另一先前的文本）"④。表面上看，先文本与前文本貌似有些类同，但二

---

① 赵毅衡.符号学：原理与推演[M].南京：南京大学出版社，2014：145.
② 赵毅衡.符号学：原理与推演（修订版）[M].南京：南京大学出版社，2016：144.
③ 赵毅衡.符号学：原理与推演[M].南京：南京大学出版社，2014：147.
④ 赵毅衡.符号学：原理与推演[M].南京：南京大学出版社，2014：148-149.

者仍然存在显著区别。前文本是从宏观层面出发,强调某一文本受到此前出现的各类文本的综合影响,这种综合影响可能是某种间接影响或潜在影响。先文本更多的是从微观层面出发,聚焦于特定文本与后出文本之间的直接关联。例如,网络红人胡戈曾为七喜饮料拍摄了一系列"穿越剧"广告。此前出现的各类"穿越剧"可视为它的前文本,但这种关联并非直接的模仿或延展关系。而七喜"穿越剧"广告的续集与该系列早先拍摄的广告片之间在剧情上存在延续关系,因而构成明确的先后文本。

总体来说,这六类伴随文本构成了影响文本意义生成与传达的基础。任何文本,包括广告文本在内,都会自觉不自觉地嵌入这些伴随文本共同构成的意义之网。理解伴随文本的基本功能对于广告这种特殊的文本形态尤为重要,以下我们将结合具体的案例来探讨广告文本与各类伴随文本之间的交互关系。

第二节　广告与显性伴随文本

一、副文本

广告文本是由符号所编织而成的意义载体,它的意义不是孤立存在于文本自身,而是由各种周边的符号元素所共同形成的"意义之网",这些周边的符号元素可视为"伴随文本"。如果忽视这些伴随性的符号元素,实际上根本无法准确理解广告文本的内涵。在社交媒体时代,伴随文本的传播功能变得愈来愈重要。

对于广告来说,副文本是一种十分重要的显性伴随文本。广告标题即典型的副文本。如果标题取不好,即便内容再好,也可能直接被受众略过。不少所谓"10万＋"的网文可能并无"干货",却依靠标新立异的标题吸引了超额流量。当然,这种"标题党"违背了传播伦理,理应成为批评的对象。不过这也反过来证明了副文本的重要性。因此,无论是作为品牌方抑或广告人,都有必要了解清楚广告副文本的基本运作原理。

　　广告作为一种追求传播效果最大化的叙述活动,往往会借助副文本来吸引眼球和增加流量。对于信息爆炸时代的广告"软文"而言,广告标题在很多情况下甚至可能是决定广告文本是否能够成功引流的第一道阀门。为了达到"病毒式营销"的传播效果,不少房地产开发商会刻意在楼盘命名方面做足文章,如网上流传的"官厅公寓""千年美丽""航空母舰小区"等"搏出位"的名称,都是利用副文本来炒作的案例。

　　虽然"标题党"经常被舆论批评为有违传播伦理的恶意炒作行为,但无论是广告、新闻抑或一般信息,都在不同程度上表现出标题党的倾向。广告标题的好坏甚至能够决定广告文本本身的生死存亡。在互联网时代,通过刻意制造奇观化标题来"吸睛"的传播策略似乎已成为一股不可逆转的态势。在"流量至上"的传播逻辑下,各类软文标题都采用了诱惑性的内容来吸引受众"入局"。尽管其中存在传播伦理难题,但这也反过来证明了副文本在传播活动中的关键作用。

二、型文本

　　型文本是一种相对固定的叙述模式,它可表现为某种文体或特定的叙述类别。文体具有较为明晰的边界,如文学、历史、新闻这三类分别属于不同文体。影视剧情片可分为爱情片、战争片、动作片、喜剧片、科幻片等,每一类均可视为特定的叙述类别。借助时下流行的叙述模式往往能够形成意想不到的传播效果,比如,在 2010 年,胡戈执导的七喜系列广告正是借助了当时流行的"奇幻穿越模式"而大获成功。虽然广告制作成本不高,但由于该型文本极具戏剧性和想象力,广受网友欢迎,因而在互联网上引发了"病毒式"传播的效果。

　　广告无疑也是一种型文本,因此,它必须服从广告文体的体裁规约。无论是商业性抑或公益性广告,究其本质而言,都是一种以劝服为目的的实用表意文体。商业性广告的实用功能十分鲜明,而公益类广告则是实用功能与非实用功能的结合体。即便公益广告不涉及售卖商品或服务,但它所力图宣传的特定公益理念也是要达到劝服或改变受众的情感与态度的效果并促成其采取行动。因此,精神层面的推销也可视为广告的实用文体属性。

有鉴于此,《广告法》第 14 条明确规定广告应当能够使消费者辨明其为广告。该条款所强调的是在广告传播的过程中必须突显型文本,让受众能够清晰地区分广告表意与非广告表意。在前互联网时代,传统电视广告往往具有鲜明的体裁标识,这种标识就是广告尾题。即便是互联网时代的原生广告,大多数类型仍然承袭了传统广告的体裁表意模式,即突出体裁标识。从这个角度来说,不管广告采用何种叙述模式,只要受众能够清晰地辨识出广告尾题,并将尾题与广告所叙述的内容联系起来,那么就能够正确理解广告文本所要传达的主旨。

值得注意的是,尽管广告体裁可归为某一类特定的型文本,但它比普通的型文本要远为复杂,这种复杂性就体现在它可被视为一种跨体裁的表意形态。从表意形式来看,广告文本可以融入文学、艺术、新闻等其他体裁的元素来实现广告传达的目的。相对于其他体裁而言,具有广告色彩的软新闻往往会被视为有违新闻法规或新闻伦理。具有广告色彩的文学文本则不符合文学的自洽原则。而具有广告属性的艺术文本同样违背了艺术的超功利原则。

由此来看,广告体裁的跨界特征使其天然就具有不稳定性。从传播的逻辑来看,广告发送者为了体现别具一格的广告创意,就必须不断地跨越体裁边界,以此来实现广告传播效果的最大化,如所谓的"原生广告",就具有鲜明的跨体裁表意特征。而饶广祥所提出的"泛广告化"现象也说明了现代广告体裁天然具有越界的倾向。

在互联网时代,广告创意在很大程度上正表现为体裁上的越界与杂交。例如,徕卡相机的广告片《无从考证的故事:一台相机的时间旅行》采用了"伪纪录片"的表意形式。该片在近 3 分钟的时长内讲述了 3 个小故事,围绕的主题都是徕卡相机 M3。第一个故事的主角是德国的一位汽车工程师。在 20 世纪 60 年代,他随父亲去意大利游玩,在古罗马斗兽场有幸碰到自己喜欢的世界拳王。拳王在相机 M3 上帮他签了名,但他不小心没接住 M3,导致相机掉在地上,机身摔出了一个坑,他父亲很生气,将拳王的签名抹去,而他对此事耿耿于怀。第二个故事讲述的是一名日本艺术指导回忆他买的二手相机的故事。在 20 世纪 80 年代中期,他在德国二手相机店买了 M3,它用了 30 年依然没有坏。这位日本艺术指导也认为,它见证了亚洲的变化,是在用传奇记录新的传奇。第三个故事发生在中国香港。时间到了 2020 年,主角是一位摄影师。他从旧货店买到这款 M3,该相机外观多处出现破损,但很便宜,里面还有个旧胶卷,估计是日本艺术指导保存的相片。① 广告片结尾打出"创造你的传奇",然后闪现出徕卡相机的 logo。

　　从故事情节来看,第一个故事中德国人所不知去向的 M3 落到了第二个故事中的日本艺术指导手里,然后接下来它又落到了第三个故事中的香港摄影师手中。若从时间线来看,这个徕卡相机跨越了差不多 60 年的时长。尽管从外观来看,它已历经沧桑,但仍然能够继续拍摄相片,因而它的存在本身就是传奇。而它所拍摄的不同时代、不同地域的照片也在不断记录和见证特定时代的传奇人物和事件。从拍摄手法来看,全片给观众的感觉是一部纪录片。但实质上,它是一部以纪录片形式作为外壳来呈现徕卡相机品牌形象和品牌理念的"伪纪录片"。从跨体裁的角度来看,它至少横跨了纪录片体裁与广告体裁两种类型。但从本质上来说,它是一种实用性的广告表意,目的是传达品牌诉求,具有特定的目标受众。因此,尽管形式上它采用了非广告体裁的表意形式,但它绝不能归类为纪录片这种型文本。

———————————

① 徕卡"伪纪录片"形式广告:一台相机的时间旅行[EB/OL].(2020-02-04)[2023-08-29].https://www.digitaling.com/projects/99679.html.

第三节　广告与生成性伴随文本

一、前文本

广告的前文本与广告文本存在千丝万缕的联系,这表现在先前出现的各类文本往往会成为广告内容的重要素材和创意来源。在广告宣传中,广告传播者经常会利用各类具有巨大影响力的前文本来为品牌"赋能"。较为常见的前文本至少可分为以下两类:

第一,对特定文化社群具有重大影响的历史记忆。这种能够带来巨额流量的历史记忆由历史事件、历史人物、历史资料等构成。以美国道奇卡车在 2018 年美国超级碗所投放的广告《为服务而生》为例。广告片以美国黑人民权运动领袖马丁·路德·金在 1968 年的著名演讲作为背景声音,演讲内容充满激情,振奋人心,其核心主旨是如何重新定义伟大。所谓伟大,在马丁·路德·金看来,只要保持一颗感恩之心,愿意真正为民众服务的人,就是最伟大的人,而人人都可以拥有这种朴素而高贵的"伟大"。广告片展示了用道奇卡车救灾和扶助他人的场景,再搭配马丁·路德·金关于伟大的定义,这就与道奇卡车所要宣传的"为服务而生"的品牌理念相互吻合了。[①] 在该案例中,广告主巧妙地借助了马丁·路德·金的演讲这一具有重大影响力的历史性文本,该文本早已成为美国人追求自由与平等的著名宣言,其本身就能够对绝大多数目标受众产生巨大的"精神感召力"。与此同时,品牌商将"为服务而生"的理念注入道奇卡车,赋予它超越种族、超越身份、超越阶层的集体荣誉感,这种荣誉感并非高高在上,而是十分接地气,符合

---

① 　道奇卡车 2018 超级碗广告:为服务而生[EB/OL].(2018-02-13)[2023-08-29].http://iwebad.com/video/3223.html.

品牌所针对的目标受众——美国农民或工人阶层。整体来看,道奇卡车这则广告可以被视为善用前文本的一个典型案例。

类似的案例在国内广告创意中也经常出现,如五芳斋的一则名叫《招待所》的广告片,采用了一种魔幻现实主义的风格。[①] 该广告片带有"王家卫电影"风格,在广告片开头,出现了一名叫丽珍的女子,她身着旗袍,带有很浓厚的"民国风"。而王家卫执导的《阿飞正传》《花样年华》《2046》这三部电影中都曾出现一个叫苏丽珍的神秘女子。苏丽珍显然就是丽珍的前文本,甚至二者在发饰和穿搭上也十分相似。广告片将不同时代的人物拼贴在同一个充满未来感和魔幻感的"招待所"。其中,包括李雷和韩梅梅(20世纪90年代的初中英语教科书里的两个主要人物)、美国波普艺术代表人物安迪·沃霍尔、李白、爱因斯坦等著名人物。每一个典型角色的背后都代表了不同代际的文化记忆,构成了该广告的前文本。通过一个充满魔幻感的"招待所",五芳斋这一品牌尝试利用这一系列前文本"唤醒"不同年代的"集体记忆"。最终,"招待所"原来是粽子中的一个细小颗粒。换言之,粽子隐喻宇宙,它囊括一切,包含不同时代不同群体的社会记忆。因此,消费者不仅是在吃粽子,而且是在回味自己珍贵的记忆。如此一来,这就使一个普通的粽子实现了意义增值。

第二,能够反映出特定民族或社群"集体无意识"的神话、传说、童话以及民间故事。广告中的前文本经常会借鉴神话学中的原型(archetype)概念。神话原型往往是各民族经过历史积淀所形成的特定叙述模式(如英雄故事),它能够唤起特定文化社群的集体无意识。现代广告的叙述情节中,广告导演也经常会借用原型概念来强化广告的推广效果。

比如,英国百货商店 Debenhams 的 2017 年圣诞节广告就采用了

---

① 五芳斋科幻大片,居然有王家卫的风格?[EB/OL].(2019-05-27)[2023-08-29].https://www.digitaling.com/articles/159907.html.

《格林童话》中灰姑娘与水晶鞋作为创意来源。在该广告片中，黑人男子与白人女子在火车上相遇，两人一见钟情。但女子到站之后匆匆离去，男子来不及询问她的姓名。就在此刻，男子发现她掉了一只水晶鞋。然后，男子开始四处寻找鞋子的女主人，他甚至将寻找水晶鞋女主人的消息发在社交媒体上。于是，全英国的热心网友都开始帮他找，连报纸头版都将其作为新闻来宣传，但仍然没有结果。在圣诞节的夜晚，二人却在街角偶遇，男子拿出水晶鞋，女子和他相拥接吻。广告故事如同灰姑娘童话，以大团圆作为完满的结局。最后，广告尾题先出现英文字幕"你将会在圣诞节找到属于你的童话"（you shall find your fairytale Christmas）。紧接着打出英国百货商场的标志，视频下方出现几个字："你将会……"（you shall）。[①] 显然，广告所暗示的是：消费者将在超市里找到圣诞节自己想要的一切，就如同广告中在圣诞节当天终成眷属的情侣。

在该片中，水晶鞋是一个十分关键的原型意象，同时也是不断推动情节发展的核心媒介。作为原型意象，由于观众过于熟悉水晶鞋的故事，因而它的出现给受众的第一印象是一个浪漫化的"老套"爱情故事。不可否认，广告片确实延续了水晶鞋的故事核心，即男主角经过千辛万苦寻找到水晶鞋的女主人，两人喜结连理。此外，广告片也进行了细节上的创新，如男主角将寻人启事发布在社交媒体上，让全英国人都来找水晶鞋的女主人，此类情节则属于"旧瓶装新酒"，有一定的创意，能够给受众带来新鲜感。此类原型意象的优势在于容易唤起受众的集体记忆，但同时也应避免落入窠臼。

总体来看，社会性历史记忆与神话传说故事这两种情况均揭示出前文本对广告文本在深层结构上的影响力。作为广告设计者，若能善于利用前文本，则往往能够产生出其不意的传播效果。

---

① 英国百货商店 Debenhams 2017 圣诞节广告：水晶鞋［EB/OL］.（2017-11-21）［2023-09-10］.http://iwebad.com/video/3126.html.

二、同时文本

在所有种类的伴随文本中，同时文本是一种在时间上有特殊要求的类型，它必须和文本在同一时段出现。最严格意义上的同时文本几乎和文本同时出现，比如直播带货中的弹幕，它会直接影响直播的发展走势。较为宽泛意义上的同时文本可以是与文本产生于同一时期且对文本形态的意义生成起到较为重要影响的各类因素，这种因素可能是偶然突发的事件，也可能是能够影响文本发送者的外在动力。在当代广告活动中，同时文本对文本的影响力变得越来越重要。具体来看，同时文本至少表现为以下四个基本方面：

第一，线下营销活动中的舆论事件可视为同时文本。某网红曾应邀参加一家大品牌在商场的线下活动。在商场行走的过程中，与网红同行的一名保安推了一下挡在路前方的一名男青年。该男青年正在低头看手机，所以没注意到网红走来。该视频很快被传到网上，顿时引发网友的热议。不少网友表示该网红太"摆谱"了。网红在社交媒体上发布了致歉声明，并再次引发舆论关注。在该案例中，网红、保安的推人视频、网友的热议以及网红对此事的致歉与此次营销活动都发生于同一时段，它们都是该营销活动的同时文本。这些舆论风波对品牌线下营销均产生了直接影响。保安推人视频给品牌营销活动与网红人设均造成了负面影响，而网红的致歉则有助于挽回个人的品牌形象。

第二，线上营销活动中的社交互动可视为同时文本。碧浪曾在印度推出一则广告，名为《男性分担家务》（*Dads Share the Load*）。在该影像广告中，老父亲看着自己的已婚女儿一边从事繁忙的家务，一边伺候丈夫，而丈夫则坐在沙发上喝茶看电视。老父亲不禁反思自己曾经也是如此对待妻子的。他醒悟到原来自己给女儿塑造了一个"错误"的先例。于是，他回家开始主动和妻子一同分担家务。影片中接着呈现出老年夫妻一同用洗衣机洗衣的场景。最后，广告尾题出现碧浪洗衣粉的包装,并打出两行字:一行是"为什么洗衣只是母亲的工作呢"(Why is laundry only a mother's job)？另一行字是"父亲分担家务"(Dads share the load)。[①]

该广告片在网络上获得了20亿次曝光,超过200万的男性访问了碧浪洗衣粉的官网,并在"分担重负"的承诺书上签下自己的名字。碧浪洗衣粉在印度销售额大幅度提升。[②] 在该案例中,一方面,碧浪在印度推出的带有公益属性的商业广告表现出了所谓的"品牌正义"。对于印度这个国家而言,由于种姓制等传统文化习俗所构建的森严社会等级,男女地位仍然处于非常不平等的状态。倡导男女共同分担家务的理念符合现代文明社会的基本准则和社会进步的发展趋势,而碧浪销售量的猛增正说明了该广告所宣传的男女平权得到了包括印度男性群体在内的多数民众的认可。从伴随文本的角度来看,网友在"分担重负"的承诺书上签名几乎是与广告文本同一时段发生的"媒体事件",它既给品牌方注入了信心,也让其他受众更愿意加入这场声势浩大的"网络营销活动"之中。另一方面,公益性兼商业性的签名活动进一步扩大了碧浪广告"男性分担家务"的影响力,并进一步强化了该广告的传播力,因此,该签名活动可视为对碧浪广告文本形成重要影响的同时文本。

第三,直播中的弹幕可视为同时文本。某明星曾在直播过程中与另一位正在带货的网红主播现场闹翻,甚至情绪失控,赶走主播。该明星认为本场直播的主题是与自己的粉丝群进行单纯的互动,不想植入太多的商业元素,而网红主播则更多地希望借助明星的流量来推广商品。由于直播过程中所发生的矛盾公开化,直播间立马出现了各种各样的弹幕。这些弹幕几乎是随着直播的展开而同时出现的。由于受众是以该明星的粉丝为主,所以不少内容是支持明星的,但也有批评明星

---

① 印度碧浪公益广告:男性分担家务[EB/OL].(2016-02-04)[2023-09-10].http://iwebad.com/video/2263.html.

② 审美升级、故事经济学、混制文化……2019有哪些营销新契机？[EB/OL].(2019-02-25)[2023-09-10].https://www.digitaling.com/articles/104621.html.

的声音,而该明星和网红主播在直播的同时也都能看到这些互动性的弹幕。因此,这些作为同时文本的弹幕其实反过来也会对明星直播的后续进程产生潜在影响。

第四,广告生成之时的社会运动或历史事件可视为广告的同时文本。广义上的同时文本可放宽为同一时期发生的各种社会性、历史性、政治性或文化性的外在因素对广告文本本身的影响。以德国饼干品牌Bahlsen 2016 年的圣诞节广告为例。该影像广告描述的是在圣诞节当日,一个男孩从家中看见窗外雪地上有个孤独的小女孩,于是他就拿着一块饼干出去给了小女孩,以表达他的善意。然后,他又将小女孩带进家中。小女孩看见圣诞树,就问他什么叫圣诞节,他微微一笑,然后给了小女孩一个温馨的拥抱,说:"这就是圣诞节。"紧接着,视频中出现德国饼干的 logo,下面有一行字,意思为"从心出发"。① 如果不了解这支德国圣诞节广告的特殊时代背景,受众或许根本无法理解广告情节中为什么小女孩不知道何为圣诞节。若结合该广告的社会背景来看就能看出广告背后所蕴含的深意。广告的社会背景是当时弥漫在整个欧洲的中东难民潮。在这则德国饼干品牌 2016 年的圣诞节广告中,小男孩对小女孩的拥抱象征了当时德国主流舆论对于中东难民的开明态度。假如德国政府和民众都不支持中东难民入境,那么这类宣扬拥抱外来移民的广告片显然很难被社会大众所接受,也不利于该饼干品牌形象的宣传。因此,要把握这则广告的内涵,就必须结合当时德国主流社会对难民潮的开明态度这一同时文本来理解。

可以说,"中东难民潮"是该圣诞节广告的历史背景,这一时代性背景也可被视为广义上的同时文本。从时间线索来看,这支德国圣诞节广告文本在形成之前就已经出现了中东难民潮,而在这则广告出现之后,中东难民潮仍然在持续,并未结束。因而它作为"同时文本"是发生

---

① 德国饼干品牌 Bahlsen 圣诞节广告:这是圣诞节［EB/OL］.(2016-11-26)［2023-09-10］.http://iwebad.com/e/action/ShowInfo.php? classid＝117&id＝2508.

在同一个时段,而不是出现在与广告文本完全吻合的某个时间点。但从二者的关系来看,"中东难民潮"这一正在发生的历史背景构成了这则广告的同时文本,并对该广告文本的意义生成和传播产生了非常重要的影响。

第四节 广告与解释性伴随文本

一、评论文本

在赵毅衡看来,评论文本"是此文本生成后被接收之前,所出现的评价,包括有关此作品及其作者的新闻、评论、八卦、传闻、指责、道德或政治标签等等"。[①] 比如,一部电影上映前的有关电影剧情、幕后故事及明星阵容等各种"花边新闻"及广告宣传都有可能会影响到电影最终的票房。这些具有评论属性的伴随文本信息都可视为电影文本的"评论文本"。

与赵毅衡的观点有所不同,饶广祥则认为:"广告的评论文本是广告播出前或播出时,对广告及其相关因素的讨论。这些因素包括广告的产品、广告的代言人、广告的制作等。"[②]按照这种说法,文本刚刚生成或生成过程中的评论也可算作评论文本。如此一来,评论文本与同时文本就有了重合之处。比如,直播中的弹幕也带有评论属性。从时间展开的维度来看,弹幕属于赵毅衡所说的同时文本,因为此时直播文本尚未完成,弹幕会对直播的走势产生直接影响。对于直播文本而言,关于文本成型之后的各种评论和解释,因时过境迁,对已成型的文本本身并不一定会产生直接影响,所以其属于评论文本。

---

① 赵毅衡.符号学:原理与推演(修订版)[M].南京:南京大学出版社,2016:144.
② 饶广祥.品牌与广告:符号学叙述学分析[M].成都:四川大学出版社,2020:198.

以"高晓松直播翻车事件"为例。2020 年 6 月 28 日,高晓松组织马东、鲁豫等名人在《人民日报》新媒体中心举办了一场线上读书会。但在直播过程中,这些大名鼎鼎的公众人物却始料未及地遭遇到大规模的负面性吐槽,以至于高晓松不得不提前离场来避开"舆论战火"。显然,直播中出现的大量负面性的吐槽直接终止了直播。如果按照饶广祥的说法,同步出现的吐槽应该属于"评论文本",它甚至影响了文本的发展走势(尴尬收场)。如果按照赵毅衡的说法,"评论文本"应该出现在文本生成(直播结束)之后。按照文本展开的时间顺序来看,尽管同步出现的吐槽有评论元素,但它不符合"评论文本"所要求的"文本生成后被接收之前所出现的评论",所以它不属于"评论文本",而属于具有评论属性的"同时文本"。

在直播尚未盛行的前互联网时代,赵毅衡对于"同时文本"与"评论文本"所划分的边界相对比较清晰。一旦考虑到直播中的伴随文本因素,这二者之间的界限似乎变得有些模糊,甚至表现出不少重合之处。在直播类广告活动中,"评论性的同时文本"与"同步出现的评论性文本"似乎缺乏泾渭分明的时间界限,其实可以不作区分。但对于非直播性的传播活动而言,"同时文本"与"评论文本"仍然具有较为明确的时间差,应当予以区分。

二、链文本

(一)链文本之一:延伸文本

在广告中,文本本身经常会嵌入一些与广告文本密切相关,但又能够"链接"到其他相关文本的延伸性文本,其功能如同互联网中的"超链接"。美的品牌在 2020 年推出的影像广告《最美的婚礼》展示了新冠疫情时期的"线上婚礼"。广告分为两个部分:第一部分是通过演员再现新冠疫情时期的"云婚礼"。新婚的丈夫通过视频通话对驰援武汉救援的妻子表达思念。因为分隔两地,"准新娘"通过网络视频穿上"虚拟婚纱"来向自己的伴侣表达爱意。这些小故事被纳入一个代表幸福的画框,然后画面弹出一位帅气的男性证婚人。当他说完浪漫的见证词,画面马上跳到第二部分。在第二部分中,广告片则是通过一系列静态图片的形式呈现多个真实婚礼的场景。[①] 广告片中的两个部分属于两个不同的叙述世界,前一个属于带有虚构特质的叙述世界,而第二个则属于现实世界的一部分。在此案例中,美的品牌借助真实用户的 UGC 内容,将虚构世界与真实世界两个部分有机联系在了一起。这些真实故事中的新郎新娘出现在广告片最后,成为广告文本的延伸文本和注解说明。

(二)链文本之二:品牌包装

从广义的文本定义来看,商家售卖的商品本身可以视为独立的文本内容,而包裹在商品之外的品牌包装则可被视为解释性伴随文本——链文本。品牌包装的优劣可能直接或间接影响消费者对于商品本身的判断。从品牌符号学的角度来看,"形式大于内容"甚至"形式决定内容"这种设计理念在很大程度上能够用来阐释品牌包装与商品之间的紧密联系。从顾客的感官体验来说,品牌包装直接决定了他们对于商品本身的第一印象。良好的第一印象自然有助于提升产品的销路,而粗制滥造的包装所造成的恶劣印象显然不利于商品的销售。对于绝大多数日常用品而言,在商品品质大致相当的情况下,包装设计所呈现的符号形式功能就显得尤为重要。

每年中秋节,对于中国普通百姓而言,月饼都是馈赠亲友的佳品。一方面,月饼的口感和品质自然是广告商要极力打造的"文本内容";另一方面,月饼的礼盒作为显性伴随文本,同样是各大商家大肆渲染的核

---

① 美的广告《最美的婚礼》,再现疫情下的爱情[EB/OL].(2020-05-20)[2023-09-15].htps://www.digitaling.com/articles/296652.html.

心卖点。琳琅满目的月饼礼盒"争奇斗艳",其风头甚至掩盖了礼盒内的商品。在各种平面广告宣传中,礼盒独特而绚丽的造型往往成为展示的重中之重。可以说,这种链文本所呈现的魅力成为吸引受众的首要因素。与之相对,月饼本身似乎成了陪衬。比如 2020 年星巴克推出的月饼礼盒,采用了圆月、桂木、折扇和彩灯等中国古典元素,并尝试将古希腊海妖塞壬与中国传统神话中的嫦娥合二为一。[①] 其设计团队可谓煞费苦心,对品牌包装进行了精心设计。从宣传海报的整体构图来看,月饼礼盒位于中心,作为商品的月饼则位于较为边缘的位置,这充分表明链文本对于文本本身的"逆影响"。

不过,也有一些品牌反其道而行之,采用的是极简主义风格的月饼包装,如 Tiffany、Prada、Gucci 等享誉世界的著名奢侈品品牌,都曾以纯色调来设计其月饼包装。[②] 即便如此,这种看似缺乏"花哨感"的品牌包装,亦是经过精心设计的产物。作为奢侈品品牌,它必须保持低调而奢华、高冷且不张扬的品牌调性,以便与市面上大多数普通品牌所渲染的"炫目风"区别开来。

任何符号文本的表意过程,都会牵涉一系列伴随文本因素。因此,奢侈品的设计团队必须更为小心谨慎地处理链文本因素,以防止链文本与文本出现不协调而导致奢侈品"跌价"。若从伴随文本的角度来看,"留白式"的品牌包装设计能够给受众留下更多的想象空间,并营造出一种"无声胜有声"的叙述张力。但前提是印在包装上的 logo 必须是奢侈品品牌这类原本已经产生了巨大影响力的超级符号。如若换作一个名不见经传的普通牌子,那么这种过于简单的风格也完全有可能被受众"忽略",反而无法获得有效传播。由此来看,文本与链文本之间绝非谁决定谁的关系。所谓"形式决定内容"并非说内容不重要,而是

---

① 美人鱼变嫦娥?星巴克月饼包装设计有惊喜![EB/OL].(2020-08-06)[2023-09-15].https://www.digitaling.com/articles/329055.html.

② LV、Prada、Gucci,这些奢侈品的月饼不能再时髦了[EB/OL].(2016-09-14)[2023-09-15].https://www.digitaling.com/articles/351406.html.

说"包装形式"是否与"商品内容"相契合,这往往能决定商品内容能否被目标受众所接纳。

三、先后文本

与前文本容易弄混淆的是先后文本的概念。前文本所强调的是宏观层面和深层结构上的"意义之网",而先后文本则是微观层面和表层结构上的互文关系。任何广告文本都必然受到前文本的影响,但并非所有广告都具有先后文本。从广义上的互文理论来说,对于一个后文本来说,它的先文本也属于前文本的一部分,但反过来看,前文本不能视为先文本的一部分。因此,前文本与先文本是包含与被包含的关系。从叙述学的角度来看,先后文本在情节上具有鲜明的延续性,它是将原有的广告主题内容进一步拓展,类似于电影的续集。若运用得当,有助于营造更具戏剧性的故事,加深受众对品牌的印象和好感,甚至引发"追剧般"的柔性传播效应。

在广告中,先后文本之间可以建立各种不同的关联,但基本的原则是"接着说"或"反着说"。这两种情况其实都是后文本对先文本的延续。

第一,后文本延续先文本的内容进一步展开,可谓接着说。以两则反战公益广告为例。2014 年,公益组织 Save The Children 拍摄了一则反战广告,该片曾获得戛纳金狮奖,在海外社交媒体上得到了广泛的关注。广告片呈现了一个小女孩的两次生日场景,第一次过生日,她手捧着大蛋糕,周围都是她的家人,全家洋溢着幸福的氛围。接下来,全片呈现了小女孩在社会动荡甚至战争环境之下四处奔波的悲惨遭遇。最后,她在难民营度过了下一个生日,她神色漠然,眼前只有一根空空的蜡烛。[①] 2016 年,该公益组织发布了第二部续篇。在片中,女孩接着上

---

① 网络广告人社区.反对战争公益广告:女孩的生日[EB/OL].(2014-03-10)[2023-09-15].http://iwebad.com/video/604.html.

一部在难民营中的情节。不过,在这一部中,镜头中她多了一个同病相怜的小弟弟,他们仍然遭遇战争的威胁,二人被迫一起走向了逃亡之旅。历经千难万险之后,小女孩又回到一座难民营,难民营工作人员问她的生日是哪天,原来恰好这一天就是她的生日。[①]

这两部反战公益片明显构成先后文本,二者的焦点都是关注难民、反对战争这一带有人道主义情怀的主题。广告片以女孩过生日的强烈反差来凸显战争与动乱给民众带来的深重苦难。广告情节上虽然没有制造刻意的"反转",但看似平铺直叙的逃亡情节中却蕴含着强烈的批判与反思色彩。在第一部片子中,广告尾题是:"这里没发生,不代表别处没有发生。"而在第二部片子中,广告尾题是:"这一切正在发生,这一切就在这里发生。"先后文本的两个尾题之间也形成一种相互提示的互文关系。结合两部广告片的尾题来看,战火不但没有停止,而且在不断扩散,并且它在暗示,通过屏幕观看的受众,不要以为战火离你很远,恰恰相反,它或许随时会波及你的生活。

结合时代背景来看,这两则反战广告中都影射了中东地区的动荡和战火给当地民众造成的无尽磨难。这些被迫颠沛流离的民众形成了大规模的难民潮,他们无路可走,于是涌向欧洲,导致欧洲难民危机。因此,中东问题就不再是一个局部地区的动荡所引发的社会危机,而是一个世界性的棘手命题。两部广告片通过先后文本的形式强化了它的公益诉求,而前后连贯的苦难叙述极大增强了广告对受众可能产生的情绪感染力。结合先后文本来看,广告所力图传达的弦外之音是:面对战火和人类的苦难,无人可以置身事外,因为世界是一个整体。一个女孩的苦难,其实就是全人类的苦难。

第二,先后文本形成反转情节,即反着说。以两则宜家台灯广告为例。在 2002 年,宜家曾发布一则台灯广告,主要情节描述的是在大雨

---

① 难民危机公益广告:小女孩生日[EB/OL].(2016-05-13)[2023-09-15].http://iwebad.com/video/2043.html.

滂沱的夜晚,一盏旧台灯被抛弃在路边,观众对这盏台灯的遭遇十分同情。突然一名男子出现,他对着镜头说:"很多人都为这盏灯感到悲伤。这是因为你疯了。这盏灯没有感觉。新的才更好。"①不过,在 2018年,宜家广告又拍摄了一则台灯广告。这则广告的开头延续了上一则广告的结尾,那盏被遗弃的台灯被一个小女孩捡走了。小女孩十分爱护它,并为它换上了一盏新灯泡,这盏台灯陪她阅读、玩耍和入睡。在广告结尾,上一则广告中出现的男子再次出现,他显得苍老了不少,而这次说的话和上一则广告的结尾恰好相反,他说:"很多人都为这盏灯感到高兴,那并不疯狂,重复利用才是最好的。"②

在这两个台灯广告中,先文本的内容本身带有"反转性",而后文本可谓是对反转的再反转。先文本是一种鼓励消费主义的态度,而后文本则表达的是一种环保主义的态度,二者恰好相反,并构成一种相互指涉的关系。由于时间跨度很长,这种主题上的矛盾并不会引发品牌调性的不一致,而是更能够通过戏剧性的冲突来呈现品牌理念的演变过程,给受众留下更为深刻的印象。

综合来看,无论是"接着说"或者"反着说",先后文本之间必然存在情节上的延续或模仿关系。对于目标受众而言,多个先后文本所构成的引人入胜的故事情节可以形成如电视剧般的用户黏性,使受众迫切想要知道剧情的进一步发展和故事的最终结局,有利于形成"追剧般"的传播效果。无论是对于公益广告或是商业广告而言,它都是一种具有非常强的实践意义和应有价值的叙述手段。

---

① 16 年前获奖无数的宜家广告,最近被反转了[EB/OL].(2018-09-17)[2023-09-20].ht-tp://iwebad.com/video/3362.html.
② 16 年前获奖无数的宜家广告,最近被反转了[EB/OL].(2018-09-17)[2023-09-20].ht-tp://iwebad.com/video/3362.html.

第五节 广告与伴随文本执着

在文化产业领域,"伴随文本执着"指的是根据目标受众的特定喜好来打造伴随文本与文本之间的互文关系,从而促成传播效果的最大化,这一基本原则在广告活动中同样有效。

一、执着于副文本

针对喜好副文本的受众群体,品牌方应该着重通过标题、产品信息等显性伴随文本来带动文本本身的影响力。不过,如果运用不善,就可能引发受众的反感,甚至可能会引发法律纠纷或道德争议。2019 年 6 月,广发银行上海分行在公众号发布了一篇推文《不要告诉别人,你的肚子是被我们搞大的!》,引发热议。该广告推文的真实含义是想要通过餐饮优惠来吸引客户办理信用卡。广告推文的真实含义是想表达该信用卡能为消费者品尝美食节约不少钱,于是消费者禁不住诱惑,所以把自己吃胖了(肚子吃大了)!然而,从字面意义来说,该广告词却涉嫌侮辱女性。上海市市场监督管理局和法院均认定该广告贬损女性,违反了广告法规,对银行与广告公司均给予了相应的处罚。由此来看,如果只是片面追求副文本的"新奇",而不考虑道德伦理层面的风险,将会使企业的声誉遭到不必要的损伤。

在这一事件中,广告公司要负相应的责任,因为作为乙方,并没有充分考虑所谓的广告创意可能对甲方造成的法律和道德风险。实际上,类似的擦边球广告语层出不穷,特别值得警惕。尽管此类带有哗众取宠的广告题目或广告语在短时间或许能够提升流量,引发围观,但存在道德和法律层面的巨大争议。无论是作为广告人抑或商家,都需要尽量避免引发不必要的纠纷。因此,广告创意人在利用副文本制造话题时，一定要恪守法律和道德底线，不可过于执着于副文本，否则可能会产生不可控的后果。

二、执着于型文本

通过操控型文本，创意人可大幅提升特定文本的感染力。"伪广告"就是通过型文本的"错位"来制造创意点的特殊类型。"伪广告"并非虚假广告，而是"套用"广告这种意动性表意形式来实现文本的其他功能，如美国最负盛名的娱乐节目之一《周六夜现场》(Saturday Night Live)所发布的系列"伪广告"就是借用广告的外壳来制作的娱乐节目。以一则带有反讽特质的"伪广告"为例。该"伪广告"展示了不同男子向女子搭讪的场景，包括登山场景、练瑜伽的场景、酒吧场景等。为了预防这些酷爱搭讪男子的骚扰，片中的女性展示出一个奇特的"商品"——"别来烦我骨灰盒"(Leave me a lurn)。随时随地，该骨灰盒都能营造"葬礼氛围"，让搭讪者瞬间失去搭讪的兴趣。与此同时，该骨灰盒还可当作便携式充电宝，甚至还可用来盛水。在片尾，视频还模仿电视广告的尾题，对骨灰盒这个反搭讪神器进行了大肆渲染，并劝服观众赶紧打电话，另外还有赠品。

从"伪广告"的形式来看，尽管片中所宣传的"骨灰盒"带有恶搞和反讽的元素，但从影像文本展开的方式来看，它完全模仿的是传统电视广告的表意模式。当然，这种刻意的模仿可被视为戏仿，因为它是娱乐节目，所以没有受众会当真，而会采用一种"假看"的态度。从整条传播链条来看，要判断某一文本所归属的型文本，就不能仅仅看该文本的表意形态，还要考虑到发送者、接收群体和传播语境，唯有如此，才能较为准确、恰当地评判该型文本所属的体裁类型。

必须承认，尽管伪广告与广告不属于同一种型文本，但这种跨体裁叙述的形式却往往能够产生意想不到的传播效果。对于广告文本来说，借用非广告表意可以给受众制造超出体裁规约之外的"惊喜感"。

对于非广告文本而言,采用广告形式同样可以打破程式化的"体裁期待",给受众带来耳目一新的体验。但需要注意的是,打着广告创意的名号来制造新的跨体裁叙述形态的同时,一方面必须保证型文本的根本特质,即非广告表意的外壳最终是为了表现广告的劝服功能,而不能够喧宾夺主;另一方面,非广告表意与广告表意的混合叙述形态不应该成为"蒙蔽"消费者的"烟雾弹",它应该遵守《广告法》的基本规定,即明确广告的体裁标识,否则它将很容易触犯广告传播伦理,这是广告人在广告实践中必须审慎对待的问题。

三、执着于前文本

对于偏好前文本的受众,品牌商应着力渲染一种穿越时代的"品牌历史感"。不同年龄段的受众,往往对于品牌拥有不同的时代记忆,这种基于特定时代的集体性记忆铭刻在每一位受众的脑海里,虽然它是一种主观记忆,但对于每个个体而言却无比真实。时代记忆将品牌历史与消费者的个人成长经历紧密联系在一起,这种时代记忆可能是儿时的纯真年代,也可能是青春期的叛逆期,或者是充满好奇与浪漫的大学时代,抑或步入社会之后的"蜕变期"。这意味着,品牌的复古与怀旧特质同样能够唤起与品牌一同成长的目标群体对于过往岁月的集体回忆。而这种跨越时空的记忆对于强化品牌忠诚度无疑有着不可忽视的重要作用。

2018年百事可乐的超级碗广告《世代百事》可被视为一个善用前文本为品牌造势的典型案例。2018年正好是百事可乐成立120周年,在这一具有仪式性的特殊年份,百事可乐用一分钟时间的视频广告跨越了上百年的品牌历史,片中出现了大量具有跨时代意义的人物和事件。在开头,出现的是一个带有披头士风格的修车工人,他喝下一罐百事可乐,旁白说道:"这是你父亲喝过的百事。"接着,镜头切换到黑白电影时代,老式轿车上坐着一对打扮很怀旧的情侣,旁白说道:"这是你爷爷奶奶喝过的百事。"紧接着,画面跳到月球表面,镜头中出现一个手持百事的宇航员,旁白说道:"这是第一个出现在月球上的百事。"接下来,画面跳到火星,镜头中展现的是一辆火星车,旁白说道:"这可能是火星上的第一个百事。"接着,镜头回到地球,一个帅哥出现在自动售货机面前在取百事可乐,然后从一辆红色跑车上走下一位靓丽的中年模特,旁白说道:"以及他的妈妈……"这位名模叫辛迪·克劳馥(Cindy Crawford),而那位帅哥是她的儿子。

有必要说明一下这个前文本。在 1992 年,辛迪·克劳馥曾拍摄百事可乐的经典广告,广告片描述了一位女子通过自动售货机取走一瓶百事可乐。在不远处,有两个小男孩正盯着她看。一开始,观众以为男孩子是盯着美女看,后来发现他们是觊觎她手中的那瓶百事可乐。该经典广告曾出现不少翻拍版本,但在广告片《世代百事》中,它是作为前文本出现,代表了 20 世纪 90 年代成长起来的美国青年这一代人的集体记忆。

接下来,广告片《世代百事》又出现了一个经典的前文本。该前文本是由篮球运动员凯里·欧文(Kyrie Irving)扮演的系列广告片《不要和老人打球》(Uncle Drew)。然后,广告镜头又快速呈现了 20 世纪 90 年代以来流行文化中的"超级王者",如传奇赛车手杰夫·乔登(Jeff Gordon)、经典电影《回到未来》里的 DeLorean 跑车、小甜甜布兰妮·斯皮尔斯(Britney Spears)、享誉全球的流行巨星迈克尔·杰克逊(Michael Jackson)。该广告在海外社交媒体上广为流传,好评不断。结合此前出现的各类经典前文本来看,广告《世代百事》将百年来百事可乐的品牌历史与几代人关于美国流行文化的集体记忆串联在一分钟的广告中,大幅提升了广告的感召力,有助于将公众的怀旧情怀与百事可乐这一品牌价值有机融合在一起。

四、执着于同时文本

广告人、品牌方以及网络红人都会特别关注与广告文本同时生成的相关信息。对于近年来兴起的直播营销,同步生成的评论性文本对于网红人设具有至关重要的影响。2022 年 9 月,停播 3 个多月的网红李佳琦强势回归,第一场直播观看量就超过 6000 万。不少粉丝在直播间发表弹幕表达了对李佳琦的支持,"好久不见""终于回来了""欢迎回来""我太激动了""双十一有盼头了"……[①]由粉丝们的各种弹幕足可见李佳琦在粉丝心中的重要地位。这些弹幕作为"同时文本",既强化了网红与粉丝之间的互动关系,也让网红能够随时根据粉丝们的反馈内容来调整自己的直播风格和营销内容。正是有了即时的反馈,使得互联网直播的传播效果要远远高于大众传媒时代的电视直播购物这类单向度的传播方式。

五、执着于评论文本

对于喜好评论文本的受众,他们可能会优先关注与广告明星相关的各类八卦、丑闻等信息。某些明星或网红因个人道德问题导致人设崩塌,在诸如此类的突发情况之下,品牌方不得不撤销之前签订的广告合约,甚至撤下已经拍好或马上准备投放的广告片,这些举措都是为了避免评论文本反过来对广告文本造成负面影响。而对于品牌方或网红自身而言,评论文本也是非常重要的反馈方式。

在微博流行的年代,微博上的评论文本对博主会产生非常重要的影响。网络红人 papi 酱通过微博发送的不少广告往往会引发微博评

[①]　李佳琦一回归就清仓,观看量破 6000w! ［EB/OL］.（2022-09-21）［2023-10-09］. https://www.digitaling.com/articles/837591.html.

论区的热议。从时序来说,这些评论的确产生于文本生成之后,但对于接受群体而言,可能会出现两种情况。第一种情况,受众先观赏了广告,感觉有意思,想进一步了解其他受众的态度和看法,接着看相关的评论。第二种情况,某些受众可能会先看评论区,反过来再决定是否看广告,这种情况更符合赵毅衡所说的"文本生成后被接收之前所出现的评论"。在此种情形下,评论区所展示的各类观点有可能会反过来影响到该广告文本是否能够被受众接受。

2020年,papi酱曾通过微博发布了某洗衣机的品牌广告。视频广告中描述了一家人一起洗衣服的场景,在片中扮演妻子的是papi酱。评论区最大的争议在于很多观众认为大人小孩的衣服(尤其是内衣内裤)不能一起洗,因为除菌不意味着杀菌。如果混洗,还是有可能导致二次感染。按照传播学"魔弹论"的说法,可以设想,假如某一受众并未关注评论区,该受众可能会接受广告提倡"混洗"的观点。但如果受众看了此类评论之后,显然就会影响该受众对于该品牌洗衣机的判断。换言之,评论文本会反过来影响广告文本的传播效果。由于评论文本对该洗衣机广告存在不少质疑甚至批评,可能会对广告发布者或品牌方造成信誉上的损害,这使得他们必须对受众所表达的疑问进行"澄清"。因此,对于网红明星抑或品牌方来说,"执着"于评论文本既是一种必要的生存策略,也是一种对受众负责任的态度。

六、执着于链文本

对于喜好链文本的受众,往往会从广告文本中"读出"弦外之音。与此相对,品牌方也会利用链文本形成强有力的互文关系。在各种"互掐"式营销案例中,消费者往往能够从一个品牌链接到另一个同类品牌,如可口可乐与百事可乐之间的"互黑"广告,汉堡王、麦当劳、肯德基之间的互掐等。诸如此类的"互掐"营销都是利用链文本所搭建的链接关系。表面上看同类产品相互"嘲讽",实际上在相互竞争的品牌之间往往彼此构成延伸性的链文本,从而形成"1＋1＞2"的传播效果。

此外,包装设计也是利用链文本来获得产品溢价的典型。近年来,"天价月饼"成为国家整顿食品行业规范的重中之重。在 2022 年中秋节即将来临之际,不少月饼均以几百元的"平价"亮相。然而,在北京市的一家商场,却出现了高达 2398 元的天价月饼盒。月饼盒中没有月饼,只有一份茶叶礼包、一盒龙酥糖、一盒巧克力、一盒蜂蜜糖和一盒辣椒酱,但消费者可以另外加 498 元购买一盒月饼自行放入。① 在这一案例中,商家其实打了一个"擦边球"。监管部门所检查的是"天价月饼",而不是"天价月饼盒"。500 元以上的月饼会被监管部门认定为高价月饼,然而,该品牌换了一个花样,将月饼与昂贵的月饼盒分开卖,照样能够赚取高额利润。月饼盒实际上所利用的仍然是链文本的溢价功能。不过,从一般消费者来说,这种"过度包装"性价比并不高,因为月饼本身的口味和品质才是商家应当着力去提升的"内功"。假如只是徒有华丽的包装,而没有口感优质的产品,那此种营销手段只能视为投机取巧的逐利行为,终究不利于品牌的长远发展。对于月饼市场来说,只有做到"秀外慧中",即将链文本与文本有机融合,才能真正获得广大消费者的认可。

七、执着于先后文本

对于创意人而言,先后文本往往能够制造出"有趣"的创意点,有利于提升广告文本的传播力。苹果公司的广告片《1984》被视为广告界的经典之作。不少品牌都试图通过模仿该广告原有的叙述框架来增强广告影响力。苹果广告《1984》的标题取自乔治·奥威尔的同名小说

---

① 2398 元的中秋礼盒没有月饼,销售人员:可以买一盒 498 元的月饼放进去[EB/OL].(2022-09-04)[2023-10-09]. https://www. 163. com/dy/article/HGDLMUP60514R9OM.html.

《1984》,该小说也可视为苹果广告的前文本。小说《1984》虚构了一个极为灰暗、无趣的极权主义社会形态。在这一"反乌托邦"社会中,有一个无所不在的思想领袖"老大哥",他随时随地监控着所有人的一举一动,这一虚构角色成为苹果广告的《1984》的创意素材之一。

在广告片中,画面开头展现的是一个身形矫健的女子,她拿着一把巨大的铁锤在向前狂奔。她的身后是一群全副武装的警察在追她。接着,画面出现一排排身着统一的灰色服装的人们,他们剃着光头,表情漠然。这群人面对一个巨大的屏幕,像木偶一般听着屏幕中的人大声训话。那个人就是"老大哥",他正在用极具煽动性的言辞给下面这群人"洗脑"。但不等"老大哥"把话说完,那名女子就冲上前将铁锤用力扔出,把屏幕砸了个稀巴烂。

苹果公司之所以将广告片取名为《1984》,是借用了小说中"老大哥"这一象征专制的角色,并用他来暗示当时在美国 IT 界占据垄断地位的 IBM 公司。史蒂夫·乔布斯第一次向董事会展示《1984》时,董事会甚至被这个莫名其妙的"杰作"给吓坏了,甚至准备放弃该广告的投放。几经波折之后,《1984》才最终进入公众视野。事实证明,《1984》成为苹果公司的经典广告。

当苹果广告《1984》成为经典之后,就出现了不少模仿版。后世版本不一定与苹果版的《1984》是续集关系,但明显受其影响。HTC 手机品牌曾模仿苹果版《1984》拍摄了一支广告来讽刺苹果手机的"呆板无趣"。大型网络游戏公司 Epic Game 则专门拍摄了一则模仿苹果版《1984》的广告来"反对"苹果公司对市场的垄断。在广告片中,拿铁锤的女主角被置换成了《堡垒之夜》中的女性角色,而屏幕上那个"老大哥"变成了苹果公司的 logo,坐在底下的众多听众都是《堡垒之夜》中的人物。当苹果版的"老大哥"在盛气凌人地说"利润应该归我们所有"的时候,女主角扔出一个类似于铁锤的武器将屏幕一把砸碎。该广告有点"以子之矛攻子之盾"的意味。当初,苹果版的《1984》广告是为了反对 IBM 的垄断。然而,此一时彼一时,现在的苹果公司成为它当初反对的"垄断者",而游戏公司 Epic Game 成为"反垄断者"。尽管 Epic 版本的《1984》不是对于苹果公司原版广告《1984》的认同,但在场景设置、叙述模式等方面的确深受后者的影响。

此外,美国最负盛名的综艺节目《周六夜现场》也曾拍摄了一支戏仿苹果版《1984》的"伪广告"。该广告片也设置了一个相似的"训话"场景——一群目光呆滞的民众在听一个"老大哥"训诫。一个"老大哥"在屏幕上大声疾呼,大概意思是说人们只能用同一种方式蹲马桶,它的存在是要让你们感到羞耻,用自信的方式来蹲马桶是不被允许的。老大哥话音刚落,从走道走来一名戴着墨镜,穿着西服的帅气男人,他手中拿着一把铁锤,身后有一个神秘的铁盒子。男人针对老大哥的话说了一句:"不!"然后用铁锤砸开铁盒子,里面原来是一个黑色马桶,标有科勒(Kohler)的标志。男人居然以一种很酷的姿态坐在马桶上面,老大哥被气得"七窍冒烟"。紧接着,屏幕中就只剩下一片"雪花",老大哥不见了。当然,这一广告并非真的在推销科勒牌马桶,它其实只是借用苹果版《1984》的叙述框架来制作的"搞怪"视频。

以上这些不同版本的《1984》与苹果版的《1984》并不是有意拍摄的"续集"。然而,无论是 HTC 版本、Epic Game 版本抑或调侃科勒的戏仿版,在情节上与苹果公司原版《1984》都十分相似。只要是对原版苹果广告《1984》熟悉的观众,很容易就会辨识出后续版本与苹果版本之间的先后文本关系。通过对经典广告苹果版《1984》的模仿,后续版本借助先文本的影响力取得了更为显著的传播效果。

综上所述,对于消费者或品牌方来说,"伴随文本偏好"可谓是一种具有广泛应用价值的营销手法。对于广告叙述活动而言,若从动态的、过程的视角来看,广告的意义绝不是单个文本本身所能决定的,它的意义从生成到传达,往往都是整套伴随文本共同形塑的产物。作为创意人和品牌方,只有深刻理解各种伴随文本因素的相互作用,才能最大限度地发挥出广告文本的价值,实现广告投放的预期目标。

思考题

1. 什么叫伴随文本?

2. 广告的显性伴随文本有哪些类型? 试举例说明。

3. 广告的生成性伴随文本有哪些类型? 请结合案例分析。

4. 广告的解释性伴随文本有哪些类型? 请通过实例来阐述。

广告与符号修辞

本章主要探讨广告所涉及的各类符号修辞手段及其特点。广告修辞是一种通过"说服"受众来提升传播力并达成投放目标的综合性手段。从符号修辞的角度来看,任何符号系统组成的表意文本都可以被纳入更为宽泛意义上的修辞学之中。广告就是利用各种修辞技巧来说服受众的符号表意活动。当代广告活动表现形式多样,包括文字、图像以及各种多媒介手段。但无论是单一媒介抑或跨媒介表意,都涉及比喻、象征、反讽这三种主要的修辞手法。

广告中的比喻可分为明喻、隐喻、转喻、提喻以及各种比喻变体。本章通过大量的广告案例说明不同比喻类型的具体用法。与比喻不同,象征不是一种独立的修辞格,而是一种复合型修辞手法。象征具有三个基本特点:第一,它往往以特定的比喻形式出现;第二,它是意义累积的产物;第三,它属于典型的符号片面化。实现象征的途径主要有社群化传播、私设象征、社会性复现三种方式。

反讽是一种"所言非所指"的修辞手法,它是由表面义与实际义不一致所造成的修辞效果。饶广祥从形式上将反讽分为双读反讽、反语反讽与自谦自贱反讽三种主要类型。赵毅衡则从文化转型的层面将反讽视为当代表意的典型风格。他认为深层次的反讽不是"搞笑",而是"笑中含泪",因为反讽所涉及的主题可能非常严肃,这一类反讽可称为

"大局面反讽"。具体来看,它又可细分为戏剧反讽、情景反讽与历史反讽。总而言之,针对不同的传播目的、传播受众和传播语境,广告方需要适时地调整修辞策略,灵活运用比喻、象征、反讽等不同类型的修辞手段,力求使传播效果实现最大化。

第一节　广告:作为一种跨媒介的符号修辞术

无论是个体之间的沟通,抑或文化社群之间的交流,只能通过符号再现来达成超越事实之上的符号性共识。为了有效地提高传播效率和效果,人类社会所发生的一切符号表意都离不开诸如比喻、象征、反讽等惯用的修辞手法。唯有灵活地运用各类符号修辞,人类的表意活动才能自由地穿越于现实世界和"虚构的符号世界",从而将广告说服的效果最大化。

与传统修辞学相比较,广告修辞所关注的是超越"语言"为主导传播形态的跨媒介广告文本。说服作为修辞学的目标,必须追求修辞效果的最大化,即说服效果的最优化。一般而言,多种媒介并用比单一媒介的说服效果好。对于广告而言,如果从感官刺激强度和震撼效果来说,跨媒介广告比单一媒介的广告更具传播优势。

从跨媒介的角度来看,当代的各类跨媒介广告都无法直接采用语言修辞学的判别标准,而需运用不同媒介之间的"互文"关系,如图像符号与文字符号之间的相互指涉,这就涉及跨媒介修辞。从一般规律来看,相较于单一媒介广告,跨媒介广告所形成的修辞效果比单一媒介的效果更为显著,因为多种媒介并用能够更为全面地激活受众的感官印象,所以其有助于增强广告的传播力。相较于语言文字媒介,图像或影像媒介可以跨越不同文化社群的交流障碍,使广告对分属不同文化圈层的受众群体都能够取得有效的解释力。

从广告符号学来看,无论是通过文字、声音、图像抑或影像等其他媒介,广告文本依然需要通过巧妙、适宜的传播手段来实现成功说服受众这一最终目的。反过来看,广告说服所展开的方式又会直接或间接影响广告所呈现出的文本形态。因此,广告体裁的跨媒介形态与广告文本所体现出的修辞手法,相辅相成。

比喻通常被视为人类认识和把握世界的基本思维模式。不同符号之间往往构成一种比喻关系。实际上,哪怕是同一个符号,它在不同传播语境下也能够展示出不同的比喻含义,发挥"旧瓶装新酒"的传播效应。比如,手表广告的广告词打出"一表人才",这一符号组合显然源于"一表人才"这一成语,其原义是形容人俊秀端正。成语是旧符号,换到手表这一广告语境,"一表人才"就成了新符号。与此类似,专业 Excel 制表软件的图书也打出"一表人才"的标题,这同样是对已经约定俗成的成语的意义重构,这一重构的过程,就形成了新的比喻意义。

在日常生活中,几乎一切传情达意都可还原为比喻式的修辞,即"符号 A 通达符号 B"。所谓"通达",指的是一个符号可以被换作另一个符号来表示并能够被受众所接受。对于语言文字这种单一媒介而言,比喻就是在 A 与 B 之间形成内在关联,如香水的味道比喻女人的性感。比喻在当代广告中十分常见。在一则公益广告海报中,森林被设计成肺部的形状,有一部分森林被砍伐,裸露出黄土,双肺仿佛被切割。当人类肆意砍伐森林,则会导致环境破坏,这好比在破坏自己的肺部,是饮鸩止渴的短视行为。此类广告巧妙之处在于无须文字提示,受众通过图像和海报中的环保标识就能够领会公益广告的主旨。

然而,当代广告往往呈现跨媒介形态,因而比喻则往往牵涉到不同媒介之间所构成的相互指涉的"交互关系"。这是一种跨越媒介的比喻,它往往比单一语言文字媒介的比喻要更为复杂。在一则以抗疫为主题的公益平面广告中,海报由几十张口罩组成了一个握拳的手,它可以被视为"力量"的比喻。结合海报上的"2020 防疫"与"团结就是力量"这些文字来看,这则广告想要传达的是"全力抗击新型冠状病毒所引发的疫情"。在海报中,以图像形式呈现的"口罩组成的拳头"与以文字符号表达的"团结就是力量"这句话之间构成了跨媒介的映现关系。因此,要完整理解广告比喻要传达的意义,必须充分考虑图像与文本之间的"交互关系"。

此类图文之间的跨媒介比喻在平面广告中十分常见。这种跨媒介的"互文"关系几乎无一例外都带有比喻属性,这种跨媒介比喻其实也可视为一种概念比喻。概念比喻(Conceptual metaphor)是指两个(或多个)概念之间有超越符号形式之上的映现关系。[①] 概念比喻所指的映现(mapping)关系特别强调不同符号表意模式、不同媒介之间的转换。即便是同一概念,不同传播渠道的表现形式也极为不同。也就是说,概念比喻并不仅仅依靠语言文字作为表意载体,而且是通过跨语言文字的形式来实现不同概念之间的联结。

从广告修辞的角度来看,只要能够合理运用比喻手法,广告发送者就能够有效增强广告的表现力,强化其传播效果。不过,针对不同广告主题,需要采用不同的比喻手法。总的来看,比喻具体可分为明喻、隐喻、转喻、提喻以及各类比喻变体,下面我们将结合具体广告案例来一一解读比喻的妙处。

第二节　广告符号明喻与隐喻

在西方语境下,"metaphor"既可以翻译成"比喻",也可以译为"隐喻",在不少场合,二者可以通用。有鉴于此,在绝大多数情况下,广告比喻与广告隐喻这两个概念基本重合,也可以互换。从本质上来看,所有的比喻都带有隐喻的性质。但从修辞技巧的角度来看,隐喻只是比喻的一种变体。就语言符号而言,与隐喻相对的是明喻。一般而言,本体和喻体之间若用"A 像/似/如 B"这种形式来联结,它就被认为是明

---

① 赵毅衡.符号学:原理与推演[M].南京:南京大学出版社,2011:188.

喻,若直接采用"A 是 B"的形式,则是隐喻。

从语言修辞的角度来看,"A 像 B"所打造的是本体与喻体之间的"不透明关系";而"A 是 B"所构建的是二者之间的"透明关系"。前者明确让受众意识到二者之间是存在差别的像似关系,因而此处的"不透明"就是指不能直接等同的意思。而后者则有意无意让受众忽略了二者之间的差异性,仿佛从 A 到 B 就是一种直接对应的关系,因而"透明"意味着二者完全可以等同。

从形式层面来看,广告明喻与广告隐喻仍然具有一个基本的判断标准,即是否本体与喻体同时出现。如果二者同时出现,则为广告明喻;如果只出现喻体,不出现本体,则可视为广告隐喻。广告明喻直观易懂,以奔驰汽车广告海报为例。在奔驰汽车系列广告海报中,图片中出现奔驰车,即本体,而广告词分别用到"主角脸""艺术品""玩具"来指代奔驰车,三者皆为喻体。[①] 显然,本体和喻体同时出现,受众一看就懂,这属于广告明喻,几乎不存在任何理解上的障碍。

再比如,一则英特尔芯片平面广告将雕刻的场景与精密的芯片两幅图片并置,意思是以雕刻之精巧来形容芯片之精细,同样是本体和喻体同时出现,属于广告明喻。假如该芯片广告去掉芯片这一具象化的产品(即本体),而只用广告尾题注明英特尔芯片的品牌标志,那么广告中就只是出现喻体(雕琢场景),该广告可被视为隐喻。

从传播学的角度来看,广告明喻的特点是传播门槛极低,图文并茂的形式同步展现产品与描述产品的喻体,这使接受群体在第一时间就能够理解广告的意图,不必绕弯子,有利于广告的迅速扩散,适合绝大部分传播场景。不过,广告明喻的缺点在于过于直接,不够含蓄,很难引发受众的好奇心,也不容易让受众形成深刻的"记忆点"。相较于广告明喻,广告隐喻则更能突显创意,并具有更强的情绪感染力。

---

① 联合 35 个品牌"A 位出道",AMG 做了什么?[EB/OL].(2020-06-08)[2023-11-16].https://www.digitaling.com/articles/304107.html.

在当今以图像和视频作为主导媒介的广告中,广告主为了更为含蓄地表达创意,有时会故意省去广告尾题或不必要的文字提示。如此一来,广告所蕴含的隐喻特质会更为鲜明。以著名国际快递公司联邦快递(Federal Express)的一则平面广告为例。在广告海报中,图片背景是横跨世界不同区域的缩微地图。两个身处不同区域的人通过打开的窗户来传递一个印有"FedEx"的快递盒。联邦快递公司所要传达的意图很明显:那就是快递发货神速,取货方便,就好像楼上楼下的邻居取东西一样,感觉距离非常之近。此处,设计者用"邻里距离"来隐喻"快递速度"的确很巧妙。该广告没有设定多余的文字,唯一出现的是公司的标识"FedEx",对于知晓该公司的受众而言,该广告不会带来任何歧义,反而是一个十分精巧的广告隐喻。但如果受众并不懂"FedEx"是何含义,也有可能使这种隐喻属性成为传播中的障碍,甚至影响广告的传播效果。不过,这种情况一般无须担心。因为广告主会根据潜在目标群体选择适合的场景和渠道投放广告。如果受众对该公司一无所知,那么多半是对快递没有直接需求的人群,他们多半不是该行业的潜在客户。对于想要了解该品牌的受众而言,他们也可能出于对广告本身的好奇去搜索相关资料,进而获取到该品牌的相关信息。

为了避免隐喻效果引发的歧义,包含文字媒介的广告尾题与图像媒介形成互文关系就变得至关重要。不妨以一则牙膏广告案例来看。在海报中,受众看到的是残缺不全的牙齿,牙齿内部被雕琢得十分精美,但也给人相当"恐怖"的感觉。如果没有广告尾题的提示,它可以被理解为一则预防蛀牙或保护牙齿的公益广告。但在海报中添加了"别让细菌蛀下来"的广告语和牙膏品牌标志之后,那么受众自然就会明白这是在宣传该品牌牙膏的"防蛀牙功效",而不容易引发歧义。

运用隐喻来表意的广告隐喻十分常见,往往能够引发不俗的创意效果,以一则阿司匹林止痛药的广告为例。在广告海报中,我们所看到的是一个拟人化的订书机,它表情十分痛苦。广告隐含表达的意思是:要想减轻痛苦,赶紧来买阿司匹林止痛药!但广告图片中除了右上角阿司匹林药物的标识,并没有直接呈现出药物这一本体,因而属于广告隐喻。对于平面广告而言,若只有单一的图像媒介,而没有广告尾题所展示的标识或文字等其他媒介与图像形成相互指涉,那么这种过于晦涩的隐喻往往会使受众无法理解,反而会妨碍传播的有效性。如上述这则阿司匹林止痛药的广告,如果受众并不知晓广告尾题就是阿司匹林的标识,可能就无法准确理解广告的真实含义。此类创意形式显然比直接陈述阿司匹林药物的功能更为引人注目,也更贴近用户的切身感受,从而有利于提升客户购买产品的意愿。

结合广告明喻与隐喻这两种手法来看,不能简单地评判孰优孰劣。二者并不是非黑即白的对立关系,而是要全面考虑品牌方的需求、产品的特性、目标受众的特点、传播语境的限制等综合因素。无论采用直接的明喻抑或委婉的隐喻,其目的都是打动消费者,提升产品购买率,增强品牌影响力。

第三节　广告符号转喻与提喻

转喻(metonymy)与提喻(synecdoche)是两种极易混淆的修辞手法。概括地说,转喻注重的是不同事物之间所形成的毗邻关系,而提喻强调的是某一事物的部分与整体之间所形成的指代关系。二者都需借助联想来完成符号表意过程。

就转喻而言,所谓毗邻就是一种"邻接关系",它是由在场的符号通过联想与隐藏在符号背后的意义发生关联。在图像等非语言符号表意中,转喻是一种常见的符号修辞手段。在一则益达口香糖平面广告中,广告图片呈现了一个带有齿印的茶杯。结合广告尾题中"益达口香糖有益于牙齿健康"(The Extra for healthy teeth)这句广告词来看①,这个残缺不全的茶杯就是一个运用转喻手法的指示符号,它所暗示的是"坚硬的牙齿"与益达口香糖之间的内在关联。

　　该广告并未直接呈现健康而坚固的牙齿,而是通过带有齿印的茶杯与口香糖之间建立了一种基于"邻接关系"的联想。当受众看到带有齿印的茶杯,就会联想到这必然是一口"好牙齿"。再结合该品牌的口香糖,消费者自然就能够领会到"好牙齿"与吃口香糖之间的逻辑关联。尽管广告略显夸张,却能够让人印象深刻,十分传神地表达出了"益达口香糖有益牙齿健康"这一广告主旨。相较而言,这一创意明显比在图中直接呈现一个人张大嘴巴去咬茶杯的场景要巧妙得多。

　　与转喻相比,提喻依靠联想所构建的是局部与整体的关系。在福克斯汽车的一则平面广告中,广告图像并未直接呈现汽车,而是出现了一把印有福克斯标志的钥匙,此处的车钥匙显然属于汽车的一部分,它用来指代作为整体的福克斯汽车,因而这是一种提喻的修辞手法。当然,这则广告也可以采用传统的表意方式,即直接呈现一辆福克斯的汽车,但如此一来,就显得过于直接,缺乏创意。实际上,从更宽泛的意义上来看,广告影像中的各类特写镜头都可视为提喻,因为它们往往需要聚焦某个人物的某一点或突出某一特定场景。因此镜头中的世界与现实世界是一种局部与整体的关系。

　　由于转喻与提喻均需要通过联想来实现符号意义,二者皆有可能同时出现在同一广告文本之中。在一则以减肥为主题的公益广告中,广告海报图片呈现的是一张含着薯条的大嘴,这张嘴唇涂着鲜红色的口红。在图中,薯条代表增肥的垃圾食品。张大的红色嘴唇代表因贪吃而变得肥胖的人,这两者都是部分与整体的关系,属于提喻。此外,薯条搭配涂满红色口红的嘴唇所拼合的意义为"不健康的饮食习惯",

---

① UME 创意营销:创意广告 [EB/OL]. (2014-02-14) [2023-11-16]. https://umedesign.lofter.com/post/151792_e19349.

二者构成邻接关系,属于转喻。广告词是"对你自己更好些",其言外之意是:必须改掉"不健康的饮食习惯",这样你才能够真正做到对自己的身体有好处。在这一减肥广告中,夸张地展现"不健康的吃相"是为了引出"健康饮食"这一不在场的符号内涵。从上述案例可以发现,在广告设计中,若善用转喻和提喻,往往能够形成新的创意形态。

第四节　广告与各种符号比喻变体

一、倒喻

倒喻是将喻体放在前面,本体放在后面,喻体与本体的位置颠倒放置往往能够引发出其不意的传播效果。在影像类广告中,倒喻表现为设置悬念。它往往先讲述一个故事或呈现一段情节,再将情节内容与商品或品牌信息链接起来。其中,故事情节可视为喻体,而商品或品牌信息可视为本体,所以时间上是一个先后关系,可视为倒喻。

以日本雪印冰激凌广告《无敌的联谊技巧》为例。[①] 该广告是以轻松诙谐的音乐短片形式加以呈现的。广告的主体部分是通过演唱的形式表达出年轻女子在聚会场景中需要特别注意的"事项"。比如,衣服与首饰如何穿搭更能突显自己姣好的身材;如何与男生聊天并快速博得对方的好感;如何通过特殊的体态语与对方拉近感情;等等。各种约会套路层出不穷,花样百出,会让观众误以为这是一部教年轻人谈恋爱的音乐短片,直到短片最后,才由旁白引出广告的产品——"叠加了四层美味的冰激凌"。这一悬念式广告运用的是典型的倒喻手法。喻体是谈恋爱的种种套路,本体是冰激凌的多层口味,先说眼花缭乱的恋爱

---

① 日本雪印冰激凌广告,用一首歌教你套男人[EB/OL].(2017-04-12)[2023-11-23].https://iwebad.com/video/2871.html.

套路,最后引出多层冰激凌。观众看到冰激凌之后,才恍然大悟,原来谈恋爱的"千层套路"所类比的是冰激凌的多层口味。

再看一则玻璃清洁剂 Windex 的品牌宣传片《路西的故事》(*The Story of Lucy*)。该视频广告也采用了典型的倒喻手法。这则广告同样是一则音乐短片。广告通过一系列温馨场景呈现了真挚感人的"父女情"。父亲的工作需要经常出海,难免会错过女儿成长过程中的重要时刻。但离别并未冲淡父亲和女儿之间的亲情,反而让彼此更加珍惜团聚的日子。片中选取了一系列具有代表性的场景。如果观众不看到最后,可能会以为这就是一部展现亲情伟大的音乐短片。直到最后,在父亲隔着医院隔离间的玻璃看着女儿女婿抱着刚出生的孙宝宝的那一刻,广告画面中间随之打出一行字:"在我们之间的东西,正是联结我们的东西。"(what's between us, connects us)[①]紧接着,画面切换,屏幕中亮出玻璃清洁剂 Windex 的品牌标志,全片结束。

看完之后,观众若再回味广告故事中的一幕幕场景,则会发现原来画面中的玻璃制品是联结父女情感的重要媒介。在片头,女儿刚刚出生时,父亲正是透过医院育婴室的玻璃深情地注视着自己的女儿。在女儿蹒跚学步的时候,镜头是从俯视的角度切入,并透过玻璃茶几来展示女儿摇摇晃晃尝试走路的姿态。在父亲上车离开家的时候,女儿是通过玻璃窗依依不舍地盯着父亲离开。在父亲陪女儿嬉戏的时候,画面展现出女儿透过望远镜仰望天空的场景。在女儿对着镜子化浓妆的时候,父亲尝试教育她"改邪归正"。当女儿大学毕业时,画面是通过家中的镜子间接呈现出女儿自豪的神情。通过广告片,玻璃清洁剂 Windex 尝试向受众暗示:光洁的玻璃制品对于我们的生活是如此重要,它照亮了我们生命中的高光时刻。假如玻璃变得灰暗,那么我们的生命也将变得暗淡。如何让生命重新焕发生机?来使用玻璃清洁剂

---

① 不看到最后绝对猜不到是什么广告[EB/OL].(2017-08-22)[2023-11-23].https://iwebad.com/e/action/ShowInfo.php? classid=116&id=3027.

Windex 吧！

　　从整部广告片来看，通过明亮的玻璃所呈现的父女情只是喻体，本体是让玻璃变得洁净的清洁剂。因此，这则玻璃清洁剂的广告也可被视为一种倒喻的手法。如果事先广告片就告知观众这是卖玻璃清洁剂的，那么就无法引发悬念，正是将产品 logo 放在最后，才能引导观众去反复揣摩和回味广告片的寓意。广告片用明亮的玻璃类比亲人之间无私的关爱，十分巧妙地渲染出品牌的情绪感染力和正向价值观。

二、潜喻

　　潜喻（submerged metaphor），是指 A—（B）—B1。A（如 B，因此）有 B1，其中 B1 是 B 的一个延展品质或行为。[①] 据说宋徽宗出题考画家，题目命名为《踏花归去马蹄香》。那么问题来了，马蹄的香味如何通过静态的画面来展现呢？有聪明的画家想出一个办法，那就是在画面中画出一群蝴蝶围绕马蹄飞来飞去的场景。因为马蹄被蝴蝶追逐，所以马蹄的香味如花香，这就是潜喻的妙用。

　　广告中的潜喻也十分常见。在意大利保健品"生物营养"（Bioenergy Nutrition）的一则平面广告中，广告画面呈现的是一个戴着面罩的恐怖杀手，这一造型是《德州电锯杀人狂》这类恐怖片中变态杀手的典型装扮。杀手脚下踩着黄油，黄油代表高胆固醇食品。由此可推知：高胆固醇（A）很可怕，就像恐怖片中的变态杀手（B），它会伤害你的身体（B1）。广告委婉传达出的意思是低水平胆固醇的好处。言外之意是：你若想要降低胆固醇，避免身体受损，那就赶紧购买我们公司的保健品吧！

　　再来看另一则美卡步（Mebucaine）喉咙药的广告。广告图片呈现的是一个插着很多玻璃碎片的菠萝，结合广告商品可推之："喉咙痛"（A）如同"菠萝中插上玻璃碎片"（B），因此吞咽就像在咽玻璃片，十分

---

① 　赵毅衡.符号学：原理与推演［M］.南京：南京大学出版社，2011：195.

痛苦(B1),其中 B1 是 B 的一个延展品质或行为,因此该平面广告也可被视为潜喻。通过这种形象的类比,广告巧妙地向消费者暗示道:既然喉咙痛如此难受,要减轻痛苦,赶紧来买美卡步咽喉片吧!

百事可乐的平面广告也经常会使用潜喻。在其一则平面海报中,广告图片中展现的是一只钻进老鼠洞的猫与一瓶被喝光的百事可乐空罐。广告中的猫并未直接呈现出来,而只画出猫的尾巴。这是什么意思呢?其实,广告的言外之意是:由于猫喝了这款瘦身可乐,变得更苗条了,干脆就直接钻进洞里去抓老鼠了。画面中,这只被丢弃的百事可乐空罐显然已经被喝得一滴不剩,可见它的美味连猫咪都无法抗拒。换言之,如果想要瘦身的消费者(A)喝了百事可乐,就会像钻进老鼠洞里的猫咪(B)一样,变得苗条无比(B1),这一潜喻虽然夸张,但颇为有趣。广告似乎在向目标受众呼唤:赶紧来买瘦身版的百事可乐吧!

三、曲喻

曲喻(conceit)是潜喻的进一步展开,A(如 B,因此)有 B1—B2—B3。以一则法国面包烘焙广告为例。在该面包广告中,平面广告呈现的是一双拖鞋形状的面包,那么,其寓意何在呢?实际上,该广告运用的是曲喻的修辞手法。形状像拖鞋的面包比喻"如在家中一般温馨的烘焙"。"面包"(A)烘焙如"拖鞋"(B),延展出舒适(B1)、温馨(B2)、精致(B3)等品质,十分传神地表现出该烘焙品牌的特质,属于曲喻的妙用。

四、类推

所有的比喻都可被视为某种类推。类推(analogy)是指 A 对 C 就相当于 B 对 D,可以紧缩为 A 是 C 的 B。[①] 以一则奥地利银行圣诞影像广告为例。在该广告视频中,小刺猬的尖刺总是会无意中伤及其他小动物。实际上,刺猬的内心十分温柔,但背上的尖刺却成为自己与其他小动物交往的障碍。例如,动物们和它一起踢足球,小刺猬背上的尖刺却把足球戳破,让大家十分扫兴。到了圣诞节那天,同学们却一起送给了它一个别出心裁的礼物——棉花。同学们用一个个柔软的棉花将刺猬外表的尖刺一个个包裹起来,从而避免了刺猬可能对其他小动物造成的伤害。广告最后引出"相信爱""相信圣诞""相信你自己"[②],并打出银行的 logo,委婉传达出了品牌方想要传递的人文关怀。

从修辞角度来看,影片中的刺猬与其他动物之间的微妙关系所比喻的是人与人之间的相处之道。在学校中,新来的转学生(A)对其他同学(C)可能造成有形无形的伤害,正好像刺猬(B)的尖刺对其他小动物(D)总是造成有意无意的伤害,这一类比可以紧缩为新来的转学生(A)是其他同学(C)的"刺猬"(B)。不过,其他小动物用棉花裹住了小刺猬的尖刺,并与其达成了和解,以此比喻人与人之间的温暖和关爱。

五、综合性比喻

在广告实践中,为了提升广告创意,同一文本中常常会综合多种比喻手法,形成"一图多喻"。以一则颇具创意的杀虫剂平面广告为例。该广告图片中仅仅聚焦于一只手臂,这种限制视角使受众无法直接从图片上看到手臂之外的那个行为主体。不过,从手臂上的服饰纹路来看,受众很容易辨认出这是蜘蛛侠的打扮。从姿态上来看,受众能够联想到蜘蛛侠肯定是躺倒在门边的地板上。该广告至少同时运用了三种

---

① 赵毅衡.符号学:原理与推演[M].南京:南京大学出版社,2011:196.
② 奥地利银行 Erste Group 2018 圣诞节广告,转学生小刺猬[EB/OL].(2018-12-12)
　　[2023-11-23].http://iwebad.com/video/3433.html.

修辞手法。第一,提喻的手法。看到手而得知蜘蛛侠,揭示的是部分与整体的关系。第二,转喻的手法。杀虫剂既然能杀死蜘蛛侠,自然能杀死各种害虫,这是一种邻接关系。第三,反讽的手法。强大的蜘蛛侠毕竟是一只蜘蛛,也会被杀虫剂毒死。此类综合多种修辞手法的广告往往能够提供多层次的意义内涵,为静态的平面广告赋予更具想象力的叙述空间,提升广告的审美特性,加深受众对于品牌的认知,这正是综合性比喻的魅力所在。

第五节　广告与象征

象征(symbol)是一种复合性修辞手法。赵毅衡认为:"象征是一种二度修辞格,是比喻理据性上升到一定程度的结果,它的基础是任何一种比喻(明喻、隐喻、提喻、转喻、潜喻等)。"[1]换言之,象征可以表现为任何一种比喻形式。例如,中国人习惯将龙视为权威的象征,而西方人倾向于将龙视作邪恶的代表。龙原本是子虚乌有的虚构概念,在不同文化群体和传统习俗中被赋予了完全不同的意义,将龙这一意象与权威、邪恶等特定品质相联结,就是一种比喻。

在广告中,象征手法运用也十分广泛,并突显出以下三个主要特征:

第一,象征往往以特定的比喻形式出现。2020年东京奥运会因新冠疫情被迫推迟,主办方设计了一个"疫情隔离版"的奥运五环。常规版的奥运五环相互联结,象征着五大洲的团结,而"疫情隔离版"的奥运五环则有意将五个环拆解开来,意谓保持安全距离,运用的也是象征的手法。再比如,不少品牌在设计 logo 的时候,往往会选择某种动物作为品牌符号,如汉庭酒店选择的是"马"。那么,为什么汉庭酒店品牌要选择马这一动物符号呢? 首先,汉庭酒店相当于现代版的驿站,而古代

---

① 　赵毅衡.符号学:原理与推演[M].南京:南京大学出版社,2011:203.

驿站必须依靠马来传递信息。所以马与酒店（旅舍）相互链接，构成一种转喻关系。其次，马的意象在中国传统文化中代表着吃苦耐劳的精神，与酒店业服务者的职业形象相契合，这是一种类比关系。最后，马是一种注重外观整洁的动物，会配合主人为它清洗身体。汉庭酒店也曾打出"爱干净，住汉庭"的广告语。因此，干净俊美的白马形象非常贴合地传达出汉庭酒店的品牌特质，二者之间既构成比喻，也是一种象征。

第二，象征是不同时代长期累积的产物。一个符号经历长时间的"意义累积"必然会形成象征的多义性和含混特征。例如，乌龟既可作为长寿的象征，也可用来骂人。不同时代、不同语境下的同一象征完全可能产生天差地别的含义。再以苹果公司的 logo 为例。经过近半个世纪的发展，苹果公司的 logo 几经演变，累积了不同的意义内涵。1976 年的早期版本是以牛顿在树下思考被苹果砸中，进而发现万有引力这一"轶事"作为 logo 的创意来源。该 logo 显然也是通过"牛顿的科学苹果"来类比苹果公司所追求的创新精神。不过，这一 logo 从设计层面来看显得有些复杂，而且牛顿被苹果砸中心生灵感原本就是民间传说，并非历史事实。此后，苹果公司开始简化品牌标志，将其设定为一个缺了一口的苹果图形，这就是后来被大众所熟知的 logo。

为什么苹果公司设计的 logo 是被咬了一口的苹果呢？主要有两种通行的说法。说法一，源于《圣经》中的隐喻。在神话般的伊甸园中，亚当与夏娃原本幸福地生活在一起，后来被蛇（魔鬼的象征）所引诱，偷吃了不该吃的"禁果"，从而具有"善恶意识"，被上帝赶出了伊甸园。在基督教传统中，一方面，"禁果"被认为是人类一切原罪的起源。另一方面，吃了"禁果"的人类开始具有善恶是非和追求知识的能力。苹果公司淡化了"禁果"的负面含义，重构了它的正面价值，将被咬了一口的苹果塑造成为敢于挑战传统和勇于创新的品牌象征。

说法二，纪念故去的计算机之父阿兰·图灵（Allan Turing）。阿兰·图灵是 20 世纪英国著名数学家和密码学家，甚至被认为是人工智能的先驱。二战时期，他协助英国破译了德军舰艇密码，为盟军战胜纳粹做出了重大的贡献。而他所提出的抽象模型"图灵机"被认为是现代计算机的雏形。然而,在 1952 年,他因为同性恋被定罪,并遭到化学阉割。1954 年,他精神崩溃,咬了含氰化物的苹果自杀身亡。图灵的结局是一个悲剧,他的悲惨遭遇得到了后世的普遍同情。因此,有人认为苹果标志是为了纪念阿兰·图灵这位伟大的天才人物。此外,从转喻的角度来看,当设计者将阿兰·图灵这一充满创造力的天才与苹果公司相互关联,意味着苹果公司同样具备像图灵一样超越世俗的卓越创新能力,二者之间可视为依靠邻接(联想)关系所生成的转喻。

第三,象征属于典型的符号片面化。符号片面化是指"符号载体是与接收相关的可感知品质之片面化集合"。[①] 换言之,任何符号的表意过程都只是聚焦于接收者所关注的某一点,而不可能呈现其全貌。传播学中的刻板印象就是符号片面化的一种表征。刻板印象意味着通过媒介化手段将某种形象加以片面化。例如,香水瓶瓶口形塑成钥匙与锁的形状,这是基于男女性别之间的刻板印象。主动的男性象征钥匙,而被动的女性象征等待被打开的锁。这种刻板印象当然带有性别偏见,但的确非常形象地揭示出社会主流文化对于男女性别上的认知差异。这种刻板印象就是一种符号片面化。

任何广告活动都必须借助符号片面化来强化其传播效果。对于广告而言,要在最短的时间之内捕获受众的注意力,并让广告产品给他们留下深刻的印象,就必须合理运用符号片面化。象征其实就是典型的符号片面化。貌似简单的品牌 logo 往往是对企业精神的高度凝练,如苹果公司的 logo 就浓缩了该品牌所蕴含的核心理念——象征着不断开拓的创新精神,而这一点恰恰是设计者期望受众能够关注的核心点。由此来看,符号学所指的"片面化"并非贬义。在日常生活中,我们经常会说某人"说话太片面",这指的是看问题不够全面深刻。然而,在符号表意过程中,片面化其实在所难免,这源于人脑的认知结构。人的大脑

---

① 赵毅衡.符号学:原理与推演[M].南京:南京大学出版社,2011:38.

面对外界无数的信息,必须有所聚焦,才能够迅速筛选和定位有效信息,从而避免无用的"噪声"。符号片面化意味着聚焦,聚焦的同时意味着有所取舍。信息聚焦的过程就是将复杂的信息简单化,这种简单化即可视为片面化,它有利于增强广告的传播效果。

综上来看,象征对于广告活动意义重大。结合象征的主要特点来看,在设计广告时,首先要善用比喻来制造象征符号;其次要合理挖掘象征的丰富意蕴;最后要通过符号片面化来强化象征的独特内涵,从而在最大限度地提升品牌的符号价值。从正面来看,善用象征的确有助于增强品牌影响力。但从反面来看,品牌象征犹如古代图腾,过度推崇品牌象征可能会导致品牌霸权,形成类似于巫术般的迷信效果。在奇幻电影《莫斯科 2017》(*Branded/Moscow* 2017)中,影片用超现实的手法讲述了"广告图腾之恶"。所谓"广告图腾"就是由各种品牌 logo 构成的象征符号。影片中有一段情节描述到一个因过于迷信瘦身广告的女孩为了减肥最终导致死亡的悲剧,此类悲剧不乏现实原型,它揭示出品牌这种象征符号对现代人所造成的异化效应。不过,影片也引出了一个貌似古怪的问题:是否只有消灭了品牌符号,才能让世界变得更美好?消灭品牌显然不现实。在坚守符号传播伦理的前提下,品牌方和广告人如何合理运用广告象征,来打造正向的品牌形象与品牌价值才是正道。

第六节　广告与反讽

一、反讽的三种基本类型

反讽(irony),往往表现为表达层面与实际意义之间的微妙张力。反讽不同于比喻,比喻寻求的是不同对象之间的联结关系,而反讽却往往强调冲突关系,如"皮里阳秋""正话反说"等说法,都可视为反讽表达。对于广告活动而言，如果善于运用反讽，往往能够制造出意想不到的传播效果。

饶广祥在《论广告的反讽》一文中区分了三种类型，分别是双读反讽、反语反讽与自谦自贱反讽。第一，双读反讽是指"一个表述有两种读法，传递了两种含义，但通过'矫正'，表面义将被取消，最终只保留一种含义"。[①] 按照饶广祥的说法，双读反讽与双关是不同的。双关同时保留两种意义，而双读反讽最终通过"矫正"，会取消表面义，只保留实际义。不过，在广告实践活动中，双读反讽与双关并不容易区分，也没有必要严格区分。举例来说，一本以 Excel 表格制作与数据分析的图书封面打出"一表人才"的标语。一方面，我们可以说这是一语双关。另一方面，我们也可以解释成：一表人才的实际意思不是指某人英俊潇洒，而是指某人通过此书学会 Excel 的知识，从而成为一个有用的人才。这就成为双读反讽，即通过"矫正"只保留一种意思。与此类似，手表广告打出"一表人才"的广告词，当然可以理解成双关。但也可以解读为：某人并不是天生就潇洒（一表人才的原义），而是戴了我们公司的手表才让他变得潇洒无比。这样一来，实际义就否定了表面义，也就是饶广祥所说的双读反讽。因此，双读反讽与双关在很大程度上可能取决于接受群体如何解读。

第二，反语反讽是指"逆着'广告为商品说好话'的体裁特征，负面地陈述商品，以引起消费者的兴趣，从而获得更高的广告记忆度"[②]。以一则洗碗机广告为例。该洗碗机广告中呈现了一幕幕夸张的洗碗场景，造型各异的男女以一种阴阳怪气的唱词形成明显的"表意裂痕"。

广告文案如下：

我超爱洗碗，一天三次直到我死去。

---

① 饶广祥.论广告的反讽[J].福建师范大学学报（哲学社会科学版），2013(1):66.
② 饶广祥.论广告的反讽[J].福建师范大学学报（哲学社会科学版），2013(1):67.

滚烫的热水伤我皮肤,这些恶心的海绵让我想吐,没错! 我真的超爱洗碗!

我超爱洗碗,我老公爱我肿胀的手!

我超爱藏在泡沫中锋利的刀子!

我喜欢做我自己家的奴隶。

我真的超爱洗碗!

……

我超爱洗碗,喜欢在脏水中遨游!

清洁残渣堵住的洞口,直到有天我变成秃老头。

是的,我超爱,我们都爱洗碗……①

在该广告片最后,旁白补充道:"没人喜欢洗碗! 让洗碗机去洗碗吧!"然后出现品牌标识。广告中所有的角色都以夸张的语气声称"我爱洗碗",并以一种夸张的姿态表现"洗碗的好处",但最后广告却通过旁白申明:"没有人爱洗碗,把洗碗留给洗碗机就好。"广告片中的"正话反说"实际上就属于反语反讽。当消费者领会到洗碗广告想要传达的真实意图,自然会开怀一笑,并对洗碗机产生兴趣。因此,这种反语反讽的目的不是"搞怪",而是提升受众对产品的关注度和品牌的认可度。

第三,自谦自贱反讽是有意采用自我矮化的策略来提升广告的传播力。"自谦式反讽是表面上说商品不足之处,实际上却是强调自己的优势。自贱式反讽则更进一步,广告陈述商品的缺点或者丑化商品形象,需通过商品矫正,让接收者自己形成判断。"②自谦式反讽是采用低调的态度来凸显商品的特色。2021 年"双十一"前夕,天猫推出一支视

---

① 幽默反讽创意广告:劳动人民最光荣之"我爱洗碗"[EB/OL].(2018-06-19)[2024-02-15].https://www.bilibili.com/video/av25185988/? from＝search&seid＝11901585568833458548.

② 饶广祥.论广告的反讽[J].福建师范大学学报(哲学社会科学版),2013(1):67.

频广告,名叫《我们普通的一天》。该广告呈现了不同行业在"双十一"这天的工作场景,其中包括杭州智能物流工厂线上忙着处理订单的工人;重庆忙着运送快递的小哥;浙江舟山直播捕鱼的渔民;山东曹县线上卖汉服的创业者;等等。天猫广告的表层义所呈现的是"普通",实际义其实是强调"普通"背后的"不普通"。在"双十一"这一天,万万千千普通民众通过平凡而辛勤的劳动造就了一个"不普通"的品牌狂欢仪式,让各行各业都在这一天迎来了一个"不平凡"的日子。如广告末尾所言道:"11月11日,再普通不过的一天,只是我们对美好生活的向往,要比往常多一些。"①无疑,"双十一"这奇迹般的商业盛宴背后代表了无数人的不懈努力和创业梦想。正是通过这种自谦式的反讽,天猫将品牌自身的"不俗"之处展现得淋漓尽致。

与自谦式反讽相比,自贱式反讽自我矮化的程度更高,并尝试以此来吸引受众的注意力。青岛一座海鲜酒楼曾打出"我最贱"的广告语。② 这种"自贱体"的表面义似乎在自我嘲弄,实际义是指海鲜便宜划算。由于这家酒店经营不善,生意萧条,不得已打出这种自贱体作为噱头来招揽顾客。不过,此类自贱式反讽广告在吸引眼球的同时,也要注意道德和法律的底线,以免逾越红线,给品牌方造成负面的影响和不必要的损失。

在广告实践活动中,双读反讽、反语反讽与自谦自贱反讽都具有很强的可操作空间,能够有效增强传播效果。如果善用这三种反讽形式,将能够极大增强广告文本的感染力。

---

① 天猫这支广告有多"普通"[EB/OL].(2021-11-03)[2024-02-15].https://www.163.com/dy/article/GNTA8GH40517AQHV.html.

② 青岛某酒店门前高挂"自贱体"奇葩广告:我最贱[EB/OL].(2013-08-27)[2024-02-15].http://qingdao.dzwww.com/xinwen/qingdaonews/201308/t20130827_8813119.htm.

二、反讽的深层特点：悲剧色彩

以上三种分类主要是从形式上来区分广告反讽的类型。按照赵毅衡的说法，反讽表意是当今的时代特征。他认为反讽绝不仅仅是恶搞或搞笑，其背后往往蕴藏着深刻的意蕴，他将其称为"大局面反讽"。大局面反讽"往往不再有幽默嘲弄意味，相反很多具有悲剧色彩，因为反讽也超出日常的表意，而是对人生、历史的理解"①。可以说，大局面反讽超越了反讽表意"表里不一"这种形式上的矛盾特征，而蕴含着更为深刻的人生哲理。从哲学的角度来看，反讽的本质指向的是对于人这一存在主体与外界之间永远无法摆脱的冲突关系的深刻揭示。

具体来看，大局面反讽可分为戏剧反讽、情景反讽与历史反讽。实际上，广告反讽亦是如此，它不是简单的"逗人一笑"，而是在强烈的冲突关系中呈现出发人深省的悲剧意味。第一种是戏剧反讽。"戏剧反讽"是一种特殊格局，观众几乎全知全能，了解故事情节的"痛点"，而剧中的角色不知其"痛点"，从而形成强烈反差，造成悲剧效果。以一则名为《决定》的中东反战公益广告为例。在该广告片中，一名小孩收拾好书包去上学，但刚走出家门不久，就遭到从天而降的炸弹袭击。紧接着，广告片又开始重复叙述第二遍。几乎是相同的场景，但旁白对画面进行了——说明。旁白讲述道："如果这个孩子昨晚就收拾好了书包，如果他的妹妹穿的是另一双鞋子，或者他没有忘记带午饭，如果他没有停下来吻别外祖母，邻居家的小猫也没有停在楼梯上……"随着旁白的展开，画面出现小男孩和另外一位同学正走在上学途中，但突然之间，炮弹从天而降。末尾，画面中出现一行字幕，写道："这并不是什

---

① 赵毅衡.符号学：原理与推演[M].南京：南京大学出版社，2011：215.

么意外,这只是某些人的决定罢了。撕毁和平盟约从来不是正确的决定。"①

结合整部广告片来看,该反战宣传片试图通过小男孩的命运悲剧来反思战争的残酷与荒谬。之所以说小男孩的死是一种悲剧,是因为炸弹的袭击不是偶然事件,而是战乱引发的必然结果。无论小男孩做出何种选择都无法避免必死的悲剧结尾。当广告片进行第二遍叙述的时候,结合旁白的暗示,敏锐的观众已经能够猜测到接下来可能发生的一幕惨剧,但唯独小男孩和他的同学一无所知,仍然快乐地奔向学校。显然,剧中人的天真烂漫进一步激发了观众的悲悯心理,形成了强烈的"戏剧反讽"。

第二种是情景反讽,在特定的情景中,剧中人的意图与事情的结果之间出现强烈反差,形成反讽局面。例如,在一则警示枪支危险的公益广告中,广告片用夸张的手法展现了一个"戒备森严"的房屋。房主为了防止自己的小孩受伤,甚至用铁丝网和捕兽夹来防范狗。然而,大人居然没有给装有枪支的抽屉上锁,结果小孩偏偏就找到了极度危险的枪支。结尾的广告语打出字幕:"你在家里做了如此多的措施来进行保护,可是为什么连枪支都没有上锁?"②最后小孩拿枪的场景与此前为了保护小孩受伤的各种戒备场景形成强烈反差,可视为情景反讽。

第三种是历史反讽。历史反讽涉及的叙述主题宏大而严肃,往往揭示的是历史的荒诞与悲凉。以《女孩的生日》这部反战公益广告片为例。广告片开头展现的是一个女孩的生日宴会,一家人其乐融融,营造出一种无比幸福的氛围,镜头聚焦的是女孩天真无邪的笑容。然而,随着突如其来的战火,女孩与家人失散,饱受战乱之苦。在末尾,她进入难民营,一位不知名的护理人员陪伴她过了一个没有家人的生日,只有

---

① 令人深思的反战公益短片,有些人的生命连上帝也决定不了[EB/OL].(2017-12-27)[2024-02-15].https://www.digitaling.com/projects/24790.html.

② 公益广告:可笑的危险[EB/OL].(2016-07-08)[2024-02-15].https://iwebad.com/video/2126.html.

她孤零零地面对镜头,表情漠然而无助。[①] 该反战片是以叙利亚战争为叙述背景,开头部分幸福的生日宴会与结尾部分难民营中充满悲痛感的生日祝福形成强烈的反讽效果,揭示出战乱对小女孩个人命运所造成的巨大伤害。

总而言之,在现代广告活动中,反讽是一种极为独特的修辞技巧,它依靠表面义与实际义之间的反差制造出了强大的情绪感染力。饶广祥认为,反讽可区分为双读反讽、反语反讽与自谦自贱反讽,这主要是根据反讽的形式特征所作的分类。赵毅衡强调"大局面反讽",并进一步将其细分为戏剧反讽、情景反讽与历史反讽,该分类标准主要是从反讽所引发的"悲剧效果"作为划分依据。在广告实践中,设计者若针对不同广告主题、不同受众群体和不同传播语境采用适合的反讽类型,往往能够达到出其不意的传播效果,甚至超出广告主投放的预期目标。

思考题

1. 广告明喻与广告隐喻有何不同？ 试举例说明。
2. 广告转喻与广告提喻有何区别？ 试举例说明。
3. 象征有哪些特征？ 象征实现的途径有哪些？ 试结合广告案例来加以说明。
4. 试结合广告案例来阐述双读反讽、反语反讽、自谦自贱反讽三种反讽类型。

---

① 反对战争公益广告：女孩的生日［EB/OL］.（2014-03-10）［2024-02-18］.https://iwebad.com/e/action/ShowInfo.php？classid＝119＆id＝604.

第九章

广告与叙述类型

　　本章主要分析广告的诸种叙述类型及其主要特点，从广告文本的基本类别来看，可以分为八种广告类型，分别是陈述类广告与叙述类广告、拟纪实型广告与虚构型广告、纪录类广告与演示类广告、人工叙述类广告与机器叙述类广告。叙述类广告必须具备拟人化的行动者、事件与时空变化。而陈述类广告可以是静态地描述或缺乏拟人化主体的陈述。拟纪实型广告强调广告内容需要直接指称经验世界，从而获得一种类纪录片的真实效果。而虚构型广告所呈现的内容不需要与经验世界一一对应，允许虚构元素的存在。纪录类广告是一种完成时态，它会提前"录制"好广告内容，并以单向度传播形式传播，普通视频类广告都属于该类型。演示类广告是将受众反馈纳入广告生成过程的互动类广告，如互动剧广告、游戏化模式的广告等。人工叙述类广告强调人这一主体因素对于广告内容的主导叙述权。机器叙述类广告则强调通过人机共同协作的方式来生成广告叙述内容。对于从事传媒行业的人员来说，理解这八种广告类型对于深刻把握日新月异的广告行业具有重要意义。

第一节　叙述类广告与陈述类广告

符号学与叙述学是两门关系非常密切的知识门类。原因很简单，所有的叙述活动必然通过符号来呈现，而人类世界绝大多数符号活动都与叙述紧密相关，因而这二者其实是难以完全分开的，只不过在具体的传播实践中它们强调的是不同的侧重点。狭义层面的叙述学又被叫作经典叙述学，它探讨的核心是文学类符号文本，如小说、诗歌等。广义层面的叙述学又被称为符号叙述学，它包含以任何符号形态呈现的叙述活动，其中既涵盖新闻、广告、历史、政治等非文学叙述门类，也囊括不同媒介形式的叙述，如电子游戏、元宇宙、人工智能所生成的"类叙述"活动。因此，当代的符号叙述学带有鲜明的跨体裁与跨媒介色彩。

广告作为消费主义时代的主流叙述活动之一，也可以通过符号叙述学的基础理论来分析。那么，一个基本问题在于，何谓叙述？叙述与非叙述之间的区别在哪？简而言之，叙述指涉的就是故事或情节展开的过程。一般而言，一个完整的叙述活动包括三个基本元素，分别为人物/拟人化的行动者、事件与时空变化。由此来看，如果兼具这三点，则可称之为叙述，如果缺了其中一项，则不属于叙述。在科学领域，存在大量非叙述活动，如液态水在零度以下变为冰，这属于物理学层面的变化，但其中既没有拟人化的行动者，也没有事件，所以不能算叙述，只能视为客观陈述。

根据叙述这一定义来看，广告可分为叙述类广告与陈述类广告。叙述类广告往往通过特定人物（人格体）参与的事件构成一个反映时空变化的叙述世界。大多数注重通过剧情来推广产品的广告均属于此类。陈述类广告则不一定有一个明确的拟人化行动者，但也必须通过呈现某种变化或描述某一事物来凸显产品。不少缺乏拟人化的行动者的原生广告属于此类,如视频中的广告插入、游戏中的植入广告、社交媒体中的信息流广告、手机导航类的引导广告等。此类广告通常倾向于采用简化策略,即用最直接的方式传递广告信息,甚至简单到只出现某个品牌的 logo 或特定产品的名称。当然,原生广告如果具备叙述所必需的三要素,也可成为叙述类广告。就一般情况来说,通过直接陈述或描述的形式更为常见且传达效率更高,因为原生广告往往需要在极短时间内将有效广告信息精准传达给受众,过多华而不实的叙述元素有时反而会成为累赘。

从表现形式来看,叙述类广告情节元素较强,适合注重故事来推广产品的品牌商。陈述类广告直入主题,简洁明了,适用于对广告故事要求不高的品牌商。对比来看,叙述类广告因其复杂度更高,所以传播门槛相对较高。陈述类广告简单明了,直入主题,不需要复杂的情节设定和拟人化的人物出场,类似于产品说明书,因而传播门槛相对较低。如果追求"短平快"的传播效果,那么陈述类广告可能更为适合。如果品牌方想要通过引人入胜的广告故事引发舆论热点或形成"病毒式传播"的效果,那么采用叙述类广告会更为有效。不过,必须指出,叙述类广告与陈述类广告并不存在高下优劣之分,而是需要广告人根据具体语境、传播对象和特定的广告目标来选取合适的类型。

第二节　拟纪实型广告与虚构型广告

若从纪实与虚构的角度来看,广告可以区分为拟纪实型广告和虚构型广告。拟纪实型广告以"指称性"内容为主,"非指称性"元素占比相对较少。从符号学视野来看,所谓"指称性",指的是符号世界与经验世界之间存在直接对应的指涉关系,它是纪实型体裁的主要特征。而"非指称性"指的是符号世界与经验世界并不直接对应,它是虚构型体裁的主要特质。不过,广告文本比较特殊,它既有"指称性"的部分,也有"非指称性"的部分,所以广告是这二者的复合体。"指称性"集中表现为广告的"真实性原则"。对于广告文本而言,广告所推广的相关信息必须真实,如广告尾题、企业标识、产品介绍等内容必须恪守真实性原则,不可作假,否则就是虚假广告。

但是,在"泛叙述化"转向这一大的时代背景之下,当代的广告形态往往带有很丰富的情节性或故事性元素。通过各类"情怀故事"来间接展现广告主旨已然成为主流广告常用的推广策略。而这些叙述性元素并不直接指向经验世界,也无须遵守客观真实的原则,只要不违反法律道德底线,完全可以天马行空,具有无限的创意空间。这一部分虚构内容属于广告文本的"非指称性"部分。由此来看,"非指称性"集中反映为广告的"虚构性"元素。在广告实践活动中,拟纪实型广告与虚构型广告各有优势,创意人往往会根据品牌方的需求或目标受众的特点来选择采用哪一种类型。

一般而言,判断拟纪实型广告与虚构型广告主要取决于广告内容中"指称性"与"非指称性"的占比。拟纪实型广告几乎等同于真正的纪实类体裁,如以纪录片形式拍摄的广告宣传片,其指称性元素占绝对主导。虚构型广告类同于虚构类体裁,如以影视剧情短片的形式制作的广告片,其非指称性元素占绝对优势。但需要注意,创意人有时候会故意模糊广告文本的指称性元素与非指称性元素,有意制造出跨越纪实类体裁与虚构类体裁的"错觉"。比如,有一类貌似纪录片的广告并不是真正的纪录片,也不属于拟纪实型广告,它可能只是借助纪录片的拍摄模式所设定的广告创意,这一特殊类型可称为"伪纪录片广告"。

徕卡相机曾经制作了一则广告片,名为《无从考证的故事:一台相机的时间旅行》,该片实际上是以纪录片形式拍摄的广告,因而可视为"伪纪录片广告"。广告片通过三个讲述者"记录"了徕卡相机的传奇旅程。第一段经历发生在 1960 年的意大利。一位德国工程师带着儿子到罗马旅游,途中偶遇世界拳王,儿子请拳王签名时,不小心将徕卡相机摔到地上,导致相机外壳受损。第二段经历来到了 1985 年的日本。

一位艺术指导在东京的二手店买到了那个外观有缺陷的徕卡相机,并拍摄出了极具艺术感的作品。第三段经历进入了 2011 年的中国。那个几经沧桑的徕卡相机从旧货市场被一位香港的摄影师"相中"。徕卡相机虽然外观破损,但功能仍然完好。摄影师在冲洗旧胶卷的时候,还发现了几张日本艺术指导曾拍摄过的艺术摄影作品。[①] 通过跨越时空的三个故事,广告片十分传神地传达出徕卡相机品牌精湛无比的工艺和永不褪色的初心。由于融合了纪实与虚构元素,它能够给人带来一种不同于传统纪录片的新奇感和神秘感。从叙述框架来看,该广告片借用了纪录片的拍摄风格,但并非真正的纪录片,而是模仿纪录片的叙述框架来制作的剧情片。这种"伪纪录片广告"的本质属于虚构型广告,它只不过是包裹了纪录片的外衣而已。即便广告片中的确添入了一些写实性元素,但其故事主体内容仍然是由虚构性的情节构成。

必须指出,纪录片属于纪实型体裁,因为它指称的是经验现实。纪录片中的画面可能经过剪辑和编排,其视角本身可能带有主观性,甚至可以通过影像技术"作假",但鉴于纪录片这一体裁本身指称的是经验世界,所以它必须对呈现的现实世界担责,这是由纪实型体裁伦理所决定的。与纯粹的纪录片相类似,拟纪实型广告也必须对其所呈现的经验世界负责,所以它在叙述内容方面也不能够随意捏造事实或夸大事实,否则就会涉嫌虚假营销。

2022 年,抖音推出品牌宣传活动"抖音生活说",该活动以短纪录片的形式呈现了 15 位抖音"生活者"的故事。其中一个故事是以健身网红达人刘畊宏为主角的短视频《欢迎来到"全世界最大的健身房"》。该短片给人感觉就是一个用抖音平台拍摄的短纪录片。不过,视频左上方始终标有"抖音"的品牌标识。显然,此类短纪录片既是对视频博

① 徕卡"伪纪录片"形式广告:《一台相机的时间旅行》[EB/OL].(2020-02-04)[2024-03-06].https://www.digitaling.com/projects/99679.html.

主个人账号的推广，同时也是对抖音平台本身的宣传。在"抖音生活说"中，更多记录的是平凡人与平凡事，包括乡村摇滚老师、听障者石头、画星星小人的画师等感人至深的真人真事。正如有网友评论道："这里每个人都是平凡人，每个人都有故事，他们经历过不易，但是他们对生活充满了希望。"①

　　作为品牌推广活动，"抖音生活说"本质上属于品牌推广类的广告。不过，该系列短片也可视为纪实型的纪录片，所以它跨越了纪录片与广告这两种体裁。这种跨体裁式营销是"泛广告化"时代的一种常态。通过故事感染受众的情绪进而提升对品牌的认可度已经成为一种有效的广告宣传手段。不过，由于这一案例属于典型的拟纪实型广告，所以短视频中所呈现的内容应与现实世界直接对应。不同故事中的主角身份不能虚构，而必须与现实相吻合，这是拟纪实型体裁的传播伦理要求。所以乡村摇滚老师、听障者石头、画星星小人的画师这些故事中的人物身份都需要符合"真实性"原则，而不能随意虚构，否则就会被认为是虚假宣传。

　　与拟纪实型广告相反，在虚构型广告中，非指称性元素是占据主导性的内容。大量的微电影广告都会采用跌宕起伏的情节设计来吸引受众的好奇心，这与拍摄电影一样，都属于呈现子虚乌有的故事。对于电影或电视剧来说，虚构就是为了引人入胜，打造新奇刺激的情节，满足观众各种观影诉求，从而赢得票房或收割流量。对于虚构型广告来说，它只不过是借用影视剧的叙述形式，讲故事不是为了讲故事，而是为了传达广告的主旨——推销产品或宣传品牌。一切的情节或故事都是为了广告的预期投放目标所服务的"外包装"而已。因此，创意人必须意识到广告中的虚构情节仅仅是吸引受众的手段，而不是目的，所以任何不符合广告主旨的情节都必须被改写或删除，否则该广告的传播效果

---

① 抖音生活者说：我们没拍广告，拍了 4 条纪录片［EB/OL］.（2022-08-23）［2024-03-06］.https://www.meihua.info/shots/4906633832631296.

就可能大打折扣。

与拟纪实型广告不同,虚构型广告中的故事或情节无须对现实世界担责,因为这部分内容属于非指称性的信息,正如影视剧中的各种触犯伦理禁忌的情节不会让观众"信以为真"一样。广告中的情节既然是虚构,就与现实分隔成了两个不同的世界,所以它并不直接指涉现实世界。正因如此,虚构型广告中出现的各种离奇夸张的情节都不会被认为是在"作假"。观众似乎默许了广告中所存在的大量虚构性的叙述元素,并且乐在其中,不会觉得有何不妥。从叙述学的角度来看,热爱讲故事和听故事是人的天性,通过编织各种有趣的故事来增强广告的感染力自然就成为品牌方惯用的营销技巧。

不过,虚构型广告同样离不开指称性元素。尽管广告所叙述的故事并不指向真实世界,但所涉及的产品或品牌信息必须契合"真实性原则"。一般而言,广告尾题不大可能虚构,而必须客观真实地呈现广告目的,否则就可能会被认为是作假。在社交媒体时代,广告尾题也存在被淡化的趋势。不过,即便是在虚构故事中呈现产品或品牌信息,也必须视为指称性内容。例如,在薯条广告中,长相怪异的外星人对薯条表现出无比狂热的喜爱,这属于非指称性的虚构内容。但是,关于薯条本身的信息不能随便虚构,例如,薯条属于油炸还是膨化?诸如此类信息属于指称性内容,所以必须客观真实。

综上所述,由于广告同时涉及指称性元素与非指称性元素,因而比传统的纪实型体裁或虚构型体裁都要复杂。从本质上而言,广告中所有的非指称性元素都是为了揭示指称性元素而存在,正如广告故事是为了传达广告尾题的信息。这并非说非指称性元素不重要。如果一部广告片只是生硬地介绍广告商品,毫无吸引人的看点,那么它就形同产品说明书,会大大降低广告的传播力。打个比方来说,广告中的指称性元素与非指称性元素的关系正如同面条与调料的关系,没有任何调料的面条不可口,没有面条的调料失去了吃的意义,只有二者相互搭配,才能够调制出最宜人的美味。换言之,广告中的指称性元素与非指称性元素必须同时存在,并按照一定比例调和在一起,才有可能达成广告投放的预期目标。

第三节 记录类广告与演示类广告

记录类广告是提前"录制"好所有内容的单向度传播式广告,大众传播时代的平面广告、电视广告、广播广告以及互联网时代的主流视频类广告,基本上都属于该类型。记录类广告的特点是由发送者所主导。也就是说,发送者决定了广告的具体内容以及呈现的样态。互联网时代的主流广告形态仍然以记录类广告为主。此类广告属于已完成时态,也就是说,受众所看到的是一个内容完备、不容改动的广告形态。受众显然无法参与到广告内容的生成过程之中。当然,广告发送者可能会根据接收者的偏好来设定广告内容。例如,汽车广告往往会以香车美女的形式呈现,满足的就是男性受众的消费心理。不过,其弊端在于此类广告并没有真正与受众之间形成互动关系。

与记录类广告相比,演示类广告不是预先设定好所有的广告内容,而是将受众参与纳入广告生成过程之中,它是一种双向传播的形态。从时间维度来看,演示类广告是一种"待完成"时态的广告类型。不少内容需要受众自己去"填补",而且不同的接受群体可能会生成差异较大的内容。较为典型的演示类广告至少有以下五种:

第一,采用互动剧模式的广告。互动剧采取的是"影视剧+游戏"的半互动模式。故事的主要剧情及可能出现的若干种结局已由设计者提前设定好。受众只能在设计者预先所拟定的叙述框架下做出有限度的选择,而无法真正享受到像游戏一样的自由度。潘婷在日本曾推出两支带有互动属性的微电影广告。这两支广告片都采用了类似于互动剧的模式,两支广告片在一些重要的转折点给观众预留了选择的机会,观众可以投票决定下一步的剧情发展。例如,男女主角约会时应当选择何种服饰？男女主角选择在何种场景约会？男女主角选择以何种方式求爱？这些选择属于影响剧情发展的次要元素。最终，男女主角克服困难，勇敢走到了一起。这一大圆满的剧情是设定好的结局，受众不能够随意改动。故事中爱情走向圆满源自男女主角对于"爱情的笃定"，这与潘婷在广告结尾所强调的"相信引发奇迹"相互应合。① 因此，广告剧情的走向必须符合广告主题，不可任意发展。

第二，采用游戏化模式的互动广告。游戏化模式不完全等同于游戏，而是采用类似于游戏一样具有开放性、互动性和探索性的演示框架，并充分给予受众可操作的空间。2023年春节期间，快手发布了"我在家乡的精神角落"为主题的H5。该H5通过风筝回归的视角类比了一个人的精神归乡之旅。在旅途中，用户要就"回忆""人生态度""同伴""安全感""审美"等重要问题做出适当的选择。每一道问题都提供了不同的选项，用户可以根据自己的喜好来选择。这些问题大多属于心理小测验。综合用户提供的答案，系统会生成一幅非常独特的广告海报。这幅海报会根据用户填写的故乡生成背景图片以及个性化的文案，如"自带温暖氛围的爱人者""沉浸烟火气息的守护者""摇滚一样自由不羁的浪漫者"等颇具诗意的文辞。② 在春节这一特殊背景下，快手意在通过这一小程序传达出家乡的温情和可贵。家不仅是一个物理层面的归宿，更是每个人心底的精神家园。该H5一经发布就得到了广大用户的共同关注，还获得央视新闻公众号头条的推荐，引发了舆论热议。从叙述形式来看，该H5充分借鉴了游戏化思维，它通过与用户之间的有效互动成功提升了品牌的影响力。

第三，线上与线下相融合的互动营销。互动营销也可视为演示性框架，其目的是通过用户在线下的亲身体验与线上的非人际传播相结

---

① 日本潘婷的爱情微电影，由网友投票决定情节？［EB/OL］.（2018-11-02）［2024-03-06］.https://www.digitaling.com/projects/43707.html.

② 快手的500个家乡H5：在家乡的精神角落里，寻找治愈生活的力量［EB/OL］.（2023-01-30）［2024-03-06］.https://www.digitaling.com/projects/234331.html.

合的方式来强化品牌与受众之间的交互关系。中国银联曾在上海地铁站、厦门鼓浪屿、北京长城等地发起"诗歌 POS 机"的公益宣传活动,活动主题是"让山里孩子的才华被看见",这一公益活动得到了舆论的广泛关注,曾被国内外多家主流媒体争相报道。所谓诗歌 POS 机,指的是用户只需在银联 POS 机上刷 1 元钱,就会打印出一首诗歌。这些诗歌由来自偏远地区的儿童所创作,而用户所刷的 1 元钱会用于支持乡村教育事业。每一位用户在刷诗歌 POS 机之前都不知道会收到怎样一首诗歌。很多诗歌所寄托的是山区"留守儿童"真实而丰富的情感世界,读之让人动容。2022 年,中国银联在北京长城筑起了一道无比浪漫而充满温情的"诗歌长城"。这道"诗歌长城"是由白色的布匹连接而成,远远看起来如同一道白色的长城,而每块白布上都印有孩子们的诗歌。与此同时,与线下同步的还有一个名为《大山回声》的互动 H5。只要点击 H5 诗歌页面中的"回应"按钮,用户就可以通过自己的声音来传递诗意。① "诗歌 POS 机"的线上线下推广活动都特别注重用户的参与感。用户每刷一次诗歌 POS 机,就传递了一份小小的爱心,同时也是对中国银联这一品牌形象的推广。如果没有众多用户的参与,"诗歌 POS 机"就不可能获得如此广泛的社会影响力。

　　第四,基于元宇宙技术的互动广告。元宇宙被视为一个虚实相生的多维世界。它不是打造一个完全虚拟的世界,而是不断尝试打破虚拟世界与现实世界的时空界限,让二者之间获得更为全面、深入的融合和联结。元宇宙也并非单一技术所能实现,而是各种高科技的全面整合。不少大牌企业都开始涉足元宇宙行业,并将品牌宣传带到元宇宙世界中。麦当劳、肯德基等快餐品牌均在元宇宙世界开设了体验版的虚拟餐厅,此类虚拟餐厅都需要用户亲自参与其中,具有较强的沉浸感。宝洁、欧莱雅、自然堂等美妆品牌也借助元宇宙的热潮纷纷开设了

---

① 中国银联诗歌 POS 机:筑起一座诗歌长城[EB/OL].(2022-09-14)[2024-03-13]. https://www.digitaling.com/projects/220849.html.

虚拟美妆间。与此相类似,不少服饰品牌也通过元宇宙技术打造了虚拟试衣间。元宇宙的广告效应几乎涉及日常生活的方方面面,诸如饮食、美妆、服饰等普通消费品领域仅仅只是其中的一个缩影。通过虚实相生的元宇宙技术,品牌与用户之间有了更直观、更具沉浸感的交互平台,其中不少环节都少不了用户的积极参与,因而也可算作演示类广告。

第五,基于人工智能技术的互动类广告。人工智能的全面介入使广告产业面临新的机遇和挑战。不少企业开始尝试运用 AI 打造极具互动性的创意广告。2023 年,腾讯"可持续社会价值事业部"(SSV)利用 AI 生成技术做了一个以彩灯为主题的互动小程序,旨在宣传数字化博物馆。用户可以根据小程序所提供的素材来设计形态各异的彩灯。然后,设计团队会反复筛选用户制作的各色彩灯,并进一步提炼和加工,最终形成别具一格的海报。其海报主题是推广全国各地的中小规模的博物馆。① 这一案例中,用户的参与必不可少,AI 只是提供基础材料,最终需要用户和设计者共同完成广告作品。2023 年淘宝造物节也引入 AI 生成技术,打造了一套颇具科幻感的互动装置广告。用户可以根据自己的偏好与这套装置对话,并设计出自己喜爱的各类产品,包括服饰、包包、鞋子、家具等产品。其基本素材是由 AI 所提供,但用户的参与也是不可或缺的重要元素。② 此类 AI 创意营销均强调用户、机器与品牌之间的协调配合,而不是由某一方来决定广告生成的内容。从叙述形态来看,这种 AI 互动类广告也可视为演示框架。

从发展趋势来看,演示类广告在未来必然会发挥越来越重要的功能,甚至与传统的记录类广告分庭抗礼。当然,这并不意味着记录类广告就过时了。面对不同的产品和不同的用户,这两种类型的广告均有自

---

① 腾讯 SSV:当千年彩灯遇见 AI[EB/OL].(2023-06-14)[2024-03-13].https://www.digitaling.com/projects/249696.html.

② 2023 淘宝造物节:打造互动装置"AI BUY",与 AI 共同造物[EB/OL].(2023-07-03)[2024-03-13].https://www.digitaling.com/projects/252741.html.

己的用武之地,完全能够相得益彰,而不是相互对立的关系。作为广告人,需要敏锐地察觉到演示类广告的发展趋势,强化以用户为导向的双向传播模式,努力将自己的创意理念与先进的广告传播技术相互结合起来。

第四节　人工叙述类广告与机器叙述类广告

从人工智能的技术视角来看,广告可分为人工叙述类广告与机器叙述类广告。人工叙述类广告是完全由人类团队所完成的广告叙述内容,机器叙述类广告则是由人机共同协作而生成的广告叙述内容,二者最大的区别在于机器介入的深度存在不同。在前人工智能时代,人工叙述类广告同样需要借助机器的帮助。不过,此类机器只是非智能化的辅助工具,人类设计者仍然是占据绝对中心位置的传播主体。人工智能时代到来之后,智能化的机器在广告生成的很多环节已经具备了相当程度的"独立性"。而且,AI拥有了越来越强大的设计功能,通过机器制作的广告作品甚至能够与专业设计师相媲美。从效率上来说,机器的生产速度远远比人类设计师要快得多。通过 AIGC 这类生成式人工智能技术,机器已经能够将人类提供的各类数据转化成具有独特价值的广告文本。尽管这种 AI 生成技术并没有完全脱离人这一主体,但 AI 显然不再仅仅是完全被人随意操纵的机器,而是凸显出一定的独立性。

随着人工智能技术的突飞猛进,机器叙述类广告的智能化程度将变得越来越强大,纯粹的人工叙述类广告可能在未来遭到巨大的挑战。不少人担心机器的深度介入将会夺走许多原本属于广告人的岗位,甚至它有可能会全面替代设计师。从发展态势来说,AI 技术替代广告人的一些重复性和低创造性的劳动已经成为现实。不过,假如机器真的要完全替代广告人的工作,那么有一个基本的问题需要厘清,那就是我们应当如何看待机器叙述类广告的发送主体?

毫无疑问，人工叙述类广告是以人为发送主体。换言之，广告设计者的态度、情感、思想等主观意图都必须通过广告文本传达给受众。当然，这种传达不一定非常直接，它可能是以一种极为委婉或艺术化的方式表达。但不管怎样，传统的人工叙述类广告的背后仍然有一个较为明确的发送者。从叙述学的角度来说，这一发送者可以是一个"抽象的人格集合"，正如同影视作品的发送者往往不是某一个体，而是由整个团队组成。对于广告文本来说，该文本的发送者就是文本意图的承载者。广告意图正是广告文本想要表达的主题和力图传达的观念。

以无印良品的一则广告片为例。该广告片呈现出不同情境下人们打扫卫生的具体场景，其中包括家庭场景、公司场景、户外场景等。广告片配以安静祥和的音乐，将原本琐碎无聊的清洁劳动呈现出几分诗意。貌似无意义的重复劳动，也被设计者赋予了特殊的美感。这种诗意和美感揭示出该品牌的设计团队所力图打造的"生活美学"理念。"生活美学"作为一种精神层面的追求，显然能够为无印良品赋能，提升品牌的文化内涵，实现产品溢价，这正是其广告意图所在。也就是说，对于比较复杂的广告文本来说，发送者这一"集体人格"仍然是基于人的意图，只不过这种意图可能是集体意识的综合体现，而不一定是单个个体的意识呈现。

然而，对于机器叙述类广告来说，发送者的主体性却存在不少争议。如果说机器叙述类广告的发送主体是人，那么这就等于说 AI 仅仅是没有任何"主体性"的辅助工具而已。显然，AI 已经超越了工业流水线时代的工具范畴，其区别恰恰在于它体现出了高等动物才具有的智能特征。20 世纪 50 年代，英国著名数学家阿兰·图灵曾提出著名的思想实验"图灵测试"。按照"图灵测试"的基本判断标准来看，只要 AI 在大多数情况之下能够"骗过"人类，那么就可以视为它已经具有智能。参照这一标准来看，借助 AI 技术所生成的广告文本其实已经越来越贴近人类设计师的水准和风格，甚至让受众难辨真假。这意味着接受者很可能会认为智能机器所生成的广告文本具有特定意图。由此来看,机器叙述类广告的发送者并不能仅仅归结于人。

如果说机器叙述类广告的发送主体是智能化的机器,那么,这是否说明机器已经具有"自主性"? 所谓"自主性",一般是指某一主体具有按照自己意图表达或行动的能力。从传播学的角度来看,智能化营销已经在广告生成、推送和反馈三个环节体现出了不依赖于人的独立性。通过"大数据+AI算法",机器能够独立生成标准化的广告内容。通过对于大数据的深入分析,AI能够准确定位特定产品的潜在用户群体。通过人机互动技术,拟人化的 AI 卖货主播能够实时与用户之间进行对话和交流。从广告传播效果来说,AI 显然比普通营销人员更"了解"用户的真实需求,因为它的任何决策都有庞大而精细的数据资源库作为支撑。

但也必须强调,当前的 AI 究其本质仍然是"模仿型智能"。智能机器表面所体现出的"自主性"只是一种缺乏真正自主意识的"弱人工智能"。AI 所有貌似明智的选择都源于一套建立在数理逻辑基础之上的高级算法。算法本身的优化和迭代也改变不了其本质。基于这一点,真正有创意的广告人其实无须担心自己的岗位被机器替代。在2022 年,青岛啤酒开展了一个人类设计师与 AI 比拼创造力的广告创意。广告片在开头就抛出一个问题:"你会被人工智能取代吗?"片中的几位设计师几乎都表达了反对的观点。他们认为 AI 没有人情味,它仅仅只是模仿,并不懂得真正的创意。广告片接着提出一系列用"自然语言+数字"拼合而成的先锋设计命题,并让 AI 与设计师进行比拼,如"10％冷酷＋20％高贵＋70％硬科幻""30％hip-hop＋40％爱与和平＋30％社恐""99％宅＋1％冒险精神"等命题。[①] 最终,广告片将设计师与 AI 的设计作品同步呈现在镜头之中,既展现出人类设计师的独创性,又体现出人工智能设计的科技感。

---

① 雪花啤酒意识代码系列:人类和 AI 开启创造力比拼[EB/OL].(2022-09-27)[2024-03-13].https://www.digitaling.com/projects/223068.html.

这一广告创意中所提出的"设计师是否会被人工智能替代"问题的确凸显出广告行业对于 AI 技术的某种担忧。实际上,人与机器"共事"已经成为常态,但二者并非相互替代的关系,而是一种互为补充的关系。在一则以"反内卷"为主题的广告片中,著名 AI 企业科大讯飞就尝试向受众传递"AI 为工作赋能"这一理念。该广告片不断强调 AI 语音输入、AI 翻译、AI 语音转文字等高科技的目的在于帮助人类从烦琐、低效的工作中解脱出来,这使得加班一族不再陷入无意义的"内卷",让按时下班成为可能。① 另外,在《你的世界,因 AI 而能》这则品牌宣传片中,科大讯飞也进一步阐述了人类难以被 AI 替代的诸多特质。广告片中的旁白模仿 AI 的口吻说道:"人类,拥有我所没有的东西。同理心,想象,感动,热爱。人类会写故事,能创造美味。人类会发明,会孕育生命。人类知道美是什么,会提出为什么。"②换言之,AI 能够模仿美与生命行为,但无法感知美与生命本身。从这个角度来说,AI 无法与人类智能相提并论。

综上来看,机器叙述类广告的发送主体其实是由人与机器共同构建的一个"拟主体人格"。AI 的"拟主体人格"意味着它发送的信息能够体现出类似于人一样的思想、情感或行为特质,并让接受群体认为该信息背后的发送者就是一个类似于人一样的符号主体。当然,这并非说 AI 真的能够担负起和主体一样的道德责任。2021 年,韩国一个颇具影响力的女性虚拟偶像 Luda Lee 曾因"发表"了一些对残疾人、孕妇等弱势群体的歧视性言论遭到舆论的声讨。事后发现,"她"所表达的偏激言论是用户有意"误导"的结果。该虚拟偶像在学习过程中之所以出现价值观层面的"过失",主要原因是其数据库提取了网友和"她"的互动数据,而其中也包括了不良信息。在此后的升级版本中,设计公司

---

① 科大讯飞用 AI 反内卷,今天准点下班![EB/OL].(2022-04-26)[2024-03-13].https://www.digitaling.com/projects/205372.html.
② 科大讯飞品牌 TVC《你的世界,因 AI 而能》[EB/OL].(2022-07-18)[2024-03-19].https://www.digitaling.com/projects/213485.html.

尝试弥补算法漏洞，屏蔽敏感词，期望通过技术迭代来避免不必要的价值观冲突。其实，类似的 AI"犯忌"的案例并不鲜见，此类负面案例说明，机器本身并无道德层面的评判能力，AI 的"拟主体人格"只不过是人类主体意识的投射。因此，当 AI 触犯伦理问题的时候，其背后的责任必然就要追究到相关涉事人。在 Luda Lee 这一案例中，不管是设计者或使用者，都对 AI 触犯伦理的行为负有不可推卸的责任。

必须承认，当前阶段的模仿型 AI 无法自行做出道德决断，所以它无法承担道德责任。人工智能界著名的思想实验"中文房间"（Chinese Room）试图证明，任何智能机器都只是对人类智能的模仿，所以它无法真正理解符号背后的内涵。好比机器人说"我爱你"这句话的时候，它不可能感同身受地体验到"爱"这个字背后涉及何种伦理责任。从符号学的角度来看，根本原因在于模仿型人工智能不具备"元符号"的能力。所谓"元符号"的能力，就是通过反思符号背后的表意规则进而获得创造新符号的能力。当前的 AI 显然无法像人一样通过解释活动来创造新的符号意义。因此，智能机器终究无法作为符号活动的伦理主体。在未来，广告人与智能机器之间并不会构成绝对对立的关系，机器叙述类广告也无法完全替代人工叙述类广告。不管技术如何迭代，机器都必须基于特定的规则，而创意恰恰是对既定规则的突破与超越。因此，真正具有创造力的广告人在任何时代都是宝贵的财富，AI 时代的到来只会使得创意愈发弥足珍贵，而不是相反。

思考题

1. 叙述类广告与陈述类广告有什么区别？
2. 试阐述纪实型广告与虚构型广告的不同特点。
3. 如何区分记录类广告与演示类广告？
4. 相较于人工叙述类广告，机器叙述类广告有哪些新的特点？

第十章

广告与叙述情节

　　本章主要分析广告情节的概念、主要类型以及特殊的叙述形态。如何讲好一个能够吸引目标受众的故事,对于当代广告极为重要。要讲好广告故事,就必须深刻理解广告叙述情节的基本理论和范畴。本章的知识要点包括四个方面:第一,区分事件、广告情节与故事。事件发生在经验世界,而情节或故事产生于媒介化的世界。任何经验世界中的事件都必须经过媒介化的手段才能被转化成广告中的情节或故事。广告中的情节可视为"短故事",而广告中的故事可视为"长情节"。第二,广告可分为四种基本的情节类型,分别为动力束缚型广告、静态束缚型广告、动力自由型广告与静态自由型广告。第三,广告中的反转叙述有助于提升广告情节的感染力,具体可分为"不可靠叙述"、有限叙述视角、"视角暴露"、幻觉视角四种基本类型。第四,广告中的"准不可能世界"是指通过艺术化手段所呈现的诸种貌似不符合经验现实的矛盾情节,主要表现为五种典型情况,分别为常识不可能、历史事实之不可能、分类学之不可能、逻辑之不可能与文本结构之不可能。

第一节　事件、广告情节与故事

从叙述学的角度来看,任何具有叙述性特征的叙述体裁都必然会涉及三个基本概念,即事件(event),情节(plot),与故事(story)。赵毅衡认为:"事件是事物的某种状态变化,如果不用某种媒介加以再现,事件就是经验世界的事件,不是组成叙述情节的事件。"①这就是说,事件仅仅是潜在的情节素材。媒介化使事件真正转化为情节。也就是说,如果发生在经验世界之中,就无法构成情节,而若是发生在被媒介化的叙述世界之中,才有可能构成情节。赵毅衡进一步指出,情节就是被叙述者遴选到叙述文本中的事件组合。② 简而言之,被组织进叙述文本的若干事件就是情节。

就广告文本而言,情节与故事的源头来自经验世界,但它们都存在于叙述世界的内部,二者的区别主要体现在"量"的层面,即长短有所不同。广告中的情节可视为"短故事",而广告中的故事可视为"长情节"。一般而言,叙述性越强,叙述元素越丰富的广告越接近于完整的故事形态;而叙述性越弱,叙述元素较少的广告越容易被简化或者被切割,二者的共同点是必须经过媒介化。广告的媒介化是对经验世界中杂乱无章的事件进行挑选和重新整合,再通过媒介载体呈现给受众的过程。广告情节/故事对于事件的选择和组合的过程可以用罗曼·雅各布森的"双轴理论"来加以解释。聚合轴可被称为"选择轴"(axis of selection),功能是比较与选择。组合轴可被视为"结合轴"(axis of combination),功能是邻接黏合。③

---

① 赵毅衡.广义叙述学[M].成都:四川大学出版社,2013:166.
② 赵毅衡.广义叙述学[M].成都:四川大学出版社,2013:167.
③ Roman Jakobson. The Metaphoric and Metonymic Poles[M]//Roman Jakobson and Morris Halle.Fundamentals of Language.Hague:Mouton Press,1956:76-82.

以央视一则以爱国主义为主题的公益广告《看过世界,更爱中国》为例。该片专门是为庆祝中华人民共和国 69 周年华诞特别制作的公益宣传短片。全片约一分三十秒,它构成一个独立完整的广告文本。该片没有采用宏大的叙述视角,而是从一个女留学生的个人叙述视角呈现了中国人对于祖国朴素却又真挚的爱国情怀。该宣传广告的事件包括人物、场景、时空变化等基本要素。从"选择轴"来看,主人公是一个外貌清纯的女性留学生,而不是一个长相帅气的男性留学生,这是比较和选择的结果。从场景来看,广告视频展示了女留学生在国外看到煎饼之时的兴奋场景以及在剧院弹琵琶的场景,这一幕幕情景中带有中国元素的象征物(煎饼、琵琶)和女留学生形成链接,构成了"结合轴"中的邻接黏合功能。与此同时,"选择轴"也在发挥作用,因为视频中的煎饼显然可以置换成象征团圆的饺子或带有地域特色的凉皮等其他特色小吃。与此同理,琵琶也可被置换成笛子、瑟、二胡等其他中国古典乐器,因而此类蕴含中国元素的物品都是比较与选择的结果。从时空变化来看,出现何种场景是"选择轴"运作的结果,而场景出场的顺序是"结合轴"操纵的结果。在视频中,先是出现煎饼的场景,然后出现弹琵琶的场景,最后高潮部分出现女留学生在现场观看中国女排比赛时激动得流下眼泪这动情的一幕。这三幕场景的内容和顺序显然是"选择轴"与"结合轴"同时发挥作用的结果。区别在于"选择轴"比"结合轴"更为隐蔽,但并不代表它没有发挥作用。

由此来看,"双轴关系"可以解释"事件"进入广告文本的运作机制。选入公益广告中的"事件"经过影像媒介的重新架构,将不同时空链接在一起,形成观众眼中看到的广告情节。没有进入广告情节中的人物和场景都属于经验世界中事件的组成因素。因此,事件与情节/故事分别属于不同层次的世界。只有通过媒介化的形式将经验世界中的"事件"进行挑选和整合之后,广告情节/故事才能进入受众的视野,成为一个独立的符号文本。

第二节　广告的四种基本情节素

从叙述学的角度来看,情节素(motif)是叙述情节中的最基本单位。具体来说,情节素可分为四个主要类别,分别是动力性情节素、静态性情节素、束缚情节素与自由情节素。动力性情节素直接推动情节展开,注重动作性。静态性情节素并不直接推动情节,一般偏重于描写或评论。束缚情节素属于不可省略的内容。自由情节素可以省略而基本上不损害叙述的连贯性。[①] 叙述学意义上的这四种基本情节素对于广告这种特殊的叙述体裁同样具有适用性。

从理论上来说,任何一则广告都会具备这四种情节素。以京东图书的一则广告为例。在 2022 年世界读书日即将到来之际,京东图书联合著名作家余华和诗人余秀华拍摄了一支关于读书的广告短片。这支广告片分为两部分。第一部分讲述的是余华来到一户人家想要"赎回"自己创作的小说《活着》。户主是一对夫妻,他们虽然买了《活着》,但一直存放在书架最上边,连书都没有拆封过。余华便说服他们将书卖给他本人,这样他可以将书再卖给真正有心情去阅读它的人,户主最终被余华说动。临走前,余华拿出一张纸,上面写道:"京东图书,问你买书。你一年前购买的,但至今未拆封的新书,不管是在京东、京南、京西还是京北,不管网上还是网下买的,都可以退给京东。"接着,广告词又顺势打出:"不负每一个读书的人,也不负每一个写书的人。"[②]

第二部分讲述的是余秀华打电话"推销"自己的诗歌。由于生理缺陷,余秀华口齿不清晰,于是广告片中出现一个小姑娘替她打电话来表达。她把想说的话写在一张纸上,然后由小姑娘读出来,接电话的人仍

① 饶广祥.广告符号学教程[M].重庆:重庆大学出版社,2015:64.
② 专访京东图书×群玉山:怎么给余华和余秀华写文案?［EB/OL］.（2023-04-04）［2024-03-22］.https://www.digitaling.com/articles/908291.html.

然是第一部分中的那户人家。

小姑娘念出的这段话如下：

你好，我不是余华

我是余秀华

余华说得对

写书的人，和读书的人之间

只有赤诚以待一条路

要么狭路相逢，一个掏心，一个掏肺

要么干脆不必遇见

所以，我只爱书作为书

而不是作为书架上的装饰品

我爱书被翻得皱皱巴巴

胜过它页页如新

我爱你看过之后，痛痛快快地骂

胜过没看过之前，虚情假意地爱

所以，如果不看

那就光明正大还给他

反正，不爱看余华

还有余秀华①

念完之后，电话那头表示肯定。最后，小姑娘也拿出和余华一样的纸片，并以她的口吻再次重复了一遍第一部分出现的那两段广告词。在这则广告片中，余华上门讨书的过程和余秀华致电推广自己的诗歌

---

① 专访京东图书×群玉山：怎么给余华和余秀华写文案？［EB/OL］.（2023-04-04）［2024-03-22］.https://www.digitaling.com/articles/908291.html.

这两段情节可以算作动力性情节素，二者皆直接推动情节的发展。余华以及小姑娘最后拿出的一张纸片类似于广告尾题，阐明了广告主题，属于不可省略的束缚型情节素。广告词"不负每一个读书的人，也不负每一个写书的人"，亮明的是京东图书关于读书的态度，带有评论色彩，属于静态性情节素。此外，广告中还插入了一些可有可无的自由情节素，如那对被讨书的夫妻在面对余华之时有些紧张。为了缓和气氛，他们剥了一个橘子给余华。广告片若将这一情节删去，其实并不会影响故事主体，这显然属于自由情节素。

在传播实践中，由于广告叙述内容、叙述手法、投放目标等各种因素的影响，其侧重点会有所不同。一般来说，动力性情节素、静态性情节素、束缚情节素与自由情节素这四种类别中会有两种情节素较为突出，另外两种则可能会被淡化。换言之，这四种情节素两两组合，又可构成四种情节类型，即动力束缚型、动力自由型、静态束缚型与静态自由型。在不同的叙述体裁（如小说与广告）和不同的媒介形态（如文字媒介与影像媒介）中，这四种情节类型会有不同的呈现方式，但基本的叙述表意机制具有相通性。以下我们将结合具体的广告案例来一一介绍这四种类型的广告。

第一种类型为动力束缚型广告。此种广告叙述类型的基本特点是广告与产品之间的因果关系较清晰，动作元素比较突出，陈述成分较少。不少倚重动作元素来推动情节发展的影像广告倾向于采用此种类型。2023 年，苹果公司中国官网发布了一则由甄子丹主演的广告片。在片中，甄子丹化身为保护用户隐私的黑衣使者。他的胸前有一个加锁的苹果 logo，象征苹果手机的隐私保护功能。在这则时长为 1 分钟的短片中，广告呈现了用户在不同场景下使用手机时可能存在的隐私泄漏风险。当用户使用手机时，背后总会闪现出身穿灰色西装的男子——代表着窃取个人隐私的软件。每次到了关键时刻，甄子丹总会疾速跑到这些人的前头加以阻拦，从而避免了用户的私人信息被窃取。最后，广告亮出尾题："隐私保护深植于 iphone 设计中，力保个人信息安全,这很 iphone。"①整部广告片的情节安排得比较紧凑,分别展现了办公室、超市、户外、写字楼等场景,其中出现的每一幅场景都带有很强的动作性,因而可视为动力情节素。而最后所打出的广告尾题再次强化了苹果手机力求保护用户隐私这一核心主题,所以它属于不可省略的束缚情节素。

第二种类型为动力自由型广告。此类广告的剧情与产品本身关联度较低,动作元素比较鲜明,陈述成分也偏少。该类型适用于一些并不直接推广产品,而是注重塑造企业文化的品牌宣传片。保健品汤臣倍健健力多曾以皮影戏手艺人为主角拍了一部微纪录片式广告。该片通过皮影手艺人的视角叙述了该行业的辛酸和不易。虽然前路坎坷,但皮影戏传承者依然初心不改,持守理想,曾多次赴港台地区,以及日本、欧美演出,得到了国内外舆论的一致好评。直到片末,才打出广告尾题:"健力多:致敬每位传统手艺人。"②

虽然该片是通过皮影戏传承者的自我讲述来展开,但它不是真的如纪录片一样仅仅将摄像机对准讲述者,而是通过鲜活而生动的画面来展现皮影戏手艺人在台前幕后的种种故事。当讲述者讲到在乡村搭台唱皮影戏的经历时,画面马上呈现出这一场景。当讲述者讲到外出演戏三轮车却半途抛锚这一旧事的时候,镜头也立刻将这一幕幕情景"映现"在观众的眼前。此类画面都是通过人物动作来推动情节发展,因而可视为动力性情节素。片中营造了"冬天唱皮影戏腿疼"和"雪天赶场推车腿痛"两幅画面,它们与品牌方所要推广的保健品直接相关,属于束缚情节素。不过,该片也出现了不少自由型情节素,如讲述者所反复宣扬的文化情怀和专业精神其实与保健品本身没有直接关联,可视为自由型情节素。当然,从深层次来看,这种对非遗文化的执着与热

---

① 甄子丹代言苹果广告:强调隐私安全[EB/OL].(2023-05-24)[2024-03-22].https://iwebad.com/video/4904.html.

② 汤臣倍健健力多 X 新华网 X 致敬皮影戏守艺人魏金全:纪录片[EB/OL].(2022-07-05)[2024-03-26].https://www.meihua.info/shots/4832925818389504.

爱体现出一种正向的社会价值,间接地表达出汤臣倍健这一品牌的企业文化内涵。

第三种类型为静态束缚型广告。此类广告的剧情与产品本身关联度较高,动作元素较弱,陈述成分较多。不少偏重于介绍与讲解类的"硬广"会采用此种形式。此种类型的最大好处是直截了当,一针见血。电梯中各类"洗脑广告"就是此种类型的典型样态,如"伯爵旅拍"。洗脑广告采用灌输的方式直接轰炸消费者的大脑,无须任何故事情节铺垫,只是通过静态性情节素反复陈述产品自身的优势,且所有出现的广告内容都直接与产品发生关联,因而束缚情节素占比也非常高。此外,一些知识科普类的短视频公益广告同样适用于该类型。在此类广告视频中,知识博主往往采用静态讲述的方式聚焦于某个知识点。为了节省拍摄成本,动力性情节素较少。为了节省用户时间,自由性情节素较少。所以知识科普类短视频也经常采用静态束缚型这种表意模式。

第四种类型为静态自由型广告。此类广告的故事与产品之间的逻辑性较弱,动作元素较少,陈述成分较多。依靠主播讲解并进行"软性推广"的直播活动或短视频属于静态自由型。大多数直播场景仅仅只是将镜头固定并对准主播,有些直播间为了避免过于单调,偶尔会进行镜头视角切换。也就是说,在直播的绝大多数时间,主播就是通过直面镜头来进行自我陈述,因而偏向静态性情节素。所谓"软性推广"类似于软广告的概念,指的是不直接呈现产品,而是将广告产品融入非广告元素(如故事、科普等内容)之中。艺术科普类视频博主"意公子"便可视为此类的代表。

"意公子"火爆之后,不少大品牌开始与其合作。从"意公子"的角度来看,一方面,她要坚守自身 IP 的独立性;另一方面,又要通过巧妙而委婉的方式将她自己想要表达的内容与广告产品相互融合起来。为了避免商业味道过浓,"意公子"在视频讲述过程中往往会增添大量自由情节素,如讲述历史典故或古代文人轶事,这部分内容与产品可能没有直接关联,但它可能恰恰是"意公子"的立身之本,不可谓不重要。假如去除貌似无关的自由情节素,全部采用与产品直接挂钩的束缚情节素,则很可能会招致受众的抵制和反感。

根据以上分析,我们可以通过列表形式来对比以上四种广告情节的基本特点。如表 10-1 所示:

表 10-1　广告的四种基本情节类型

广告情节类型	适用范围	基本特点
动力束缚型广告	适用于倚重动作元素来推动情节发展的一般性商业广告	广告与产品之间的因果关系较清晰,动作元素比较突出,陈述成分较少
动力自由型广告	适用于偏重动作元素来推动情节发展的品牌宣传片	广告的剧情与产品本身关联度较低,动作元素比较鲜明,陈述成分偏少
静态束缚型广告	适用于偏重介绍与讲解类的"硬广"或偏重于知识科普类的公益广告	广告的剧情与产品本身关联度较高,动作元素较弱,陈述成分较多
静态自由型广告	适用于偏重讲解的"软性推广"类直播/短视频	广告的故事与产品之间的逻辑性较弱,动作元素较少,陈述成分较多

通过表 10-1 可以发现,动力束缚型广告与静态束缚型广告的共同点是广告内容与产品之间关联性较高;动力自由型广告与静态自由型广告的共同点是广告内容与产品之间关联性较低。需要再次强调,这四种情节素的划分也不是绝对的,而是可以同时存在于同一则广告,只是在程度上存在差异。一般而言,其中的两种情节素会比较突出,而另外两种则会相对淡化,四者之间是一种此消彼长的关系。在传播实践中,广告人需要根据广告投放的具体要求来选择合适的情节类型,而无法找到一个"万能模板"去任意套用。

第三节　广告中的反转叙述情节

在当代广告叙述活动中,具有反转意味的叙述情节是经常会出现在大众面前的重要叙述形态。"反转叙述情节"主要是通过"不可靠叙述"、有限叙述视角、"视角暴露"、幻觉视角引发强烈反差感,并由此呈现出极具感染力的戏剧色彩。反转情节带来的戏剧性往往出乎意料,很容易给受众留下深刻印象,进而能够在广告内容与受众情感之间达成一个"共感点"。具体来说,反转叙述主要有四种类型,下文将结合具体广告实例来进行分析。

　　第一,由"不可靠叙述"所产生的反转叙述情节。从叙述学的视角来看,"不可靠叙述"是指叙述者可能故意"说谎",也可能通过各种虚假的表现故意误导观众,从而造成"不可靠"的叙述效果,并由此形成前后剧情之间的反差,带来意想不到的结局。不少所谓的"神反转"广告往往会设定不可靠叙述者或者设置让观众意想不到的悬念来强化广告情节的感染力。

　　以一则日本"神反转"广告为例。该广告片一开头就营造了一个十分危急的场景。在荒郊野外,一名男子的身躯被压在一块巨石下面不得动弹,旁边的女子急得大声呼救,却无人回应。看样子,二人是夫妻关系。男子此时已经奄奄一息,他让女子不要再浪费力气了,但女子却让他不要气馁。绝望之中,女子一边哭泣,一边跪地呼唤神的帮助。突然之间,天空发出一道金光,云层中飞下一位慈祥的白衣老者,原来是一位神仙!他用和蔼的口吻告诉女子可以实现她的一个愿望。男子看到神仙,情不自禁说道:"我得救了!"女子紧握男子的手,叫道:"亲爱的!"然后对神仙说道:"我想要 16 岁的肌肤!"直到最后,观众才明白,原来这是一则护肤品广告。该广告正是通过"不可靠叙述"制造出了极具戏剧色彩的反转情节。到了结尾,观众才发现妻子此前对丈夫的"表态"显得无比可笑。而这一"笑点"的目的是让故事最终链接到产品本身。故事如何荒唐都不要紧,要紧的是让观众最后一定要记住故事背后的产品。

　　第二,有限视角导致的反转叙述情节。叙述学层面的视角专指聚焦于特定角色的内部视角。此处的角色既可以是某个人,也可以指人格化的行动者。例如,摄像机镜头采用俯视的视角,可以模仿狗、猫等动物的视角。在射击类电子游戏中,第一人称或第三人称都是一种有限视角。有限视角有意将对外界的感知局限在特定角色内部,有助于制造"沉浸感"体验。Take-Two 交互软件公司曾以第一人称视角制作了一则宣传片,名为《上班第一天》[①],该片以一个男性角色作为第一人称有限视角,镜头呈现了他起床洗漱准备,上班乘坐地铁公交,在公司与同事开会,下班与朋友一起喝酒玩游戏等场景,具有很强的"代入感"。

在广告领域,有限视角的突然转换则是形成反转叙述的重要手段。保健品牌 DrGiorgini 曾以惊悚片作为创意点拍摄了一支广告片。该广告片一开头用第一人称视角聚焦在一名男子身上,他坐在湖边的篝火边上休息,突然一名女子从身后的树林跑过来,神色惊恐万分。于是,他也随女子在树林中漫无方向地狂奔。树丛中不时发出狰狞的怪叫。此时,镜头紧紧限定在男子的视角,所以观众也不知道是什么东西。紧接着,他独自一人跑到湖边,看到一辆废弃的房车,于是立马躲了进去。他刚进去,房车开始摇晃,车的顶部被重击,差点被击穿,像是有什么怪物在追杀他。猛然之间,男子的有限视角发生转换,镜头换成了全知视角,原来这名男子正躺在沙发上使用一个虚拟 VR 眼镜。他取下 VR眼镜,看到坐在沙发上的妻子对他微笑,并递给他一杯 DrGiorgini 保健饮品,男子立马就从紧张状态中放松下来。此时观众才明白,刚才发生的恐怖场景只不过是虚拟现实。而刺激的 VR 体验只不过是用来反衬"保健品带来无比放松的感觉"这一广告主旨的前奏而已。广告剧情从无比紧凑的恐怖场景突然转变成无比放松的场景,前后形成强烈的反差感,而这种反转效果正是通过有限视角的切换来实现的。

第三,幻觉视角导致的反转叙述情节。此处的幻觉是广义上引发各类幻象的统称。来自叙述者的梦境、白日梦、错觉、幻想等各类非真实的感知体验都可视为幻觉视角。幻觉视角往往是广告导演有意设计

---

① 第一视角游戏式沉浸体验广告:《上班第一天》[EB/OL].(2017-05-02)[2024-03-26].https://www.xinpianchang.com/a10717139.

的产物,它故意不让受众知道他们所看到的是假象,而直到故事的结尾才将真相露出,从而制造出强烈的戏剧色彩。以一则反战公益广告为例。在该广告片开头,一名装扮成蝙蝠侠的男子与一个可爱的男孩在难民营中欢乐地玩耍。他们一起踢球、捉迷藏、唱歌、放风筝……然而,直到最后,镜头突然一转,一名面色疲倦的男子(孩子的父亲)正扛着睡眼惺忪的孩子在艰难地前行,背景是一片硝烟和战火。此时观众才恍然大悟,原来此前孩子与蝙蝠侠一同嬉戏的场景都只是他的梦境。在片尾,屏幕中打出一行字幕,中文意思是:“对于一些孩子来说,幻想是逃离现实的唯一途径。”①这些孩子指的正是战争中备受摧残的儿童。该反战广告片运用幻觉视角制造出了梦境与现实之间的强烈反差,深刻揭示出战争对儿童所造成的伤害,极具震撼力。

　　再看一则韩国公益广告。在广告前半部分,情节描述的是一个年轻的母亲在照顾自己的小女儿。这个调皮的小女孩把母亲的口红涂在自己嘴上,把袜子穿反了,非要买自己不吃的糖饼,还趁母亲和商铺主人说话的当头溜走了,诸如此类的细节让母亲倍感心焦。但突然镜头一转,在后半部分,剧情开始大反转,前半部分镜头中的小女儿一下变成了患有“阿尔茨海默病”的老母亲。事实上,开头出现的小女孩才是这位年轻母亲的母亲。两人的身份一下子对调了。最后,广告尾题出现一行字:“我变成了母亲的母亲。”②从情节上来看,这一“反转广告”的前半部分属于“假想”,而它的后半部分才是事实的真相。因此该广告也是由“幻觉叙述”所制造的反转叙述效果。

　　第四,由“视角暴露”所导致的反转叙述情节。“视角暴露”指的是叙述者自我暴露叙述框架。对于视频类广告而言,镜头本身就构成了一套叙述框架。镜头之外的世界不属于叙述世界,一般不应该出现在

①　War Child 公益组织创意广告:蝙蝠侠[EB/OL].(2017-04-28)[2024-03-26].http://iwebad.com/video/2909.html.

②　飙泪! 韩国走心公益广告《成为了妈妈》的神反转剧情[EB/OL].(2018-02-08)[2024-03-26].https://www.digitaling.com/projects/25835.html.

画面之中。假如摄影师出现在自己拍摄的镜头当中，那么他就成为叙述世界中的角色。但如此一来，又会出现一个新的叙述者，即拍摄该摄影师镜头背后的人。换言之，"视角暴露"体现出一个"嵌套结构"。叙述者必须站在叙述世界之外，一旦叙述者进入自己所叙述的内容之中，那么就必须出现一个新的叙述者，即形成新的叙述框架，就如同俄罗斯套娃，一层套一层。"视角暴露"通过打破不同叙述层次的界限，往往能够制造出意想不到的反转叙述情节。以一则关注 LGBT 群体为主题的公益广告为例。在这则公益短片开头，一名黑人男青年站在楼顶天台想要跳楼轻生，原因是他有同性恋倾向，这一点让他承受了巨大的心理压力。广告片尾，在他跳下的一瞬间，镜头突然一转，拍摄现场的幕后人员走上前台，屏幕中打出："改变脚本。"①这种"视角暴露"是一种自我"露迹"。导演让观众明白原来这只是一场戏。因此，片中这名青年黑人男子的命运是可以被挽救的。公益片的主旨是希望主流社会能够正视 LGBT 群体面临的心理困境，避免这些青少年走向极端。

总的来说，以上谈及的"不可靠叙述"、有限叙述视角、"视角暴露"、幻觉视角是广告用来制造反转叙述情节的四种基本类型。广告依靠反转叙述有利于加深受众对广告产品的印象，深化品牌的文化内涵，同时也是广告创意的重要体现。作为广告创意人，若善于利用反转叙述来讲故事，将能够大幅提升广告的影响力，达到事半功倍的效果。

第四节　广告情节中的"不可能世界"

可能世界理论至少可以追溯到莱布尼茨在 18 世纪出版的著作《神正论》。在该书中，莱布尼茨从神学的角度提出"可能世界"一说。莱布

---

① LGBT 公益广告：自杀的少年［EB/OL］.（2016-09-01）［2024-03-26］. http://iwebad. com/video/2254.html.

尼茨认为,尽管我们这个世界存在各种缺陷和罪恶,但相对于上帝所创造的其他可能世界,我们所存在的这个实在世界仍然是最合适的。例如,我们可以设想一个至善的世界,这个世界没有罪恶,但与此同时,这个世界也就没有自由意志可言,那么这个世界势必是一个"单调乏味"的世界。

到了 20 世纪,不少西方哲学家开始借助莱布尼茨的"可能世界"探讨逻辑学中的"真值"问题,而文艺理论家则运用它来阐释文学艺术中的虚构难题。近年来,可能世界理论也得到了中国叙述学界的重视。如张新军的《可能世界叙事学》、周志高的《虚构世界研究》等学术专著都有专门探讨文学艺术中的可能世界问题。而在《论艺术中的"准不可能"世界》中,赵毅衡认为有必要区分文学艺术与逻辑学中的"可能世界"与"不可能世界"。他指出:

> 艺术世界的品格不是逻辑性的,而是想象的。任何艺术再现的世界,都有强烈的主体性,都以意识的强大的想象力为基础。这里不仅是指再现主体(艺术家)的创造想象力,也指艺术接受者的解释想象力。……艺术可能世界是想象的产物,绝大部分艺术可能世界并没有文本之外的存在。哪怕艺术作品有物质存在,也不能保证它们在意识中的实在,一旦脱离了想象力,它们就崩解了。①

换言之,可能世界或不可能世界,对于艺术文本的发送者抑或接受者而言,都只是存在具有想象特性的虚构世界之中,而不能够直接与现实世界相互映射。

因此,逻辑学的可能和不可能与艺术的可能和不可能实际上分属不同的层次。对于艺术文本而言,赵毅衡进一步提出了"准不可能世

---

① 赵毅衡.论艺术中的"准不可能"世界[J].文艺研究,2018(9):7.

界"的概念。艺术中的"准不可能世界"分为五类:"从常识不可能,到历史事实不可能,到分类学不可能,到逻辑不可能,到文本结构本身的不可能,前三种是'类不可能',即常识中不可能,逻辑上依然可能,并不是绝对的不可能;而后两种是逻辑的绝对不可能。"①实际上,赵毅衡所说的五类"准不可能世界"不仅适用于文学艺术文本,同样可以用来分析具有虚构特质的广告文本,而这一问题在广告学界尚未得到应有的关注。

由于当代社会的新媒体广告存在鲜明的"叙述化"之趋势,并且越来越表现出"泛艺术化"的特质,这使得广告体裁原有的实用性本质与非实用表意形式结合得愈来愈紧密。为了吸引受众的"注意力",实现广告效果的最大化,广告创意团队不得不用艺术化和故事化的方式来不断打破和重构原有的叙述边界,这就使得制造广告文本中的"准不可能世界"也成为广告创意的重要手段。因此,借用可能世界理论来阐述广告文本中的"准不可能世界"有助于揭示广告叙述的独特性。

从叙述学的视角来看,广告叙述的本质是为了发挥其实用性功能,但在表意形式上,它却往往表现出艺术化的反常风格,这往往被视为广告创意的重要标志。与艺术文本相似之处在于,它需要通过打破现实世界中的常规来营造广告世界中的反常规。以艺术文本的"准不可能世界"为基础,广告文本同样可以分为五种不可能的状况。

第一,常识不可能。违反现实世界中的日常经验的事物可称为常识不可能。不过,日常生活中不可能发生之事并不代表它们不能在广告所构筑的叙述世界中发生。恰恰相反,在虚构型广告文本中,存在海量违反经验常识的情节,它们并不直接对应现实世界,也不要求受众将其与自己生活的真实世界等量齐观,因而种种常识不可能在广告叙述中十分普遍,而且往往是作为吸引眼球、增加广告流量的"创意点"。

例如,一则美国公益广告叙述了一位怀孕长达 260 周的劳伦女士

---

① 赵毅衡.论艺术中的"准不可能"世界[J].文艺研究,2018(9):7.

的故事。根据广告画外音的描述,劳伦是一家律师事务所的助理,她怀孕差不多 5 年了,但丝毫不期待生育,因为她和丈夫都没有额外的时间养育小孩。丈夫用假期照顾年迈的母亲。而且他们也都没有带薪休假,所以她 5 年以来一直在积攒假期。根据测算,她大概能够在怀孕 6 年之时积攒足够的假期去把孩子生下来。广告片用了一种夸张的表现手法来呈现大肚子劳伦,她在上厕所、坐电梯等日常生活中都不得不面临巨大的挑战。最后,广告片尾强调,由于美国是唯一没有带薪产假的国家,劳伦不得不一直怀着孩子。[①] 实际上,该公益广告的主旨是试图对美国无带薪休假的现状提出批评,并试图对此做出改变。显而易见,这则广告中所描述的怀孕长达 5 年的劳伦女士严重违反常识。但在广告所虚构的故事世界中,这种违反现实世界的情节具有存在的合法性。它如同电影中的虚构情节,与经验世界是一种"不透明"的非指涉关系。可以说,广告故事所采用的这种不符合生物繁衍法则的反常识叙述情节不仅不显得"虚假",反而成为该公益广告的"亮点"。

　　第二,历史事实之不可能。广告叙述中的世界与已发生的历史事实相违背,即历史事实之不可能。在小说或影视体裁中,所谓"反历史情节",构造的正是此类不可能世界。如美国电影《无耻混蛋》中就虚构了一个犹太女孩为了复仇,和二战时期的盟军合谋烧死希特勒的"反历史"情节。在广告叙述中,广告设计者往往会借助某一具有里程碑意义的历史事件作为叙述背景来"借题发挥",但所增添的故事细节可能完全缺乏历史依据,因而此类情节也可算作历史事实之不可能。

　　例如,爱尔兰品牌威士忌詹姆森酒曾在愚人节发布了一个带有"恶搞"性质的广告。该广告片是以真实历史作为叙述背景。故事回溯到品牌的创始人约翰·詹姆森于 1780 年在都柏林所开设的第一家詹姆森酿酒厂。而 230 多年后的今天,工人们在重修这个酿酒厂的时候,居

---

① 　美国公益广告:怀孕 5 年的劳伦[EB/OL].(2017-02-21)[2024-03-29].http://iwebad. com/video/2746.html.

然发现了一桶詹姆森当年酿造的酒。不过,由于年代久远,这桶无比珍贵的品牌初创酒最终仅存一小杯,但在广告片最后一个镜头中,工作人员居然一不小心将这杯"无价之宝"给打翻了。紧接着广告尾题出现"干杯"(cheers)的字幕。[①] 其实,广告片只是借用了品牌创始人的历史素材作为叙述框架,其中所填充的不少细节都带有传说性质,而最终被人一不小心打翻的那一小杯詹姆森酒并无历史依据,完全是广告片为了制造戏剧性而虚构出来的情节,因而也属于历史事实之不可能。

第三,分类学之不可能。广告叙述者以一种拟人化的方式展开的叙述活动即分类学之不可能,如会说话的动物、会思考的植物、懂人性的机器等都带有幻想色彩的虚构场景。例如,亚马逊公司曾在愚人节推出一款能够听懂动物语言的智能宠物音箱 Petlexa。在该广告片中,智能音箱能够告诉仓鼠跑步的步数,帮猫咪点寿司和点歌,帮狗狗打开自动弹射球,还能帮忙解决各种麻烦。[②] 广告片所呈现的智能音箱显然违背了经验事实。至少从目前的科技发展水平来说,机器要能顺利地与动物交流似乎还不现实,所以这则"恶搞广告"所叙述的内容也属于分类学之不可能。

再比如,在一则美国啤酒广告中,片中居住在城市中的人类突然之间开始模仿动物的行为方式。他们要么像狼群一样在地面上飞奔,要么像鸟群一样飞翔。最终,这些人群齐聚到阳光初升的群山之巅,一起感受"大自然的呼唤"。广告片的尾题标明"回归自然",目的是宣传啤酒中的天然成分。[③] 从叙述内容来看,人类显然不可能逆向演化成像狼或像鸟一样具有特殊身体技能的动物,这属于分类学之不可能。

---

① 爱尔兰詹姆森酒愚人节恶搞广告:詹姆森留下的酒[EB/OL].(2017-04-13)[2024-03-29].http://iwebad.com/video/2875.html.

② 亚马逊愚人节恶搞广告:听得懂动物语言的 Petlexa[EB/OL].(2017-04-14)[2024-03-29].http://iwebad.com/case/6410.html.

③ Michelob ultra 酒创意广告:回归自然[EB/OL].(2019-03-06)[2024-04-05].http://iwebad.com/video/3588.html.

　　第四,逻辑之不可能。在广告叙述中,凡是违反逻辑学上的同一律、排中律、矛盾律以及带有悖论特性的内容可称为逻辑之不可能。《韩非子》中记载的"以子之矛,陷子之盾"的寓言故事就可以理解为逻辑之不可能。在这一寓言故事中,"吾盾之坚,物莫能陷也"与"吾矛之利,于物莫不陷也"前后两句话发生了明显冲突,违反了矛盾律,属于逻辑之不可能。不过,逻辑之不可能也不一定就会造成类似于"自相矛盾"这类虚假广告,它也可能成为一种有意为之的广告创意。例如,时空穿越的广告情节可能导致"祖母悖论"这类逻辑学难题,这也属于另一种形式上的逻辑之不可能。从线性时间的逻辑来看,改变过去势必都会改变现在,所以即便时空穿越从技术上有实现的可能性,但这种穿越必将导致按时序发展的因果律失效,因而违背了形式逻辑。

　　例如,在胡戈执导的七喜穿越类网络广告系列中,其中有不少情节就涉及了穿越悖论。七喜穿越类系列广告中的一个故事主题是"拯救地球"。在广告片中,主人公由于擦枪走火,不小心误杀外星人,其结果是导致外星人毁灭地球。为了挽救这一结局,他不断进行时空穿越,试图改变误杀外星人这一结果。但经过不断回溯之后,主人公在片尾终于明白:原来正是他一系列试图改变过去的行为举动最终成为导致外星人被误杀这一结果的"最初起因",这就构成了一个诡异的循环。假如不是主人公试图改变最终结果,这一悲剧结果就不会发生。但假如这一悲剧结果不发生,那么主人公也不会有这一系列的挽救举动。如此一来,原因可以成为结果,而结果也可以成为原因,这种因果相互倒置所引发的悖论也属于逻辑之不可能。不过,对于广告设计者而言,此种穿越悖论正是吸引眼球的创意点。

　　第五,文本结构本身之不可能。广告叙述中所涉及的"回旋分层"是典型的文本结构本身之不可能。"回旋分层"又称为"怪圈叙述"。赵毅衡指出:"叙述主体,竟然被自己的叙述创造出来,就更违反了逻辑,他既是可能世界的创造者,又是可能世界的被创造者,因此是一个逻辑不可能主体。"①例如,德罗斯特效应(Droste effect)就可视为"怪圈叙述"。从叙述学的角度来看,所谓德罗斯特效应是指一种无限循环或无限嵌套的叙述结构。该词源于20世纪初期荷兰一款著名巧克力品牌德罗斯特公司生产的一款巧克力包装盒。在这款包装盒上印有一幅神奇的图案。在图中,一位打扮得像护士的女性端着一盒巧克力,而巧克力上的图案也是一模一样的护士装扮的女性,她手中端着同样的巧克力盒子。如此循环,永无止境,从而构成一种无限循环的叙述结构。这种德罗斯特效应即可视为文本结构本身之不可能。

概括来说,广告中的"准不可能世界"可表现为上述所分析的五种典型情况,分别为常识不可能、历史事实之不可能、分类学之不可能、逻辑之不可能与文本结构之不可能。作为广告创意人,若能充分理解"准不可能世界"的理论内涵及其特点,并将这五种不可能类型灵活运用到广告情节的创作之中,势必有助于打造出别具一格、脑洞大开的内容创意,显著提升广告的传播力和影响力。

思考题

1. 广告有哪四种基本的情节类型? 它们有哪些特点?

2. 广告中的反转叙述有哪四种基本类型? 试结合案例来分析。

3. 广告中的"准不可能世界"有哪五类? 试结合案例来说明。

---

① 赵毅衡.论艺术中的"准不可能"世界[J].文艺研究,2018(9):10.

广告与述真格局[*]

　　本章主要阐述广告"述真格局"的概念、内涵以及述真标准问题。广告"述真方阵"以格雷马斯和赵毅衡的述真理论为基础,构建了五种完整的广告符号表意与四种不完整的广告符号表意。但鉴于广告是一种跨越纪实框架与虚构框架的"跨界"文本,因而有必要进一步从真理符合论与真理融贯论两个维度对符号表意中的诚信/作伪意图,可信/不可信文本这两对关键性概念做出区分,这对于探讨广告如何通过虚构述真具有重要意义。然而,对于广告述真而言,真理符合论与真理融贯论仍然没有充分考虑接受者对真实的反向构筑,因而需要借助"社群真知论"来评判广告中难以验证的真实部分。不过,过于倚重"社群真知论"也可能将广告述真的标准简化为广告传播效果的标准。由于广告述真涉及发送者、文本与接受者三重因素,因而真理符合论、真理融贯论、社群真知论可以作为理解广告述真的三种具有差异性和互补性的理论视角。

---

　　*　本章主要内容来源于笔者的一篇论文,具体可参见:黄文虎.符号学视野下的广告"述真方阵"[J].华侨大学学报(哲学社会科学版),2020(2):127-139.

第一节　叙述文本的述真与谎言

从广义叙述学的视角来看,符号文本的真实与经验世界中的真相是两个层面的真实问题。更进一步来看,叙述类符号文本又可区分为纪实型文本与虚构型文本。就虚构型文本而言,它原本是一种"作伪",但这种"作伪"却是出于传者与受众之间的一种建立在符号文本基础之上的"默契"关系,不能理解为是对经验世界的"作假",因而是一种"合法"的"作伪文本"。而对于纪实型文本来说,"作伪意图"无异于"作假",比如虚假广告,它是一种"不合法"的"作伪文本"。

由此看来,符号文本的真与假并非简单的二元对立关系,而涉及不同叙述体裁的表意规则。要区分纪实型文本与虚构型文本中的真假问题,就有必要引入"格雷马斯符号方阵",即"述真方阵"。[①]如图 11-1 所示:

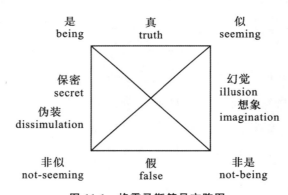

图 11-1　格雷马斯符号方阵图

由图 11-1 可以发现,所谓真,必须符合既"是"又"似"这两项条件。

---

① A J Greimas, Joseph Coutes. Semiotics and Language［M］//An Analytical Dictionary. Bloomington:University of Indiana Pree,1982:312.

所谓假,同样必须符合既"非是"又"非似"这两项要求。从叙述学的角度来理解,"是"与"非是"针对的是纪实型叙述文本所呈现的内容是否符合所指涉的经验现实。而"似"与"非似",针对的是虚构型叙述文本所再现的内容是否符合虚构世界中的真实标准,比如文学艺术所强调的"主观真实"。因此,幻觉、想象之类的虚构型叙述文本属于"非是"却"似";而保密、伪装"拟纪实型叙述文本"属于"是"但"非似",因为此类文本的叙述内容指涉经验世界,只不过采取了一种"作伪"的叙述形式,但不能被视为"作假"或"虚构"。

赵毅衡以"格雷马斯方阵"为基础,尝试将"真""假""似""非似"四种基本要素限定在符号体系之内。由此他引入诚信意图/不诚信意图(作伪意图)、可信文本/不可信文本两组概念来区分符号世界中的真假问题。

"真"＝诚信意图＋可信文本;

"假"＝不诚信意图(作伪意图)＋不可信文本;

"幻觉、想象"＝不诚信意图(作伪意图)＋可信文本;

"保密、伪装"＝诚信意图＋不可信文本。[①]

诚信或不诚信意图是从符号传达者的角度出发,而可信或不可信文本则涉及符号传播语境,而这一文本语境显然是由传受双方共同来完成符号表意过程。在赵毅衡看来,"述真方阵"的真假格局忽略了符号表意的"接受者"环节。[②] 因为判断符号表意的真假不仅在于传达者,而且在于接受者如何看待符号文本的"真"与"假"。由此,赵毅衡进一步推导出八种基本的符号表意模式。其中可分为三种不完整的符号表意和五种完整的符号表意。[③] 如表 11-1 所示:

---

① 赵毅衡.符号学:原理与推演[M].南京:南京大学出版社,2011:264.
② 赵毅衡.符号学:原理与推演[M].南京:南京大学出版社,2011:265.
③ 赵毅衡.符号学:原理与推演[M].南京:南京大学出版社,2011:278.

表 11-1　符号表意模式

八种符号表意模式	符号表意涉及的基本要素	符号表意三环节
五种完整的符号表意模式	1a,诚意正解型	诚信意图→可信文本→愿意接受
	1b,欺骗成功型	作伪意图→可信文本→愿意接受
	2a,反讽超越型	诚信意图→不可信文本→愿意接受
	2b,表演幻觉型	作伪意图→不可信文本→愿意接受
	4,假戏假看型(内含诚意正解型)	作伪意图→不可信文本→不愿接受(假看)
三种不完整的符号表意模式	3a,不得理解型	诚信意图→可信文本→不愿接受
	3b,表意受阻型	诚信意图→不可信文本→不愿接受
	3c,谎言失效型	作伪意图→可信文本→不愿接受

在表 11-1 符号表意模式中,最为特殊的是"假戏假看型"(内含诚意正解型)。赵毅衡认为"假戏假看型"中内含"诚意正解型"的理由是:"传达双方都知道是一场表演,发送者是做戏,文本摆明是假戏,接收者假戏假看,所谓'不愿接受'就是假看,就是不接受文本的直接信息。"[①]在此,文学艺术中的"假戏假看"并不被视为接受者直接拒绝或阻断符号表意,而是出现了一种特殊的"假戏假看—诚信正解"的矛盾格局。因此,在赵毅衡看来,"假戏假看"的背后镶嵌了一个"真事真看"。[②]

但从基本逻辑来看,信息发送者不可能在接受一个文本的同时又拒绝该文本,这似乎违反了排中律。但对于虚构型叙述文本来说,"假戏假看"并不违反基本逻辑,因为真实受众处于叙述世界之外,他/她可能承认演戏是"假",但受众可以在"戏"中分裂出一个"隐含读者",它是真实受众所生发出的一个抽象人格,与作者所分裂出的"隐含作者"处于同一个虚构的叙述世界,这两者之间可以在叙述文本中形成一种"横向真实"。因此,假戏假看中蕴含了一个可信的诚意正解模式。

---

① 　赵毅衡.符号学:原理与推演[M].南京:南京大学出版社,2011:273.

② 　赵毅衡.符号学:原理与推演[M].南京:南京大学出版社,2011:273.

综合来看,表 11-1 符号表意涉及符号表意的三个基本环节,即"发送者的意图意义→文本携带的文本意义→接收者的解释意义"①。任何完整的符号表意都是这三种意义之间相互勾连的结果。其中接收者是否愿意接受文本所传达的信息是符号表意能否达成预定传播效果的关键所在。因此,在赵毅衡看来,传者本身诚信与否不等于"述真",文本是否可信也不是评判"述真"的根本标准,述真或谎言的效果最终需要通过接受者的态度来判定。

由"述真方阵"所衍生出的这八种符号表意模式反映出了一种普遍性的文本表意、传播与接受的规律。而在广告文本中,同样会涉及类似的"述真格局",但由于广告这一体裁的特殊性,需要进一步区分诚信意图/作伪意图以及可信文本/不可信文本的两种内涵,以下将结合赵毅衡的"八种符号表意模式"来探讨广告文本中的述真与谎言格局。

第二节 广告文本的"述真方阵"

一、九种广告符号表意模式

以上文提到的八种符号表意模式作为基础,广告作为特定的符号文本,涉及九种符号表意模式,即广告文本的"述真方阵"。如表 11-2所示:

---

① 赵毅衡.符号学:原理与推演[M].南京:南京大学出版社,2011:266.

表 11-2　九种广告符号表意模式

九种广告符号表意模式	符号表意涉及的基本要素	符号表意三环节
五种完整的广告符号表意模式	1a,诚意正解型	（一）诚信意图→可信文本→愿意接受 （1）真实意图→真实文本→愿意接受 （2）纪实框架→直陈文本→愿意接受
	1b,欺骗成功型	（二）作伪意图→可信文本→愿意接受 （1）虚假意图→真实文本→愿意接受(不成立) （2）虚构框架→直陈文本→愿意接受
	2a,反讽超越型	（三）诚信意图→不可信文本→愿意接受 （1）真实意图→虚假文本→愿意接受(不成立) （2）纪实框架→反讽文本→愿意接受
	2b,表演幻觉型	（四）作伪意图→不可信文本→愿意接受 （1）虚假意图→虚假文本→愿意接受(被欺骗) （2）虚构框架→反讽文本→愿意接受
	4a,假戏假看型	（五）作伪意图→不可信文本→不愿接受(假看) （1）虚假意图→虚假文本→不愿接受(不被欺骗) （2）虚构框架→反讽文本→不愿接受(假看)
四种不完整的广告符号表意模式	3a,不得理解型	（一）诚信意图→可信文本→不愿接受 （1）真实意图→真实文本→不愿接受 （2）纪实框架→直陈文本→不愿接受
	3b,表意受阻型	（二）诚信意图→不可信文本→不愿接受 （1）真实意图→虚假文本→不愿接受(不成立) （2）纪实框架→反讽文本→不愿接受
	3c,谎言失效型	（三）作伪意图→可信文本→不愿接受 （1）虚假意图→真实文本→不愿接受(不成立) （2）虚构框架→直陈文本→不愿接受
	4b,假戏不假看型	（四）作伪意图→不可信文本→不愿接受(不愿假看/拒绝) （1）虚假意图→虚假文本→不愿接受(不被欺骗) （2）虚构框架→反讽文本→不愿接受(不愿假看/拒绝)

　　表 11-2 中的九种广告符号表意模式基本沿袭了赵毅衡所划分的八种符号表意模式,但增加了"4b 假戏不假看型"。"假戏不假看型"与"假戏假看型"最大的区别在于对"不愿接受"这一词汇的理解不同。赵毅衡认为,"假戏假看型"中的"不愿接受"就是一种"假看"的态度。而

"假戏不假看型"中的"不愿接受"意思是"不愿假看"或"拒绝"的态度。比如,对于一则虚构型的广告故事,有的观众可能看得津津有味(假看),而也有观众可能觉得索然无味(不愿假看)。因而二者的态度恰好相反。

关于"述真方阵",首先需要对符号表意三个环节中的几个关键性概念进行说明。在赵毅衡看来,在很多情况下,发送者是否诚信很难追溯。发送者的诚信意图只是"言其所知",而不代表客观事实。因此,发送者意图无法单独作为评判"述真"的标准。[①]

所谓"可信文本","就是没有让接收者发觉有内在矛盾的、对接收者来说合乎常理的文本"[②]。所谓"愿意接受","就是接收者意识到文本有意义而开始解释的过程"[③]。由此来看,赵毅衡认为"述真"的关键在于接收者是否愿意接受。在他看来,文本是否可信不是由文本自身的体裁特性所决定,而是由接收者的解释意义所认定。这种以"接收者"为重心的观点也具有明显的弱点。如此说来,广告文本是否可信难道完全是由接收者来认定,而与特定的体裁要求毫无关系吗?

显然不是。由于广告文本往往是"虚构与真实的混合体",因而其"述真"问题就显得尤为复杂。要理解广告"述真方阵",至少需要明确两点。

第一点,广告是横跨(拟)纪实型文本和虚构型文本的特殊意动性表意形态。从广义叙述学视角来看,广告文本可分为(拟)纪实型广告与虚构型广告。(拟)纪实型广告是指模拟类似纪录片的框架来展示商品、服务或塑造品牌形象的文本类型。虚构型广告是指采用剧情片的虚构框架来展示商品、服务或塑造品牌形象的文本类型。

第二点,鉴于拟纪实型广告和虚构型广告这两大类型,有必要分别从"真理符合论"与"真理融贯论"两个维度来对诚信意图/虚假意图与

---

① 赵毅衡.符号学:原理与推演[M].南京:南京大学出版社,2011:266-267.

② 赵毅衡.符号学:原理与推演[M].南京:南京大学出版社,2011:267-268.

③ 赵毅衡.符号学:原理与推演[M].南京:南京大学出版社,2011:268.

可信文本/不可信文本进行界定。首先,对于符号文本而言,"真理符合论"强调的是符号文本与外部经验世界的对应关系。从"符合论"来看,非诚信意图/作伪意图为不符合经验世界的"虚假意图"。诚信意图即符合经验世界的"真实意图",包括广告传播者所宣传的事实性内容,如商品特点、服务品质、公益理念等。

而可信文本与不可信文本的判断标准在于是否符合其所指称的"经验世界",如是否客观、真实、有效等标准。在此意义上,不可信文本即"虚假广告",而可信文本则为符合经验世界的"真实文本"。在表11-2中,所谓"真实文本"与"虚假文本",都是从"真理符合论"的角度来指涉广告文本与经验世界是否对应。

其次,"真理融贯论"关注的是符号文本系统的内部表意是否"融贯",而不直接指向文本外部的经验世界。从"融贯论"来看,诚信意图或作伪意图并不直接指向发送者的态度,而是从文本属性来构筑一个抽象的叙述人格或叙述框架。这是因为现代多媒介文本过于复杂,往往是团队协作的产物,很难准确定位为某一个个体的发送者。退一步说,即便某广告完全由某一设计者创造,也不能将其意图等同于发送者意图,因为广告文本中所体现出的是广告创作者的一个抽象的人格集合体,而不能等同于创作者本人。

有鉴于此,发送者意图内化于文本之中,可以通过文本本身的构筑方式来反推。所谓发送者的诚信意图或作伪意图,实际上是文本构筑的叙述框架,这种叙述框架是真实创作者在文本中的抽象人格。就广告文本而言,"作伪意图"为采取广告叙述形式上的虚构框架,但不等于现实世界中的"作假"。虚构型广告文本原本就是一种带有"撒谎"性质的表意模式,但它是一种"虚而非假"的"作伪意图",因而无所谓诚信或不诚信。与此相对,"诚信意图"意味着构建一套(拟)纪实型框架,即不采取虚构表意(不作伪)。

同理,从"融贯论"来看,区分可信文本与不可信文本的标准也并非在于是否符合外部的"经验世界",而是在媒介化的符号世界中是否构成明显的表意冲突或矛盾。因此,表 11-2 中的"反讽文本"指的是文本内部呈现出表意冲突的广告文本,类似于反讽这种"表里不一"的修辞手法,所以这种文本内部的冲突并不会导致"符合论"中的不真实,因而称为"反讽文本"。而表 11-2 中的"直陈文本"则是指文本内部并未呈现出明显表意冲突的广告文本,即"非反讽文本"。所谓的"可信"采用的是直接陈述的表述方式,因而并非"符合论"所强调的"相符即真实"。总的来看,由"述真方阵"衍生出的九种符号表意模式反映出一种普遍性的广告文本表意规律。以下将一一探讨广告文本中所存在的九种述真与谎言格局。

第三节　五种完整的广告符号表意

一、诚意正解型广告:1a,诚信意图→可信文本→愿意接受

(一)真实意图→真实文本→愿意接受

从"真理符合论"来看,第一种类型反映了以诚信交流为基本原则所能达成的理想传播状态。从理论上来看,这种以"诚信为本位"的立场的确可以被视为广告传播的完美境界。比如,在街头叫卖广告中,某药贩声称自己所售卖的膏药能治风湿,购买者用过产品之后,发现膏药果然如卖家所言,这即符合"诚信交流"原则。而在现代广告中,这种类型经常出现在传统的陈述类广告之中。比如洗衣粉广告声称具有去油污功能,消费者使用之后,发现去油效果确实如商家所言,那么这就属于诚意正解型广告的第一种类型。

然而,在互联网时代,随着广告"叙述化"的转向,具有故事性和艺术性的叙述类广告大行其道。因此,如果将真实文本(与经验世界的符合程度为标准)作为广告文本的基本范式,那么将很难解释为何现代广

告中存在大量非真实的虚构元素。这就意味着,这种以"诚信为本位"的广告传播实际上不能视作现代广告文本"述真"的唯一判断标准。

(二)纪实框架→直陈文本→愿意接受

在该类型中,"诚信意图"决定了该广告表意需要通过纪实型框架(如仿纪录片形式)来客观、真实地呈现商品、服务、品牌或理念。可信文本则要求广告采用直接陈述的方式,尽可能避免文本内部的"不融贯"。不少仿纪录片形式的公益类影像广告往往采取"诚意正解型"表意模式。以一则名为哥伦比亚可口可乐公益广告《卖雨》为例。该公益广告由可口可乐公司拍摄,地点是哥伦比亚的一座小城,该地年降水量丰富,但当地居民却因为贫困无法喝上净水。于是可口可乐与当地政府合作,捐献了大量的可乐瓶,并在下雨天通过可乐瓶收集雨水,然后通过可口可乐将这些可乐瓶中的"雨水"通过线上线下"义卖"等形式筹集了一笔资金,这笔资金为该城修建了一座污水处理厂,使居民喝上了净水。①

该广告的"诚信"特质分别表现在以下两个方面:

第一,该视频广告在形式上采用的是"直接叙述"的方式,视频所呈现的人物剧情与广告尾题所要宣传的公益观念一致,并未在媒介化的符号世界中构成明显的表意冲突,几乎没有反讽的表意元素。第二,该视频广告采用的是类纪录片的叙述框架,因此该广告要实现诚信意图,必须符合它所指涉的经验世界。假如"义卖"的经费用于污水处理厂之外的用途,如商业盈利或被政府"贪污",那么该文本就属于虚假广告,即不可信文本。而由此也可反推发送者为"非诚信意图"(虚假意图)。从结果来看,影像广告中所呈现的事实性内容属实。在广告片中,无论是明星还是热心于公益事业的普通民众都愿意接受这一"卖水"所承载

---

① 哥伦比亚可口可乐公益广告:卖雨[EB/OL].(2014-05-26)[2024-04-14].http://iwebad.com/case/2742.html.

的公益理念,从而使当地居民期望修建污水处理厂的心愿得以实现。由此来看,该公益广告顺利实现了"诚意正解型"广告的符号表意过程。通过该公益广告所打造的"卖水"活动,可口可乐这家商业品牌的社会责任感也得到凸显。

总的来看,诚意正解型中的"诚信意图"是该表意模式的基础,"诚信"在此意味着"不作伪",即叙述形式不虚构,叙述内容不作假。该表意模式中的"可信文本"指的是符号文本内部采用了一种并未引发明显冲突或矛盾的叙述形式。作为接受者,对广告传者的诚意度和广告文本的可信度表示认同,从而构成完整的诚意正解型广告表意。

二、欺骗成功型广告:1b,作伪意图→可信文本→愿意接受

(一)虚假意图→真实文本→愿意接受(不成立)

这一类型无论是在逻辑上抑或实践中都无法成立。从"符合论"来看,因为广告传者所发送的是虚假意图,那么就意味着该广告文本必然是不可信文本,属于"虚假广告",而不可能符合其所指称的经验世界,无法推导出"可信文本",因而该模式逻辑上不成立。比如,明星为一款减肥广告代言,但实际上该减肥产品远远达不到广告所宣传的瘦身效果,那么承载这一"虚假意图"的广告不可能是"可信文本",而只会被消费者认为是不守诚信的"虚假广告"。

(二)虚构框架→直陈文本→愿意接受

这一类型中的作伪意图强调的是广告叙述形式上的虚构,而可信文本同样是指叙述形式上无明显冲突,即采用一种直接陈述式的表意模式。该类广告一般是从正面直接推广产品或宣传品牌形象,适用于时间有限的电视商业广告或网络视频贴片广告。

以名模查理兹·塞隆饰演的一款迪奥香水(Dior J'adore)影像广

告为例。广告片头是一名金发美女穿行于金碧辉煌的大厅,突然间,犹如通天塔似的天花板闪现,发出神迹般的亮光。紧接着,镜头中呈现出一根飘逸在空中的华丽丝绸,美女沿着丝绸一直向空中攀爬,直到跃出了大厅,跳上房顶。随着她的视角,观众看到的是充满梦幻感的摩天楼群。最后,女主角口中念出品牌 Dior 的名称。

在此影像广告中,金发美女在"登天"过程中伴随着一连串独白。但显而易见的是,金发美女口中的独白都在暗示新款 Dior 香水的与众不同和不可替代的时尚气息。从表意模式来看,该广告中出现的"通天"情节等虚构元素构成了虚构框架,金发美女的独白从正面宣传品牌特质,属于直接陈述的表意方式。而近年来 Dior 香水在国内外不俗的销售业绩也充分说明其潜在的客户群体"愿意接受"香水广告所制造的"神话话语"。这一广告表意模式同样在其他时尚香水广告中反复出现,这说明"虚构框架→直陈文本"类广告表意不会因为"虚构"而被受众认为是"作假"。相反,它往往能够达到广告传播者所预期的传播效果。

在大众传媒时代,欺骗成功型广告一度成为品牌方青睐的主流商业广告表意类型之一,如钻石广告、香水广告、汽车广告等都适用于"虚构框架→直陈文本"类型。进入互联网时代之后,各类时长在一分钟左右的插播广告同样也倾向于采用该表意模式。此类广告模式适用性比较强,针对的受众面比较广泛,适合通过各类渠道进行推广,因为它符合"注意力经济"的基本逻辑。

简言之,虚构框架适合编故事,直陈文本则适合在最短的时间内将一个广告故事直接呈现给受众。相对于反讽文本,直陈文本不绕弯子,不追求深意,消费者无须"烧脑",一眼即可看出广告主旨。只要客户愿意为产品买单,那么欺骗成功型广告借用虚构框架"作假"就具有内在的合理性。

三、反讽超越型广告:2a,诚信意图→不可信文本→愿意接受

(一)真实意图→虚假文本→愿意接受(不成立)

按照"符合论"来说,在该表意中,广告传者的"诚信意图"决定了该类型同样采取纪实型文本框架。"诚信意图"所推导出的应该是"可信文本",而"不可信文本"(虚假广告)反过来推导的即"作伪意图"(作假)。因此,从广告的叙述逻辑上来看,此种情况的"诚信意图→不可信文本"不成立。

(二)纪实框架→反讽文本(不可信文本)→愿意接受

在反讽超越型广告的第二种类型中,广告发送者的诚信意图同样决定了该广告类型采取纪实型文本框架,该处的"不可信文本"并非直接指涉外部经验世界的"虚假文本",而是指符号文本内部所形成的表意冲突和矛盾,即体现为一种反讽修辞。由此可以推导:第一,"诚信意图"决定该模式只能限制在(拟)纪实型广告类型之中。其广告内容可以通过(拟)纪实型叙述方式呈现,而不采用虚构型叙述方式表现。第二,"不可信文本"指的是叙述形式符合反讽表意的特征。"反讽"所承载的"所言非所指"的修辞效果是通过符号文本的表层义与实际义之间的矛盾关系来呈现的。

以汉堡王的一则营销广告为例。该广告采用类似纪录片的手法,在愚人节前一天采访了几位真实的消费者。广告前半段呈现的是这几位消费者对牛肉汉堡王的无比钟爱,而在广告后半段,当这些消费者得知牛肉汉堡原来是植物做的肉饼之后,均表现出"不相信"的惊讶表情。

最后,广告末尾打出的是汉堡王新推出的植物肉饼汉堡。[①] 该广告的反讽修辞至少表现在两个方面:第一,不同叙述层之间的表意冲突。当位于主叙述层的消费者对"汉堡不含牛肉"表示强烈质疑时,就会出现一个画外音强调"这的确不是牛肉",二者明显不一致。第二,主叙述层情节与广告尾题的表意冲突。位于主叙述层的消费者"不相信不含牛肉"与广告尾题所展现的植物肉饼汉堡有意构成矛盾。从传播效果来看,消费者越不相信牛肉汉堡是植物肉饼,越能凸显此款汉堡"以假乱真"的效果。同时,广告尾题特别强调该植物肉饼不仅不含胆固醇,还含有一定量的蛋白质。这无疑是在宣传该款牛肉味汉堡不仅口感不输于真牛肉,而且更为营养健康,其目的是吸引更多既注重口感又想要兼顾健康的消费者去尝试该植物肉饼汉堡。因此,这一拟纪实类广告片采用的是反讽表意的形式,它可视为反讽超越型广告类型。

在此类反讽超越型广告中,由于前提是"诚信意图",所以对应的是拟纪实型文本,因而此处"不可信文本"所指涉的是由多媒介表意所形成的反讽效果,而非"作假"。

四、表演幻觉型广告:2b,作伪意图→不可信文本→愿意接受

(一)虚假意图→虚假文本→愿意接受(被欺骗)

在此种类型中,作伪意图意味着"作假",不可信文本等同于"虚假广告",即广告叙述内容不符合经验现实。受众愿意接受,即被传播者所蒙蔽,被"不可信文本"所制造的"假象"所欺骗,从而构成表演幻觉型符号表意。比如,在近年来媒体曝光的一系列虚假医药广告中,消费者往往会看到屏幕中出现一位医术高明的"老中医"形象,这一角色巧舌

---

① 汉堡王愚人节宣传活动:真的不骗人[EB/OL].(2019-04-04)[2024-04-14].http://iwebad.com/case/7925.html.

如簧,演技不凡,对于广大老年群体极具煽动力。

《广告法》(2021年版)第28条明确列举了虚假广告的五个基本判断标准:

 (一)商品或者服务不存在的;

 (二)商品的性能、功能、产地、用途、质量、规格、成分、价格、生产者、有效期限、销售状况、曾获荣誉等信息,或者服务的内容、提供者、形式、质量、价格、销售状况、曾获荣誉等信息,以及与商品或者服务有关的允诺等信息与实际情况不符,对购买行为有实质性影响的;

 (三)使用虚构、伪造或者无法验证的科研成果、统计资料、调查结果、文摘、引用语等信息作证明材料的;

 (四)虚构使用商品或者接受服务的效果的;

 (五)以虚假或者引人误解的内容欺骗、误导消费者的其他情形。[①]

这五点的核心是广告涉嫌"作假",即虚假广告。特别值得留意的是,《广告法》第28条"虚构"一词出现了两次,而此处的"虚构"的意思等同于"伪造"与"虚假"之义。因此,从法律层面来看,此处的"虚构"或"虚假"指涉的是纪实型叙述中的"作伪",而不是非虚构型叙述中的"虚构"。

(二)虚构框架→反讽文本(不可信文本)→愿意接受

对于表演幻觉型广告而言,重点在于此种类型。表演幻觉型广告与反讽超越型广告相同,都会借助"反讽文本"来制造符号世界的表意

---

① 国家法律法规数据库.中华人民共和国广告法[EB/OL].(2021-04-29)[2024-09-10].https://flk.npc.gov.cn/detail2.html? zmy4mdgxode3ywiymzflyjaxn2fizdzizdg2mda1mmq.

冲突,不同之处在于前者为虚构型广告,而后者为(拟)纪实型广告。

在这一叙述类型中,表演幻觉型表意的主流往往表现为"反讽类虚构型叙述广告"。比如加拿大营销协会拍摄的一支关于"广告人现状"的宣传片。在该片中,光头男在思索如何在职场社交网站中填写自己的头衔,并编出一连串华丽的辞藻,比如"创意催化剂""高级灵感官""文化黑客""故事首席执行官""想象力工程师"等。但在结尾,广告尾题用文字呈现道:"工作取决于你所学,而不是你的头衔。"(Work on what you know, not what you're called)①因此,主叙述层的"意图定点"(片面追求好听的"头衔")与广告尾题的"意图定点"(强调"脚踏实地的工作")发生了表意冲突,从而形成了反讽效果。最终,广告尾题对主叙述层中该男子所标榜的"广告宣传的高手"进行了纠正,因而,广告尾题所强调的务实精神才是广告文本的意图定点。

当前比较流行的"悬念式"微电影广告或"反转式"微电影广告可被归于表演幻觉型广告表意模式。以一则"猫粮"影像广告为例。该片中展现了一只小猫带领一只小鸡穿行于森林,躲避恶狗、扑蝴蝶等一系列"友好"的举动。但在结尾,它们被关在家门外,镜头出现一个特写,小猫紧紧盯着小鸡,接着等主人打开门之后,站在门口的小猫舔了一下舌头,只剩下飘在空中的一片鸡毛,显然暗示消失的小鸡是被它给吞食了。最后出现猫粮的商品标识和广告尾题:"款待你的猫在它款待自己之前。"(Treat your cat before it treats itself)②此处的表意冲突体现在"反转式"情节所造成的叙述"不可靠"。小猫与小鸡的情谊其实只是一种假象,最终小鸡被吃的结局推翻了前述的情节,从而形成反讽效果。

此类表演幻觉型广告情节跌宕起伏,充满悬念,容易给人留下深刻印象。在互联网时代,若善用反讽修辞来打造此类广告,往往能够获得

---

① 加拿大营销协会拍了一部讲述广告人现状的影片[EB/OL].(2017-02-17)[2024-04-16].http://iwebad.com/video/2740.html.

② 英国 Dreamies 猫粮广告 开头很温馨结局很……[EB/OL].(2017-11-16)[2024-04-16].http://iwebad.com/video/3119.html.

数量惊人的点击率和曝光率,甚至引发病毒式传播的效果。

五、假戏假看型广告:4a,作伪意图→不可信文本→不愿接受(假看)

(一)虚假意图→虚假文本→不愿接受(不被欺骗)

这一类型立足于"符合论"的视角。在此种情况下,"虚假意图+虚假文本"显然构成"虚假广告","不愿接受"表明接受者不愿"受骗",这意味着传播链条不完整,因而此种情况不属于完整的广告表意模式。

(二)虚构框架→反讽文本(不可信文本)→不愿接受(假看)

在赵毅衡看来,"假戏假看型"的实质是由"假戏假看—诚意正解"这一双重格局构成,它是文学艺术等虚构型叙述中的主导性符号表意类型。之所以出现这种充满矛盾的双重格局,原因在于此处的"假戏"与"假看"同处于虚构型文本之中,并不直接指涉经验世界,因此体现出的是契合符号世界内部的"文本内真实"。因此,从文本内部而言,接受者并不将这种"横向真实"视为"虚假",从而构成超越经验世界之上的"叙述真实"。从文本外部来看,接受者对这种"文本内真实"的认同导致了一种"明知为假而信其然"的"假看",从而出现了赵毅衡所说的"假戏假看—诚意正解"的矛盾格局。

因此,假戏假看型广告的第二种类型中的"作伪意图"是指虚构表意,而非违背经验世界的"作假"。与之同理,此处的"不可信文本"也并非有违于现实世界的"虚假广告",而是虚构型世界中所发生的表意冲突。必须指出,假戏假看型广告的第二种类型采用的是"虚构框架+反讽文本",这种表意模式与表演幻觉型广告的第二种类型貌似相同,但若结合接收者的态度来看,则存在不同之处。假戏假看型广告更强调接受者矛盾性的解码态度,这种自觉"假看"的矛盾性解码方式是传者、文本、受众三者之间对虚构型表意模式所形成的"默契",这种"默契"充分揭示了广告体裁的"艺术性"特质。

假戏假看型广告的典型模式为反讽类虚构型广告。如美国最负盛名的娱乐节目《周六夜现场》的系列"假广告",往往以一种反讽的表意手法来调侃和消解国际性大品牌广告中所着力塑造的"高大尚"的品牌形象。受众明知其不是"真广告",但仍然愿意将其视为一种具有娱乐功能的"伪广告",这正是一种"假看"的态度。

类似的表现手法也广泛应用在一些恶搞型假广告之中。某恶搞视频网站制作了一则名为《Prada装尸袋》的"伪广告",该片很快引发了病毒式传播效果。这则伪广告的背景设定在一场小型宴会,一名散发着高贵气质的女子突然出现,却不慎从楼梯摔下,紧接着出现几名身着黑色西装,神情凝重的男子,他们将这名"摔死"的女子装入印有 Prada 标志的袋子里,然后视频中打出"Prada 装尸袋"的水印。在广告结尾,"装尸袋"中的女子张嘴说:"别空手走向另一个世界,Prada!"[①]整部广告搭配雅致的音乐,女主角的旁白貌似平静而坦然,这种"死了也要装"的情节设置在画面、音乐、旁白之间产生了极具戏剧色彩的反讽效果,恶搞了奢侈品背后所伪装的高贵,因而属于虚构叙述中的"不可信文本"。对于这则伪广告,一般观众都会将其视为娱乐视频,而不会当作真广告,但同时也不会将其视为违背经验世界的"虚假广告",因而这是一种"不愿接受"(假看)的态度。

结合假戏假看型广告中的两种类型来看,"不愿接受"出现了看似矛盾的局面。在第一种类型中,"不愿接受"是指接受者对广告所指称的符号世界(因不符合现实世界)"不接受"。而在第二种类型中,"不愿接受"是指接受者对符号世界中所呈现的矛盾表意持一种"不当真"的假看态度,因此,第二种情况的"不接受"是出于一种"融贯论"的视角,

---

① PRADA 新出了一款装尸袋 ……[EB/OL].(2017-09-05)[2024-04-19]. https://www.digitaling.com/articles/39847.html.

即基于"文本内真实"。

第四节　四种不完整的广告符号表意

从广告述真方阵的角度来看,除了以上所分析的五种完整的广告符号表意之外,还存在四种不完整的广告符号表意。

一、不得理解型广告:3a,诚信意图→可信文本→不愿接受

(一)真实意图→真实文本→不愿接受

在第一种类型中,"真实意图＋真实文本"所构成的是符合经验现实的广告文本,但接收者对此却不以为然。这在日常生活中也十分常见。比如陈述性广告类似"产品说明书",虽然满足"诚信"和"可信"的基本要求,但往往由于"说教性"过强,反而无法形成有效的传播力。再比如,铺天盖地的商场叫卖广告即便没有"说谎",但它破坏了受众逛街的体验感,只注重曝光率,缺乏精准定位,可能使受众不愿接受。此外,在一些过于标新立异的拟纪实类广告中,因其敏感内容很容易导致受众的反感,也可能导致"不得理解"。比如有一则女性剃毛广告直接呈现刮毛过程,虽然直观真实,属于"可信文本",但并不能作为一种普遍的广告表意模式被大众所接受。

(二)纪实框架→直陈文本→不愿接受

在第二种类型中,"纪实框架＋直陈文本"的表意模式包括各类以拟纪录片形式呈现的非反讽类的广告文本。由于当前广告呈现出高度的娱乐化和故事化趋势,此类表意模式往往因缺乏戏剧性和趣味性而难以在短时间内获得较高的关注度。不过,也有广告商反其

道而行之,尝试用这一模式来制造营销话题。比如,三星 QuickDrive 洗衣机曾推出一个广告片,全片只是用一种静态视角客观呈现滚筒洗衣机重复旋转的机械动作,虽然该广告有意将"去情节化"打造成为广告创意点,但所受评价并不高,被评为"又长又'无聊'"。[①] 由此来看,用"纪实框架＋直陈文本"来作为创意点存在一定风险。诸如此类"失败"的纪实型广告营销都可被视为不得理解型广告的表意类型。

二、表意受阻型广告:3b,诚信意图→不可信文本→不愿接受

(一)真实意图→虚假文本→不愿接受(不成立)

该类型与反讽超越型广告的第一种情况类似,"真实意图＋虚假文本"并不成立,因为按照符合论的说法,发送者的真实意图决定了其传达的广告文本必然为真实文本,因而无法推导出"虚假文本"。

(二)纪实框架→反讽文本→不愿接受

在这一类型中,"纪实框架＋反讽文本"表意往往表现为"纪实型反讽类广告"。若受众对广告的"反讽"效果持否定态度,则会产生"不愿接受"的后果。

这一广告表意模式经常通过社会化营销宣传来呈现。此类模式中的广告传播者通过人为设置特定的"拟真"场景来制造"热点话题",以达到宣传和销售商品的目的。设计者所展示的商品功能或服务可能并未"撒谎",但其所营造的场景却是对经验现实的"模拟",类似于"摆拍",但又卷入了部分客观元素,属于"拟纪实"型广告文本。

---

① 三星 QuickDrive 洗衣机广告:又长又"无聊"[EB/OL].(2017-12-05)[2024-04-19].http://www.maad.com.cn/index.php? anu＝news/detail&id＝6686.

以一则社会化营销宣传为例。日本一家名为 Bellissima 的整形机构策划了一起"女子街头借钱事件"。4 分钟的宣传片分为两段。前一段是一位没有化妆的女子随机性地向街头路人借钱,她宣称的理由是钱包被偷走了,结果一一遭到路人的拒绝。然后,宣传片中间快速插入该女子经过装扮之后的模样,她的外貌经过化妆变得"甜美可人"。在宣传片后一段,同样是这名化了妆的女子再次以同样的理由向路人借钱,结果路人纷纷对其施以援助。然后,宣传片又插入这位女子化妆前和化妆后的鲜明对比。紧接着,字幕打出:"化妆花了 2000 日元,而别人'给'了 15800 日元。"在最后,该宣传片有意"暴露痕迹",片中的女主角主动告诉借钱给她的路人旁边有摄像头,这是一个"街头实验",然后又把钱归还给了路人。但最终广告尾题出现一行字:"日本男人很热心肠,但只对美女。在这个不平等的社会生存下去的唯一办法,Bellissima 美容诊所。"[①]

从叙述框架来看,该宣传片并未虚构一个借钱的故事,因而不能算"作伪意图"。尽管该片也带有"作戏"的成分,但也不能被视为虚构型叙述。正如在一些特定的深度新闻报道中,记者可能隐瞒自己的身份,去灰色地带调查社会热点议题,但此类深度报道显然不能被视为虚构型叙述。该广告片前一段(长相平庸的女子借钱)与后一段(美女借钱)构成同一影像文本中不可忽视的表意冲突,女子化妆前后所导致的巨大反差制造出强烈的反讽效果,因而该日本美容宣传广告可被视为"不可信文本",即反讽文本。

不过,在社交媒体上,日本网友对该宣传片并不买账,甚至将这一宣传片评为"年度最垃圾广告",因为这种"以容貌取胜"的做法所暴露的是一种扭曲的价值观。但需要明确,此处美容诊所对其所要推销的商品或服务并未"作假",或许它所倡导的"美色至上主义"存在广告叙

---

① 　日本的这个广告:告诉你变美有多么重要[EB/OL].(2016-07-14)[2024-04-19].http://iwebad.com/case/5565.html.

述伦理上的争议,受众可以选择接受或拒绝,但它并没有违反纪实型叙述的"诚信交流"的基本原则,因而它不是"虚假广告",符合"表意受阻型"这一叙述类型的基本特征。

三、谎言失效型广告:3c,作伪意图→可信文本→不愿接受

(一)虚假意图→真实文本→不愿接受(不成立)

该类型与欺骗成功型广告的第一种情况类似,从"符合论"的角度来看,"虚假意图"所推导出的必然是"虚假文本",而无法与"真实文本"结合,因而该类型不成立。

(二)虚构框架→直陈文本→不愿接受

第二种情况是从符号文本内部的表意关系来看,作伪意图意味着采用虚构型叙述框架。而"直陈文本"指的是在虚构型广告中所采用的直接陈述的表意方式。"煽情类"虚构型叙述类广告往往采用"虚构框架+直陈文本"的表意模式,但由于过于滥情或套路化,不一定能得到受众的普遍认可。比如,在一些以春节为主题的广告中,程式化的团聚情节往往是子女因工作原因无法回家,而父母做好团圆饭在家等候,最后儿女们却"意外"地拿着广告商品出现在家中。近年来流行的"年度最走心""看哭××人"等节日类主题广告基本采用此类表意模式。然而,在年味愈来愈淡化的当下中国,这一大团圆的仪式感和过于模式化的暖心故事却屡屡被"吐槽",这反映出受众"不愿接受"广告所刻意营造的煽情情节。因此,此种情形可视为谎言失效型广告这一表意类型。

四、假戏不假看型广告：4b，作伪意图→不可信文本→不愿接受（不愿假看/拒绝）

（一）虚假意图→虚假文本→不愿接受（不被欺骗）

从"作伪意图→不可信文本→不愿接受"这一表意模式来看，假戏不假看型广告与假戏假看型广告似乎自相矛盾，实则不然。对于第一种类型而言，由于是从符合论的视角来说，"虚假意图＋虚假文本"构成虚假广告，这是一种恶意欺诈的行为，因而"不愿接受"的意思是"不被欺骗"，它实际上属于不完整的广告表意中最为常见的一种类型。比如，明星为一款丰胸广告代言，过分夸大其产品效果，这种"虚假意图"一旦被媒体曝光，该广告将被视为不守诚信的虚假广告，而获知真相的消费者显然不会愿意接受此类带有欺诈性质的"假戏"。

（二）虚构框架→反讽文本（不可信文本）→不愿接受（不愿假看/拒绝）

对于假戏不假看型广告与假戏假看型广告而言，"不愿接受"具有双重含义。对于假戏假看型广告而言，"不愿接受"（假看）是基于艺术体裁的"默契"，类似于剧场中的观众与台上的演员同时进入"入戏状态"。然而，对于假戏不假看型广告而言，"不愿接受"就是观众"拒绝入戏"，如此一来，广告文本所构建的"戏剧舞台"就失去了表意的合法性。

以一则百事可乐公益广告为例。该公益广告发布于 2016 年，广告内容戏仿了 1992 年由名模辛迪·克劳馥（Cindy Crawford）饰演的百事可乐经典广告片。在影像广告中，画面镜头先是对准一名开着红色敞篷车的性感模特，她在两名小男孩的凝视中缓缓走下汽车，来到百事可乐自动售卖机前，拿出新包装水晶百事可乐灌入嘴中。紧接着，剧情出现大反转，水晶可乐突然变成了棕榈油，模特的脸蛋和身体都沾满了

"黏糊糊"的棕榈油,连两名男孩都"不忍直视"。最后,广告尾题出现一行字:"水晶可乐新包装,不变的是不合格棕榈油的老问题。"该片在海外社交媒体引发热议,但受众的普遍反映是"恶心",而百事公司对此并未做出任何回应。[①]

该广告显然采用了虚构框架,运用了反转剧情,并有意制造出鲜明的表意冲突,形成了反讽文本。然而,受众的负面体验和百事可乐的"沉默"实际上可以理解为"不愿接受"(拒绝入戏)的态度。尽管该公益广告的出发点是试图使公众关注百事可乐开采"棕榈油"对环境造成的污染,但广告并未得到普遍的认可,没有达到预期的传播效果,属于假戏不假看型广告表意模式。

综合假戏不假看型广告的两种类型来看,在第一种类型中,其表意模式中的"作伪意图"等于广告传播者"作假",而"不可信文本"等于"虚假广告",因而"不愿接受"即等同于对虚假广告的拒绝和抵制。在第二种类型中,其表意模式中的"作伪意图"等同于"虚构",而"不可信文本"(反讽文本)意味着广告文本构成明显的表意冲突或矛盾,因而此种情况中的"不愿接受"(拒绝)类似于剧场观众的"喝倒彩"和"不买账",即对虚构文本本身予以否定。对比假戏假看型广告与假戏不假看广告的第二种类型来看,假戏假看型广告的"假看"是一种矛盾式解码,"不愿接受"是承认虚构型广告"虚而非伪"的区隔效果,而不是否定广告文本本身。而假戏不假看型广告则是从形式到内容对整个广告文本予以否认。

第五节　广告文本"述真"的评判标准

在前文中,我们从符合论和融合论两个维度描述了广告"述真方

---

① 这个百事可乐有点让人反胃[EB/OL].(2016-08-12)[2024-04-21]. http://iwebad. com/video/2197.html.

阵"中九种表意模式,其中五种为完整的符号表意,四种为不完整的符号表意。每一种表意模式分别对应两种类型,若除去四种不成立的特殊情况,共可区分出十四种可能出现的类型。从接受者的态度来看,这十四种类型中,七种属于"愿意接受",另外七种属于"不愿接受"。需要说明的是,"愿意接受"不一定就具有传播层面的正当性,"不愿接受"也不一定就是传播层面的无效传播。实际上,对于表演幻觉型广告的第一种类型"虚假意图→虚假文本→愿意接受(被欺骗)"而言,"愿意接受"所指涉的是受众被虚假广告欺骗的情况,这显然缺乏道德和法律上的合法性。与此相对,就假戏假看型广告的第二种类型"虚构框架→反讽文本→不愿接受(假看)"来说,"不愿接受"并非无效传播,而是一种类似于文学艺术的"假看"心态,它同样实现了广告"述真"的目的,即便这是一种"文本内真实"。由此来看,受众的认知态度对于广告文本"述真"的目的能否实现密切相关。

基于受众的立场,饶广祥等认为,无论是从符合论还是融贯论来理解广告的真实问题都有明显的缺陷,社群真知论才是理解广告述真的有效途径。"社群指的是同一个文化背景之下的社会群体,对文本有着相同的编码和解码方式,因此才可以对同一个文本解释出同样的意义,形成社群真知。"[①]这种社群真知论将"述真"的关键置于接受者这一端,将特定文化中由众多解码者所构筑的"解释共同体"视为"述真"的评判标准,无疑有其合理性。

然而,过于强调社群真知论就意味着将接受者的态度视为广告"述真"的根本标准,这可能会导致一些不可回避的问题。

第一,社群真知论是一种接受者中心论,它在很大程度上将广告"述真"等同于广告对特定接受群体所能产生的传播效果。也就是说,当广告对特定文化社群所产生的影响力越强,那么势必该社群对此广

---

① 饶广祥,刘玲.从符合论到社群真知观:广告真实的符号学分析[J].国际新闻界,2017,39(8):54-66.

告的认可度就会越高,这是否一定意味着其所传达的内容"可信性"就越高呢? 如果承认这一点,那么广告"述真"中的"可信性"问题就会被转化成一个广告传播的"有效性"问题。比如,在 20 世纪 50—60 年代,美国不少商业广告都习惯从父权视角将女性打造成家庭主妇的模样,这在当时的主流舆论看来似乎不足为奇。也就是说,在特定时期由多数人构成的阐释共同体所传递的价值观并不一定具有更高的可信度和真实性。正相反,多数派所组成的阐释社群有可能遮蔽少数派的声音。

第二,社群真知论牵涉到复杂的叙述伦理。不同文化语境下,广告"可述性"的标准也不同,一旦违反其标准,就会导致叙述伦理上的争议。所谓"可述性",就是在特定文化语境下能够被接受者理解和认可的广告信息。不过,在一种文化社群中被高度认可的广告文本,很可能在另一种文化社群中不被认可。比如一些涉及宗教题材的广告,往往容易在异质文化中引发强烈的反弹。

第三,互联网时代的"泛广告化"造成大众传播时代的"社群共同体"呈现出碎片化和节点化的特征。"泛广告化"是指"广告从文本形式上突破广告尾题形式、大众媒介等限制,向其他意义活动渗透的趋势"。① 由于各种非广告文类与广告之间的"跨界",大众传播时代所构建的"认知共同体"正在被逐步瓦解。不少社交平台的广告趋向于"小众传播",注重受众的个性化甚至私人定制化。因此,用社群"认可度"作为评判广告"述真性"的根本标准也存在一定的局限性。

因此,广告"述真方阵"中四种不完整的符号表意未必是因为广告"述真"失败的产物。不得理解型广告、表意受阻型广告、谎言失效型广告、假戏不假看型广告四种不完整表意模式"不被接受"的原因不一定是文本自身的问题,而是牵涉到复杂多变的接受语境与诸多的伴随文本因素。也就是说,接受者可能因自身的解释能力而对发送者意图做

---

① 饶广祥.论"泛广告化"传播的符号学机制[J].四川大学学报(哲学社会科学版),2019
(3):126-133.

出"误判"，可信的广告文本也可能因异质性的文化环境而被接受者"误读"。由此来看，"传播是否有效"不能视为广告"述真"的根本标准。

结合以上三点来看，广告"述真"的标准不能只关注文本最终的解释效果，而需全面考量广告文本传播的三个环节，即符号表意模式所呈现的发送者的意图意义、广告文本所承载的文本意义与接受者的解释意义，正是这三者共同决定了广告文本的"述真"标准。若从广告表意与传播的三个环节来全面看待广告述真问题，那么真理符合论、真理融贯论与社群真知论并非相互排斥，而是能够形成互补。

符合论强调广告内容与经验世界符合的程度。从符合论看，"真实意图（诚信意图）→真实文本（可信文本）→愿意接受"这一诚意正解型代表了广告述真的理想类型。然而，广告发送者是否诚信往往难以从广告文本内部来判断，而涉及发送者所传达的文本与经验世界之间的契合度，比如广告主所推广的减肥茶是否有其所声称的效果，这可以通过现实世界加以检验。因此，这种符合论视角主要适用于判断广告中可验证的真实部分。

对于广告中"非真非假"的虚构要素，符合论缺乏解释力，需要借助融贯论。融贯论注重文本内部所呈现的"横向真实"，即广告文本只要能建构一套逻辑自洽的符号表意系统，就意味着它具有"可信性"。广告"述真方阵"中的欺骗成功型广告、反讽超越型广告、表演幻觉型广告、假戏假看型广告的第二种情况都需从文本融贯的视角才能成立。

那么，广告中的虚构要素如何传递"真实"呢？换言之，如何解释广告中难以验证的真实部分呢？比如，广告中所构筑的美好场景和蕴含的美好期许并不是一种客观事实，而是一种带有意动色彩的情感号召。香车伴美人、钻石配佳人之类的场景营造是设计者期望消费者相信自己买的产品势必能够带来美好与好运，这是基于信念所构成的"主观真实"。从"社群真知论"的视角来看，如果大部分目标群体都相信广告内容所预设的意动性，那么这种"主观真实"就实现了广告"述真"的目标。也就是说，难以验证的真实部分必须通过接受群体是否认可来判断。

由上述分析可以发现,广告述真主要涉及"可验证的真实""不可验证的真实""难以验证的真实",可分别从真理符合论、真理融贯论与社群真知论三个理论视角来加以阐释。结合广告表意的三个环节来看,"可验证的真实"侧重的是发送者的"编码真实","不可验证的真实"指涉的是广告文本的"文本内真实",而"难以验证的真实"强调的是接受者的"解码真实",这三重真实共同构成了广告文本的"述真"标准,这对于理解广告"述真方阵"中的真假问题具有普遍意义。

综上所述,格雷马斯的"述真方阵"可谓建构了一套有关真假的符号表意模式,奠定了"述真"理论的基本框架,对阐述包括广告这种跨越纪实与虚构的叙述体裁同样有效。不过,该方阵关注的核心是发送者与文本构筑的"真实",忽略了信息解码这一端。赵毅衡的八种符号表意模式则强调接受者所构筑的"真实"。广告"述真方阵"主要以格雷马斯和赵毅衡的"述真"理论为基础,将广告中的"述真"视为发送者、文本、接受者三者之间所形成的"契约关系",尝试从真理符合论、真理融贯论、社群真知论三种差异化的视角来揭示广告"述真"的普遍性规律。

从广告传播的角度来看,广告"述真"不仅仅是一个纯理论问题,而且是对于广告实践有重要的理论指导意义。在真实的广告营销中,广告监管者关注的核心是广告内容与所指称的现实世界之间的符合程度,这是"真理符合论"的视角。对于广告主而言,除了传递真实可信的广告信息,还得注重广告形式,比如当下流行的"故事型广告"。故事是否能表现广告的"横向真实"往往影响它的传播效果,这就需要借助"真理融贯论"的视角。不过,即便广告同时符合"符合论"与"融贯论"的标准,仍然可能达不到预期的传播效果,这就涉及消费者这一阐释社群的认可度问题。因而广告主还不得不从"社群真知论"的角度来把握广告真实与广告效果之间的内在联系。总之,通过分析广告中的"述真方阵",有助于我们重新审视广告"述真"问题的复杂性和重要性,这对于广告表意理论的深化和广告实践的开展都具有重要借鉴意义。

思考题

1. 什么叫述真方阵？

2. 广告述真方阵存在哪九种广告符号表意模式？

3. 试从真理符合论来分析广告述真问题。

4. 结合真理融贯论来阐述广告述真方阵中的表意模式。

5. 社群真知论对于广告述真问题有何启发？

第十二章

广告与"不宜叙述"格局

本章主要讨论广告中的诸种"不宜叙述"格局及其特点。广告的"不宜叙述"格局可分为次可述广告、超可述广告、反可述广告与类可述广告四种基本情况。其中,次可述广告是一种过低型叙述,它往往属于"弱情节性"或"无情节性"广告。超可述广告往往过于"反常规",其所呈现的内容超出了特定文化社群中受众群体所能接受和容忍的限度。反可述广告的"不可述性"从程度上来说已达到了普通受众所能容忍的"峰值",这一叙述格局所描述的是媒介世界中被人类文明有意覆盖的"沉默文本"。类可述广告是被排除在程式化广告叙述模式之外的叙述活动,它是一种"反常规叙述"。在传播实践中,超可述广告最容易引发宗教信仰禁忌、伦理道德禁忌、传统习俗禁忌、违反法律法规、触犯文化规则等叙述伦理争议,需要尽可能规避。

当代广告活动呈现"过度叙述化"的趋势。过度叙述化是指由于广告过于倚重新奇古怪的故事情节而逾越了伦理、法律等文化禁忌。具体表现为以下三点:第一,导致次可述广告的标出性色彩增强。第二,导致超可述广告的标出性色彩削弱。第三,导致类可述广告边界的消解。

从传播学的角度来看,广告是否具有"可述性"或是否违反叙述伦理不仅涉及广告文本本身,而且受到广告发送者、广告接收者、广告传播语境、广告载体四大因素的交互影响,需要全面辩证地看待这一问题。对于广告人而言,了解广告中的"不宜叙述"格局,有助于在传播实践中避免踩到"雷区"。任何出色的广告创意,都应该在充分尊重不同国家与民族的文化传统、伦理道德、法律法规等前提条件下,才能真正得到受众的认可与好评。若以触犯道德或法律底线作为制造流量或哗众取宠的手段,终将作茧自缚,并会为此付出相应的代价。作为一个有职业操守的广告人,应当时时刻刻谨记"广告向善"的宗旨,将广告创意、企业责任与社会公德三者有机融合。

第一节　广告的"可述性"与"不可述性"

当今的广告呈现出越来越鲜明的情节性色彩,如何讲好故事,给受众留下深刻的印象,成为广告人惯用的传播技巧。但哪些故事适合讲,哪些故事不适合讲,这就成为一个叙述学关注的问题。实际上,在广告实践活动中,必须考虑到国家、地域、民俗、伦理、法律等各种限制性因素。如果广告人设计的广告内容考虑不周,可能会触犯各种文化禁忌,导致负面效应,给企业造成不必要的损失。广告的"不宜叙述"格局,探讨的正是广告活动中不适宜出现的情节或内容。然而,广告创意又必须打破陈规俗套,突破已有的体裁规约,因而常常会陷入难以避免的矛盾。如果不越界,就显得毫无创意;如果越界"过头",又会引发不良后果,所以如何把握"不宜叙述"格局的分寸就成为一个亟待讨论的关键问题。

当前的主流广告呈现出"叙述化转向"的趋势,正如饶广祥所指出:"所谓的广告叙述转向,就是广告的表述模式从'陈述'转变为'叙述'。"[①]换言之,广告从偏向于直接展示商品的陈述类广告逐渐趋向于

---

① 饶广祥.广告符号学[M].成都:四川大学出版社,2014:9-10.

注重通过情节来包装商品的叙述类广告。而具有叙述色彩的广告文本在构建情节或编排故事的过程中，需要对符号文本之外的经验世界中的无数事件进行筛选和提炼，最终能够进入叙述文本内部的事件才有可能演变成片段化的广告情节或首尾完整的广告故事。从叙述学的角度来看，"值得说，值得听"的事件才能够被选入符号文本，这就是事件的"可述性"（narratability）。①

　　与"可述性"相对，广告的"不可述性"是指未被纳入"可述性"的事件或不宜叙述的情节，即不宜出现在广告这种特殊体裁中的叙述内容。不过，"不可述性"与"可述性"具有相对色彩，二者的界限会伴随各种外在因素的变化而发生变动。随着互联网所引发的媒介革命，通过多媒体符号表意来增强广告的叙述元素成为一种常态。它意味着广告的文本边界不断扩张，原本不属于广告体裁的内容和新兴的传播形态（如抖音中的各种原生广告）逐渐被大众所接受，这就造成传统的广告边界不断被打破与重构。

　　与此同时，广告体裁的快速扩张也引发了十分尖锐的叙述伦理争议，广告的叙述底线到底在哪？如果说法律层面对于广告的限定有一条相对明晰的红线，那么伦理道德层面的广告底线则显得愈来愈暧昧不清。无论是商业广告或公益广告，其目的都是追求传播效果的最大化。如果片面追求所谓的"病毒式传播"，而不坚持底线，则很有可能触碰红线。从叙述学的角度来看，广告的"可述性"和"不可述性"共同构成了广告的叙述伦理边界。在2021年通过的《广告法》中，其中第9条分别从十一个方面规定了"不可述"内容，如其中第八点规定不得出现含有淫秽、色情、赌博、迷信、恐怖、暴力的内容；第九点规定不得出现含有民族、种族、宗教、性别歧视的内容。② 不过，在广告传播实践中，商

---

① 赵毅衡.广义叙述学[M].成都：四川大学出版社，2013：173.
② 国家法律法规数据库.中华人民共和国广告法[EB/OL].（2021-04-29）[2024-09-20].https://flk.npc.gov.cn/detail2.html？zmy4mdgxode3ywiymzflyjaxn2fizdzizdg2mda1mmq.

家为了吸引受众眼球,往往会铤而走险或打擦边球,有意或无意地进入"可述"与"不可述"之间的灰色地带,而这也是当今过度叙述化所带来的必然后果。

由此来看,讨论"不可述广告"与叙述伦理不仅是一个纯理论问题,也是一个与广告实践息息相关的现实议题。一方面,广告叙述者需要尽可能避免"过度越界"所导致的不良后果;另一方面,又要"适度越界"来制造广告传播的"溢出效果"。因此,如何适度掌控广告的叙述边界来发挥广告最佳的推广效果就成为一个值得广告学界关注的重要议题。

第二节　"不宜叙述"广告的四种格局

美国学者罗宾·沃霍尔较早运用"可述性"与"不可述性"概念来探讨小说与电影,他认为"不可述"的事件分为四种情况,分别为:(1)不必叙述(subnarratable);(2)不可叙述(supranarratable);(3)不应叙述(anti-narratable);(4)不愿叙述(paranarratable)。[①] 赵毅衡则将"不可述"的概念延伸到广义上的各类叙述体裁,并建议将上述四个术语翻译为:(1)次可述(subnarratable);(2)超可述(supranarratable);(3)反可述(anti-narratable);(4)类可述(paranarratable)。[②] 这四种情况所包含的即特定叙述体裁中"不宜叙述"(unnarratable)的内容。

按照赵毅衡的解释,次可述为"过于平庸,过于微不足道,不值得说,'不言而喻'的事件";超可述为"过于失常,超出社会文化对叙述的控制允许标准,而不允许直接说出的事件,如通奸、乱伦、血腥、死亡等,需要用委婉语或迂回描写回避的场面";反可述为"社会文化规范要求

---

① 罗宾·R.沃霍尔.新叙述:现实主义小说和当代电影怎样表达不可叙事之事[M]//詹姆斯·法伦.当代叙事理论指南.北京:北京大学出版社,2007:241-255.
② 赵毅衡.广义叙述学[M].成都:四川大学出版社,2013:174.

不应该现诸文本的事件,如交媾、排泄等生理事件";类可述为"在经验世界中大量存在,但是对于叙述规范而言不便采用的事件,如好莱坞电影中,任何非大团圆的结局都不采用"。①

总的来说,这四种"不宜叙述"的类型构成了叙述文本"不可述性"的基本标准,对广告这一特殊体裁同样有效。不过,从叙述形态来看,广告的意动性文本天然具有"跨体裁"特质,它跨越了纪实与虚构的边界,并融合了非实用表意和实用表意的特点,这使得广告中的"不宜叙述"格局更为复杂。与此同时,它也更容易引发伦理争议。以赵毅衡所划定的"不可述"概念作为基础,广告中的"不宜叙述"可分为次可述广告、超可述广告、反可述广告与类可述广告四种类型,下文我们将结合具体案例来加以分析。

一、次可述广告

次可述广告是一种过低型叙述,属于"弱情节性"或"无情节性"广告。由于叙述色彩过于微弱或过于庸常,次可述广告中所涉及的事件往往被主流阐释社群视为"不值得说"而被排斥在主流叙述类广告之外,因而它被看作"不可述"广告的叙述格局之一。但它不一定违反广告的基本伦理。

2014 年,徕卡(Leica)相机在互联网上推出一则"超长"的弱情节性广告,它可被视为此类"不可述"叙述格局。该广告通过将近 45 分钟的时间全程展示了徕卡相机的专业人员如何通过手工来打磨相机框架,如广告词所言"那意味着对每个部分 4700 余次的打磨",该广告被 Bilibili 网站贴上"史上最无聊的广告"的标签。② 根据常识来推断,绝大多

---

① 赵毅衡.广义叙述学[M].成都:四川大学出版社,2013:174.
② Leica 徕卡相机:史上最无聊的广告[EB/OL].(2014-05-14)[2024-04-23].https://www.bilibili.com/video/av1124307/.

数消费者可能没有耐性从头至尾完完整整看完如此漫长的广告片。然而吊诡的是,徕卡相机这则广告片的内容虽然冗长而无趣,但仿纪录片的广告宣传形式和其背后所要传达的工匠精神却一度成为网友热议的话题。不过,这一话题营销模式却只是局限于小范围的受众群体。由此可见,该广告在年轻受众群体中并未引发广泛关注,其流量并不理想。

不过,次可述广告也可能被转换成一种超级创意。2016 年,无印良品(MUJI)推出了一个枕头广告。该广告长达三分半钟,但没有故事情节。广告片用纪录片似的手法客观展示了形形色色的人(使用MUJI 枕头)在各种日常场景中安然"沉睡"的模样。全片伴随着舒缓的音乐,没有出现任何台词。种种"无声的睡态"在日常生活中原本属于"弱叙述性"的事件,但在广告中却巧妙地暗示出 MUJI 枕头这一睡觉神器的"妙用"。①

宜家在 2016 年也曾推出主题为"生活从这里开始"(Where life happens)的系列视频贴片广告。每则广告时长在四到八分钟。广告片运用的是"不移动"的长镜头,其中一个故事呈现的是年轻人洗碗,片中的角色还会时不时催促观众跳过广告。广告片虽然显得十分"无聊",但暗合了广告的主题"生活从这里开始"(Where life happens)。广告场景虽然平淡无奇,但或许能够让普通观众找到自己生活的"影子",甚至引发同理心。据统计,大约有 39％的观众居然完整看完了整支广告。②

由此可见,次可述广告不一定就完全"不可述",如果能够紧密结合品牌的突出特点,有时反而能产生不俗的传播效果。这种出其不意的传播效果并不需要违反广告伦理,而是涉及广告叙述性的强弱。 当

---

① MUJI to Sleep：微粒贴身靠枕［EB/OL］.（2016-09-08）［2024-04-23］.https：//v.qq.com/x/page/q0327oodxma.html？.

② IKEA-Where life happens［EB/OL］.（2017-11-01）［2024-04-23］.https：//v.qq.com/x/page/x05683kd22h.html.

广告叙述性偏弱时，此类广告往往会被认为是次可述广告。但若运用得当，现实事件中貌似平庸无奇的叙述元素也可能成为广告的创意点。

二、超可述广告

超可述广告的特点是"反常规"，其所呈现的内容超出了特定文化社群中受众群体所能接受和容忍的限度，因而容易引发叙述伦理问题。不过，超可述广告并不一定违反人类基本的伦理道德底线，而很可能是在特定文化圈被认为是"不宜叙述"的类型。例如，在中东不少伊斯兰教国家，由于传统宗教教义的限制，女性身体的展露被严格控制，她们在公开场合"抛头露面"的行为往往要冒着触犯宗教禁忌的风险。一则以"中东女性解放身体"为主题的 Nike 广告曾反其道而行之，大胆展现了中东女性在运动场上如何"突破自我与打破束缚的励志故事"。[①]不过，对于伊斯兰教世界而言，广告片中所呈现的突尼斯女击剑手、阿联酋花样滑冰女运动员、约旦女拳击手等特立独行的女性形象显然很难被伊斯兰世界所普遍接受，因而也属于超可述广告。

由此来看，尽管反常规的超可述广告极易触碰广告叙述的伦理底线，很难被特定文化圈层中的主流文化社群所接受，不过，若传播对象换作另外一个文化社群，超可述内容反而能够成为吸引受众目光的创意点，甚至有可能取得出人意料的传播效果。

三、反可述广告

反可述广告所涉及的是超出人类文明底线的叙述内容，它是一种

---

① 在向中东女性宣传运动文化这件事上，耐克是怎么做的？［EB/OL］.（2017-02-24）［2024-04-26］.http://iwebad.com/video/2762.html.

"不可言说"的潜在文本。从广告学的角度来看,反可述广告主要分为两类:第一类是法律所禁止的虚假广告。无论是何种文化形态或阐释社群,一般都无法接受带有恶意欺诈性质的虚假广告,这是广告传播伦理的共识。第二类是各类违反人性的过于极端或变态的叙述内容。这一类型的反可述广告具有"不可述性",从程度上来说它已达到了一般受众所能容忍的"峰值",这一叙述格局所描述的内容是媒介世界中被人类文明有意覆盖的"沉默文本"。

从广告实践层面来看,反可述广告一旦出现,将会遭到社会的集体抵制。一个极端案例是恐怖组织直播"斩首行动"的电视画面。从广义上的广告概念来看,这种政治目的性极强的"直播杀人"也是一种具有强烈宣传色彩的广告形态。但由于其惨无人道的血腥场景触犯了人类传播活动的底线,因而是一种践踏人类文明共识的"反可述",而不能被仅仅理解为具有文化相对色彩的超可述。

反可述广告可谓是不宜叙述中偏离广告叙述伦理最远的一类,它破坏了人类这一物种的生理底线与具有最大公约数的文化共识,因而它也代表了广告叙述伦理边界的极限。

四、类可述广告/反类型叙述广告

不符合特定体裁的叙述元素都属于类可述。类可述是被排除在特定叙述模式之外的叙述活动。类可述广告又可视为反类型叙述广告。常规叙述活动强调特定体裁的模式化,这种模式化既可以作为体裁标记,又能够使受众形成相对"可控"的期待,它实际上是对"类型叙述"的严格规约。特定的文本体裁往往能够形成模式化的叙述程式,诸如动作、灾难、爱情等电影类型或套路化的广告情节。任何不符合该类型规约性的叙述内容都会被认为是必须排除在外的类可述。比如,偶像片就属于模式化叙述,必须以"有情人终成眷属"作为结局,若出现非大团圆结局,就可视为"类可述"的内容。

在前互联网时代,广告体裁的规约要求相对固定,无论是广告形式还是广告内容都按照一定的叙述模式来实现广告表意,因而具有较强的体裁识别性。不少广告都会模仿影视剧的类型叙述框架,如灾难类、战争类、爱情类、动作类、悬疑类、恐怖类、音乐类等。例如,一则俄罗斯的感冒药广告采取了典型的灾难片叙述框架,全片以一种好莱坞式的灾难叙述方式呈现了流感病毒在城市中肆虐所导致的混乱场景,最后广告尾题打出感冒药的名称,并打出字幕:"不要让流感成为灾难。"①该广告片通过夸张的手法来呈现流行性感冒带来的恐怖后果,一方面激起人们对流感的恐惧感,另一方面暗示受众可以通过广告所宣传的感冒药来治疗流感。在这一案例中,广告采用灾难叙述恰好能够凸显感冒药的品牌功能,有助于在目标群体中唤起"抗击流感,避免灾难"的印象。

再看一则以动作片为叙述框架的床垫广告。② 广告主体部分呈现的是两名男子激烈打斗的场景。然而,在末尾,打斗双方居然因为枕头过于舒适安睡在了同一张床上,这显然是在常规动作片中几乎不可能出现的场景。通过这一貌似荒谬的反转,广告试图暗示受众:我们公司生产的床垫是如此舒适,即便你是处于精神高度亢奋的搏斗状态也能迅速进入深睡状态,那么你还犹豫什么呢? 显然,该床垫广告正是利用反类型叙述元素进而打造出反转情节,可视为类可述广告。

值得注意的是,在跨体裁表意已成为主流发展趋势的当今,体裁以及特定叙述类型的边界早已变得不稳定。随着越来越多"反常规叙述"广告的出现,通过反讽表意来打破固定的叙述模式已经成为实现广告创意的重要手段,这使得原本被排斥在特定类型之外的内容也具有"可述性"。不过,类可述从"不可述"变得"可述"往往触及的是特定类型的叙述伦理,比如将大团圆的结局改为不圆满的结局,所以它引发伦理争

---

① 俄罗斯大片级反转广告:恐怖流感[EB/OL].(2017-03-21)[2024-04-26].http://iwebad.com/video/2827.html.

② 维护世界和平的终极利器诞生了[EB/OL].(2017-08-16)[2024-04-26].https://www.topys.cn/article/24326.

议的可能性相对较小。

综合次可述广告、超可述广告、反可述广告、类可述广告四种不宜叙述的格局来看,次可述广告与类可述广告并不一定损害广告的叙述伦理,但同样有可能产生"出奇不易"的传播效果,不容易触及受众的道德底线。而超可述广告则极易对特定文化社群的叙述伦理形成挑战,容易引发不良的传播效应,需要阐释社群具有较高的容忍度。至于反可述广告,则完全超出了广告叙述伦理的共识和底线,在任何现代文明形态或文化社群都难以被接受。

对比来看,超可述广告与反可述广告作为最容易引发广告叙述伦理争议的两种不宜叙述格局,它们既具有程度方面的差异,也有本质上的区别。一方面,二者都可能违背伦理、政治、宗教、法律等禁忌,因而二者存在程度上的差异。另一方面,二者程度上的差异却会引发本质上的不同。反可述对于文明禁忌僭越的程度远远高于超可述,这意味着,反可述所触犯的禁忌带有跨文化、跨种族、跨地域、跨时代的特点。如果将人类这一物种视为一个不可分割的整体,那么,反可述所违反的是物种尺度这一最基本层次的禁忌,它是对人性底线的"侵犯",甚至可以视为人与非人的分野。而超可述则是基于"文化相对论",它所触犯的禁忌往往只是在特定的文化、种族、地域或时代有效,一旦传播语境改变,可能这种禁忌就不存在了。

对于广告体裁而言,由于反可述所触犯的各种禁忌是一种极端化的、带有反人类色彩的叙述活动,所以对于任何一个稳定有序的现代人类文明形态而言,它都不可能成为被主流社会所接纳的文化共识。在现实世界中,广告设计者出于传播效果的考虑,不应"冒天下之大不韪"去制造可能导致激烈争议的舆论事件。因此,基于物种尺度的反可述在真实世界中往往会弱化为具有文化相对主义色彩的超可述。有鉴于此,对于广告的不宜叙述格局来说,真正引发叙述伦理争议的主要集中在超可述广告,下文将着重分析这一类型。

第三节 "超可述广告"所引发的叙述伦理争议

互联网生态如同原始森林,其最大的特点是多元化和复杂化。在这一媒介生态背景下,单一化、霸权式的文化一元论正在朝向多元化、分众化的"社群共识"发展,这种趋势赋予了广告更自由的叙述空间,但同时也带来跨文化与跨社群所导致的叙述伦理争议,集中体现在超可述广告这一不宜叙述的格局之中。超可述广告的矛盾之处在于:它一方面有助于引发"病毒式营销"的传播效应,另一方面在宗教禁忌、伦理道德、传统习俗、法律法规、文化规则等方面又极易触碰到"不可述"的边界。这就要求广告传播者首先要考虑广告表意形态的"越界"是否适度;其次要评估传播语境是否适合;最后,也是最为关键的是要使目标受众群体心甘情愿地为之买单。若其中一个环节出现"脱节",将对广告所宣传的品牌造成难以挽回的不利影响和不必要的损失。

具体而言,超可述广告所引发的叙述伦理争议主要表现在宗教信仰禁忌、伦理道德禁忌、传统习俗禁忌、违反法律法规与违反文化规则等五个方面,下文将分而述之。

第一,宗教信仰禁忌。

以宗教内容为主题的广告如果把握分寸不当,很容易触犯特定的宗教教义,从而对品牌形象造成破坏性后果。一则由澳洲肉类及畜牧业协会(MLA)在 2017 年发布的澳洲羊肉广告正是因为涉及印度教禁忌而备受争议。在该广告片中,古希腊众神之王宙斯、爱与美之神阿弗洛狄忒、耶稣、佛陀、摩西、印度象头神等一群来自东西方不同的宗教神话以及虚构人物(如外星人)其乐融融地围坐在一桌,他们一边谈笑风生,一边分享美味可口的澳洲羊肉。

然而,按照印度教的说法,印度象头神不吃肉,只吃素食。尽管广告创意的初衷可能是要表达"爱吃羊肉能够超越宗教信仰差异"这一观念,但这种通过戏谑宗教信仰的表现形式却遭到来自印度教徒的强烈抵制。① 迫于舆论压力,该澳洲羊肉广告被迫撤下。这一负面效应是因为该澳洲羊肉广告的内容属于"不可述"的范畴,澳洲广告人的"戏谑"破坏了不宜触及的印度教禁忌,因此它是典型的超可述情节。

第二,伦理道德禁忌。

在消费主义所统摄的流量逻辑导向下,不少商业广告的设计者为了吸引眼球,会不惜采取"搏出位式"的营销套路来制造病毒式传播效果,此类广告也属于超可述内容。在 2019 年 4 月 19 日,安全套品牌杜蕾斯与"喜茶""饿了么"等品牌跨界合作,推出了一系列涉嫌违反公共传播伦理的平面广告,引发网友们的集体抵制。杜蕾斯备受争议的广告文案充满性挑逗的色彩,倘若结合广告图文来看,明显涉嫌"软色情"营销。② 为了平息舆论风波,杜蕾斯不得不将该广告文案下架,换成比较中庸的表达方式。由此来看,即便是特殊商品,在宣传产品信息的时候也要特别注意分寸,尽量避免可能触及道德禁忌方面的超可述内容。

第三,传统习俗禁忌。

传统习俗一般是指特定族群经过长期的历史累积在日常生活中所形成的共通性的行为准则和社会观念。由于特定族群的伦理道德与法律法规也可以表现为传统习俗沿袭或建构的产物,因而这三者之间具有重合之处,但传统习俗与后两者所涉及的重心又不尽相同,具有其独特之处。比如,云南丽江泸沽湖一带摩梭人的"走婚制"既不能简化为伦理问题,也不能将其视为法律问题,而是摩梭人母系氏族社会遗留至今的传统习俗。

对于现代广告设计者而言,一方面,严重触犯传统习俗可能会造成

---

① 让食素的神吃羊肉? 澳大利亚一羊肉广告冒犯象头神迦尼萨惹恼印度[EB/OL].(2017-09-12)[2024-04-30].https://www.guancha.cn/global－news/2017_09_12_426758.shtml.

② 杜蕾斯文案翻车,网友:恶心![EB/OL].(2019-04-20)[2024-04-30].http://finance.sina.com.cn/wm/2019-04-20/doc-ihvhiewr7284384.shtml.

负面的传播效应,这意味着"不可述"。另一方面,广告同样带有鲜明的价值观色彩,广告设计者不一定只是被动接受特定族群的传统习俗,而是有可能反过来影响和重塑传统习俗。好的广告创意甚至能够将传统习俗中原本"不可述"的内容改造成为"可述"的主题。以一则有关女性健康的公益广告为例。新加坡曾拍摄了一则有关乳腺癌的公益广告,该广告片找来一些民众让他们读出"胸部"(Breast)这个单词,但不同受众最初的共同反应是"回避"。之所以"回避",原因是他们普遍认为在新加坡社会大家都不宜在公开场合谈论"胸部"(Breast)这类敏感词。^① 然而问题在于,假如新加坡人羞于说出"胸部"(Breast)一词,就无法讨论对新加坡女性具有重大威胁的"乳腺癌"。因此,公益广告的目的是希望改变公众的保守态度,让新加坡民众不要被东方的传统习俗所束缚,敢于在公众场合公开讨论女性的身体健康问题。在这一案例中,公益广告反其道而行之,有意将"不可述"的内容作为广告主题,可视为超可述广告。

因此,广告内容将原本"不可述"的敏感词与关注女性身体健康的社会话题有机结合起来,尽管涉及有违传统习俗的超可述内容,但表现出传播者的人文关怀与公共责任感,因而更容易得到舆论的广泛认同,反而产生了积极正面的传播效果。

第四,法律法规底线。

涉嫌违法的超可述内容主要是违反广告法等法律法规的"违规"内容。违反法律法规的超可述内容往往也违反了伦理道德,但反过来看,违反伦理道德并不一定就违反了法律法规。总的来看,此类超可述内容主要是触犯了广告行业底线的违规广告。比如,2018年的椰树椰汁电视广告因尺度过大,涉嫌打色情擦边球,且涉嫌误导观众,曾被工商局立案调查。与此相似,2017年"双十一"期间,绝味鸭脖玩软色情营

---

① 新加坡乳腺癌公益营销:不说胸部怎么谈论乳腺癌[EB/OL].(2016-11-14)[2024-04-30].http://iwebad.com/case/6026.html.

销,把低俗当有趣,最后因违反《广告法》被罚款 60 万元。[①] 此类广告违规内容都属于超可述内容。

需要说明的是,虚假广告与违规广告不可混为一谈。虚假广告与违规广告根本区别在于,后者具有相对性,由于不同国家、不同地域的广告法规存在不可忽视的差异,因而违规广告内容的"不可述性"存在相对色彩。而虚假广告是在任何国家或区域都是广告消费者所拒绝的"信息冗余",属于无法容忍的"不可述"内容,因而虚假广告的内容既"不值得说",也"不值得听",属于"反叙述",而不是具有相对色彩的超可述广告。

例如,比利时电视台 Canvastv 为了宣传一档瑞典犯罪剧情片,居然邀请一名具有犯罪前科的罪犯为犯罪片代言。"广告中这名前罪犯讲述他的过去,并告诉大家他知道恐惧是怎样的,而电视上的剧情让他仿佛回到了以前,所以推荐大家看这部新剧。"[②]对于普通观众而言,来自真实世界罪犯的"惊悚独白"无疑更具有感染力和煽动力,甚至能够形成大牌明星都无法替代的广告劝服效果。

在这一案例中,真实世界与虚构世界的相互指涉制造出一种"迷幻药"般的恐怖幻觉。然而,这种暴力"罪犯"的"现身说法"显然并不具备大规模推广的可能性,而只能作为先锋性的广告创意试验。对于包括中国在内的多数国家和地区而言,此类可能涉嫌宣扬暴力内容的广告无疑会被明令禁止。在该案例中,曾经的"罪犯"作为犯罪片代言人本身就是一个具有强烈争议性的营销事件,比利时电视台这一广告创意即便在当地"合法",也仍然面临潜在的道德风险。对于国内的广告创意人而言,此类涉嫌违反法律法规的内容应坚决予以规避。

---

① 绝味鸭脖因广告被罚 60 万,追责直接营运及监管责任人[EB/OL].(2017-12-22)[2024-04-30]. http://finance. sina. com. cn/chanjing/gsnews/2017-12-22/doc-ifypwzxq5479961. shtml.

② 比利时人真敢玩,请来真正的罪犯来代言广告[EB/OL].(2017-01-06)[2024-04-30].ht-tp://iwebad.com/video/2611.html.

以上案例说明,广告内容的"不可述性"与"可述性"的边界可能因为传播语境的变化而发生变动。超可述广告的评判标准也会因法律法规的差异而不同,需要具体问题具体分析。

第五,文化规则制约。

在跨文化传播中,由于异质文化之间的天然差异性,很容易造成"文化过滤"与"文化误读",从而形成违反文化规则的超可述广告。在跨文化语境下,特定文化社群所能容忍的常规性叙述在另一种文化社群看来可能会被认为是"非常规性"的超可述内容。

以泰国品牌 Seoul Secret 的一则美白产品广告为例。在该则广告的开头,出现的是一名面色白嫩的女子,她说道:"我能有今天很不容易。如果没有这白皙的皮肤,许多努力和辛苦,都会化为乌有。"紧接着,影像中的这名女子渐渐变黑,而旁边同时出现一个皮肤非常白皙的女子。相比之下,变黑的女子比白色皮肤的女子要自卑很多。最后,广告尾题打出一行字:"只要你白,你就能成功!"该广告一出,就因涉嫌"种族歧视"在 YouTube、Facebook 及泰国论坛等社交媒体上遭到共同声讨。如一位泰国网友反驳:"凭什么只有白皙的人才是人生赢家? 我很黑可我觉得我活得好好的。"迫于舆论的强烈抵制,Seoul Secret 公司不得不在网上发布一份道歉书,并在道歉书中表示广告"没有任何歧视的意思,也相信女性在个性、外貌、职业等方面的全面发展才是最重要的"。[①]

在该案例中,由于广告设计者有意或无意暴露出"白肤色比黑肤色更优秀"的争议性观点,破坏了现代文明社会所倡导的"人生而平等"这一文化共识,挑战了公众的认知底线,因而受到普遍质疑和反对,属于违反文化规则所导致的超可述广告。

此类破坏文化规则的广告并不少见,而且往往涉及种族主义等敏

---

① 泰国这个美白广告惹了众怒[EB/OL].(2016-01-12)[2024-04-30].http://iwebad.com/video/1858.html.

感话题,极易触碰叙述伦理红线。在2018年,意大利奢侈品品牌杜嘉班纳因一条名为"起筷吃饭"的广告短片遭到舆论的声讨,被迫取消了一系列的宣传活动,对品牌形象造成了难以挽回的负面影响。在该广告片中,一个亚裔模特采用笨拙的姿态拿着筷子吃比萨,涉嫌"辱华",事件发酵之后,该公司毫无歉意,从而遭到中国消费者的共同抵制。[①]在2019年,汉堡王的一则广告运用了类似的手法,不同之处在于,这次片中的主角是西方人,他们同样以一种笨拙的姿势用筷子夹着硕大的汉堡包,场景显得十分夸张。该广告犯了相似的错误,因涉嫌种族歧视遭到网友抵制,最终以汉堡王下架广告并赔礼道歉才得以收场。[②]由此来看,违反文化规则的广告犯忌的重要原因在于忽视了接受者身份的复杂性和跨文化语境之下价值观的差异性。为了避免舆论争议,广告创意方在投放广告之前有必要对目标群体进行更为深入的调研,只有在充分了解不同文化的内在特质之后,才能够有效避开不必要的文化冲突和文化误读。

总体来看,宗教信仰、伦理道德、传统习俗、法律法规以及文化规则是超可述广告最容易引发叙述伦理争议的五个方面。从传播学的角度来看,超可述广告所引发的叙述伦理争议是广告发送者、广告体裁、传播语境、广告接受者四者交互影响而产生的结果。在跨文化或跨文明的传播语境下,即便是"中规中矩"的广告文本也有可能跃升为极具争议性的超可述广告,甚至成为舆论的引爆点,这就要求广告设计者必须充分考虑和尊重广告接受社群的多样性和异质性,避免用品牌所构建的符号霸权来规训分属不同文化圈层的消费群体。

---

① 杜嘉班纳"起筷吃饭事件":西方奢侈品牌的傲慢与偏见[EB/OL].(2018-11-23)[2024-05-06].https://baijiahao.baidu.com/s? id=1617890150994895996.

② 又一品牌广告涉种族歧视:这些洋品牌长点心吧[EB/OL].(2019-04-09)[2024-05-06].https://mp.weixin.qq.com/s/xfr4xYMhmVm_7D8qdfX5Rw.

第四节 "过度叙述化"与"不可述"
广告的叙述伦理争议

在互联网时代,广告的"不可述性"所引发的叙述伦理争议不仅是由文化差异和价值偏好所引发的问题,更与媒介形态的革新密切相关。在互联网时代,广告的叙述化转向对广告体裁产生了巨大的冲击。"过度叙述化"也是叙述化转向所生成的副产品。"叙述化转向"的正面效应是大大拓宽了广告故事的范围,但负面效应是产生了"过度叙述化"。"过度叙述化"是由于广告过于倚重新奇古怪的故事情节而逾越了伦理、法律等文化禁忌。

在"过度叙述化"的影响下,为了与一般信息区别开来,广告内容愈来愈趋向于展示反常规的"标出性"特质,并由此来达到引爆眼球的广告传播效果。从文化标出的角度来看,符号学中的"标出性"反映出代表非标出项的主流文化与标出项的非主流文化之间的权力争夺。具有强烈"标出性"的广告内容可能因不被主流文化接受而引发叙述伦理争议,但也可能引爆病毒式营销这种超乎寻常的推广效果。换言之,"过度叙述化"为广告越界提供了一种强劲的动力机制,它使"不可述"广告与"可述"广告的边界更为模糊,同时它也使次可述广告、超可述广告、反可述广告、类可述广告四者之间的边界充满变动之可能。以下我们将结合标出性理论和"泛广告化"的概念从三个方面来分析其背后所涉及的叙述伦理问题。

一、导致"次可述广告"的标出性色彩增强

"过度叙述化"大大增加了广告体裁的叙述自由度,原本属于次可述广告的内容也可以被包装为极具标出性色彩的现象级营销事件。

近年来流行的各类带有营销属性的直播往往会利用各种叙述策略来凸显和重构次可述内容的标出性。例如,吃播的主题原本是呈现日常生活中极为平常的饮食行为。从生物学的层次来说,饮食活动是人作为动物的一种本能行为,它的基本功能是补充能量和延续生命,属于"不值得一说"的内容。但从"食不厌精、脍不厌细"的饮食文化视角来看,它又能够被归纳为可述内容的范畴,如电视节目《舌尖上的中国》系列的热播,充分说明了饮食活动完全可以作为一种具有较高传播价值的叙述活动。

以吃播为例,不少网红美女通过直播自己的"吃相"来寻求网友的打赏,其中也可能植入一些广告。单就吃播这一传播形式来看,网红主播呈现"吃"的过程就是在打造自身的个人品牌,其所提供的服务或许不是有形的商品,但能够满足受众的精神需求(如窥探和猎奇心理),且能够实现商业目的,所以吃播是一种混合娱乐元素的个人化营销活动,具有广告特性,因而也可以归属于"泛广告"类型。

不过,由于不少吃播网红被流量逻辑绑架,过于追求"广而告之"的传播效应,他们有意将饮食这种日常行为演绎成一场场让人瞠目结舌的"奇观化"表演。所谓的"大胃王"所呈现的正是偏离饮食活动功能之外的"标出性"。原本"不值一说"的饮食活动,经过"大胃王"夸张的展演和神剪辑所掩饰的"催吐"行为,已成为偏离主流文化的异项。由于吃播浪费严重,违反了基本的传播伦理和法规,很快堕落成为一个被负面标签包围的异项。据媒体报道,甚至有主播因"自虐式吃播"而导致不治身亡的悲剧。① 此类为了吸引眼球而毫无底线的"搏出位"行为显然违背了最基本的传播伦理,堕入了"不宜叙述"的范畴。自 2020 年 8月以来,中国演出行业协会提示相关企业应加强内容管理,坚决禁止铺

---

① 畸形"吃播",央视再次发声痛批![EB/OL].(2020-08-24)[2024-05-06].https://www.thepaper.cn/newsDetail_forward_8870962.

张浪费的直播行为。① 不久,相关部门也开始立法对于吃播现象进行管控和排查。②

从吃播这一现象级直播热潮来看,它将饮食这种原本属于日常生活中"过于平庸"的行为加以渲染和夸大,使其带上了鲜明的标出性色彩。有一些女主播通过吃播与粉丝互动,其吃相涉及不雅动作,严重偏离了饮食文化的内涵。此类反常规、反道德的"无良吃播"早就跨越了"可述性"的边界,甚至存在滑向超可述或反可述的危险。在泛广告化的背景下,鉴于次可述广告本身缺乏"吸睛"能力,导致部分主播盲目追求流量和利益,并企图通过制造极端的标出性风格为吃播"加码",由此产生了一系列恶劣的社会影响。

由此来看,在广告叙述化的时代,由于无处不在的"类广告文本"的渗入,使得广告与非广告之间的原有边界正在被消解。③ 比如,抖音、快手等 App 中的不少短视频往往采取"娱乐兼营销"之类的软营销的广告推广方式,具有较强的伪装色彩,甚至不具备尾题这种传统的广告标识。正是在"泛广告化"背景下,原本不属于传统广告范畴的次可述内容也具有"可述"的理由。随着"不可述"标准放宽,将会使越来越多原本"不值一说"的次可述内容纳入互联网广告之中。

二、导致"超可述广告"的标出性色彩削弱

"过度叙述化"大大扩充了广告叙述的范围,同时也使原本被主流

---

① 中国演出行业协会:禁止在直播中假吃催吐宣扬暴饮暴食[EB/OL].(2020-08-14)[2024-05-08]. http://news. cctv. com/2020/08/14/ARTIaZ2uSBLS99XDDmBUn3D8200814.shtml.

② 国家网信办:"三项整治"一个月处置违规吃播账号 1.36 万个[EB/OL].(2020-09-02)[2024-05-08]. https://baijiahao. baidu. com/s? id = 1676718776626399437&wfr = spider&for=pc.

③ 饶广祥.论"泛广告化"传播的符号学机制[J].四川大学学报(哲学社会科学版),2019(3):126-133.

文化排斥的异项被纳入可容忍的范畴。鉴于现代社会对异项"容忍度"的提升,非主流化的异项的标出性色彩也被削弱,甚至逐渐成为被正项和中项所收编的非标出项。从文化标出的角度来看,超可述广告具有强烈的标出性色彩,这意味着它容易引发叙述伦理争议。不过,一旦超可述广告不再作为被主流文化排斥的异项,那么自然而然其标出性色彩也就褪色了,而它也就从非常态的不可述广告变为正常态的可述广告了。

在性别多元主义思潮的影响下,无论是在传统文化中对性话题相对保守的东方国家抑或对性话题格外开放的欧美国家,对于性少数群体(LGBT)总体上都呈现出一种越来越开放包容的态度,这种社会心态的变迁也充分体现在广告营销领域。在西方文化语境下,性别多元主义的话题甚至成为"政治正确"的符号标签。2020 年,CALVIN KLEIN 这一时尚品牌推出了具有鲜明的性别多元主义风格特征的宣传海报,并引发了一系列广告伦理上的争议。事实上,性少数群体之所以在美国能够进入大众视野,至少有以下三个原因:

首先,从经济层面来看,性少数群体具有十分强劲的消费能力。他们作为消费者,并非弱势群体,而是各大品牌争夺的潜在目标消费群体。基于这一点,世界 500 强中的不少著名企业均主张保护 LGBT 的合法权利。说到底,之所以 LGBT 群体得到各大企业和品牌的重视,是因为 LGBT 群体背后蕴含着巨大的商业利益。[①] 其次,从政治层面来看,性少数群体同样具有不可忽视的政治影响力。一些西方政要甚至将性别多元主义作为政治筹码,这也使得支持性少数群体逐渐成为"政治正确"的标签。最后,从文化层面来看,现代国家的世俗化倾向进一步打破了传统宗教在婚姻方面的禁忌,使其在伦理上更倾向于宽容性别多元主义。不过,媒介中所呈现的性别多元主义可能是出于商业

① 品牌与 LGBTQ 越走越近,采用各种方式拥抱多元性别文化[EB/OL].(2020-07-14)[2024-05-08].https://www.digitaling.com/articles/318163.html.

考虑所包装出来的一种假象，或者仅仅是一种营销策略。

综合来看，经济、政治和文化三股力量所造就的"合力"使得原本被主流社会所排斥的性少数群体逐步得到了主流舆论场的关注，它不再完全被视为正项和中项共同排斥的异项，而是在一定程度上被容忍。有鉴于此，涉及性少数群体的超可述内容也具有一定的"可述性"，尽管它仍然面对来自主流社会的各种质疑和反对，但这种非主流性的非异性恋形象能够出现在国际品牌的宣传广告中，充分说明它被视为"异端"的标出性色彩已经大大削弱了。

由此可见，超可述广告不一定就完全"不可述"，如果能够紧随时代大潮的演变，准确把握目标受众群体的"集体心态"，并紧密结合品牌的突出特点，有时反而能产生不俗的传播效果。因而，此处就形成了一个传播悖论，即被主流叙述话语排斥在外的异项反而有可能因为其边缘特性反转成为主流文化的一部分。这种从"不可述"翻转为"可述"的传播现象也可以用符号标出性理论来解释。从标出性理论视角来看，一方面，被边缘化的异项因其与众不同的异质性反而更容易引起被趋向于同质化的主流文化群体的特殊关注，从而被积极地标出，获得意想不到的传播效果。另一方面，主流叙述形态与边缘叙述形态之间的边界并非一成不变，而是随着文化语境的改变存在翻转的可能。换言之，作为标出项的边缘叙述形态也有可能被主流接纳和收编，将超可述广告改造成大众认可的主流叙述形态。

三、导致"类可述广告"边界的消解

在互联网时代，常规型的叙述类型很容易被打破。对于广告而言，通过解构或重构另一种体裁的程式化类型来达到广告传播的特殊效果是常见的创意手法，我们可以把此类有意解构"类可述"的表意形态称为反常规叙述。反常规叙述一方面要与常规叙述模式拉开距离；另一方面又要尽量防止与主流文化所设定的伦理规范发生直接冲突，所以它往往会采用戏谑、戏仿、嘲讽、恶搞等反讽表意的形态来呈现,如鬼畜视频就是典型的反讽表意。

那么,"类可述"边界的扩大,实际上意味着广告叙述伦理边界的扩大,同时也意味着受众对于广告叙述伦理的"容忍度"越来越高了。不过,这种"容忍度"的提升并不一定是以无底线的破坏广告叙述伦理为代价,很多情况下,它是在社会共识前提下所做出的体裁革新或广告创意。

在广告文本中,反常规叙述经常会借用大众所熟知的某一特定故事类型的外在框架。但故事结局往往会使用反转情节颠覆受众对常规叙述的刻板印象,这一方面是为了制造广告叙述中的悬念情节来吸引注意力,另一方面是要通过反转情节来实现独特而鲜明的品牌诉求。

从广告媒介的演进来看,每一次新媒介的出现都在客观上对原有的"类可述"形成了某种程度的颠覆。与此同时,颠覆之后又会借助新媒介形塑出新一轮的"类可述",即构建出一套新的体裁模式和叙述伦理。比较传统的电视广告与互联网广告就可以发现,前者由于处于较为严格的"把关人"运作体制中,具有较为固定的广告叙述模式和伦理准则,所以对于反常规叙述内容的容忍度相对较低。而互联网广告的"把关人"过滤体系的容忍度显然就要宽松得多。与此同时,大众传媒时代所固化的广告叙述套路和伦理体系在互联网时代被不断颠覆与重构。因而传统广告所无法呈现的反常规叙述在互联网传播环境下就很容易被"合理化",从而使"类可述"边界呈现模糊化的趋势,这自然有助于互联网广告摆脱老套、陈旧的类型叙述,推动叙述模式上的创新,如各类引发舆论热议的"反转广告",总能给受众带来新的惊喜。不过,互联网这种过于宽松的传播环境也容易使反常规叙述突破特定文化社群的伦理边界,甚至造成负面性的传播效应,这就需要广告发送者在追求叙述创新与维护伦理底线之间能够寻求一个相对适中的平衡点。

总而言之,由于"过度叙述化"大大拓展了广告表意的边界,它也使得原本属于不可述的内容进入广告叙述的范畴之内,这一方面使得广告呈现的形态和表现的内容趋向于反模式化和反套路化的特质,另一方面也导致了叙述伦理上的"失范"。从广告传播者的视角来看,他们为了寻求创意,往往会游走在可述与不可述的灰色地带来挑战原有的体裁规约性,并尝试达成具有僭越效果的颠覆式创新。但如果这种僭越没有充分考虑传播语境和特定的阐释社群,将会适得其反,使创意成为"创伤"。因此,讨论"不可述"广告的意义在于为广告创意找到一个基本的平衡点,使其在充分考量叙述伦理的前提下来探寻广告的表意边界。换言之,只有确定了"不可述"广告的边界,才能划定广告的"可述性"范畴。"不可述"广告的边界实际上就是现代广告的叙述伦理边界。

思考题

1. 何谓广告的"可述性"与"不可述性"?

2. 试结合具体案例来说明次可述广告、超可述广告、反可述广告与类可述广告的基本概念。

3. 超可述广告所引发的叙述伦理争议主要体现在哪五个方面?

4. 从广告的"不宜叙述"格局来看,"过度叙述化"有哪些基本表现?